엘렌의 일기

Journal by Hélène Berr
Foreword by Patrick Modiano
Copyright © Editions Tallandier, Paris, 2008
Korean Translation Copyright © Sodam & Taeil Publishing Co., Ltd., 2013
All right reserved.

This Korean edition was published by arrangement with Editions Tallandier (Paris) through Bestun Korea Agency Co., Seoul.

이 책의 한국어판 저작권은 베스툰 코리아 에이전시를 통한 저작권자와의 독점 계약으로 (주)태일소담에 있습니다. 저작권법에 의하여 한국 내에서 보호를 받는 저작물이므로 무단 전재와 무단 복제를 금합니다.

엘렌의 일기

펴 낸 날 | 2013년 9월 16일 초판 1쇄

지 은 이 | 엘렌 베르
옮 긴 이 | 최정수
펴 낸 이 | 이태권
책임편집 | 송수남
책임미술 | 정혜미
펴 낸 곳 | (주)태일소담
　　　　　서울시 성북구 성북동 178-2 (우)136-020
　　　　　전화 | 745-8566~7 팩스 | 747-3238
　　　　　e-mail | sodam@dreamsodam.co.kr
　　　　　등록번호 | 제2-42호(1979년 11월 14일)
　　　　　홈페이지 | www.dreamsodam.co.kr

ISBN 978-89-7381-672-9 03860

이 도서의 국립중앙도서관 출판시도서목록(CIP)은 서지정보유통지원시스템 홈페이지 (http://seoji.nl.go.kr)와 국가자료공동목록시스템(http://www.nl.go.kr/kolisnet)에서 이용하실 수 있습니다.(CIP제어번호: CIP2013017523)

● 책값은 뒤표지에 있습니다.
● 잘못된 책은 구입하신 곳에서 교환해드립니다.

엘렌의 일기

엘렌 베르 지음 | 최정수 옮김

소담출판사

ailleurs la majorité de gens ne se
on tus d'autres gens qui l'ont
ce garçon dans la rue nous ont mon
" où ? Juif ." Mais, le
Madeleine nous avons rencontré
de bicyclette - J'ai repris
L'École je suis, ~~de~~ celle
j'ai repris le 92. Les jeunes homm
la jeune fille me montrer a
ent j'ai relevé la tête
st doucement. Dans l'Autobus
probablement qui m'avait
retournée plusieurs fo
fixait - Je ne pouvais pas
le l'ai regardé fixement -
suis repartie pour la Sorbonne -
elle m'a souri. Cela a fait
pourquoi - Ne question
Je n'ai rien eu à faire
aimé ~~et~~ j'ai été d
ores laissés laisserait jeter

차례

서문: 파트릭 모디아노	⋯⋯ 7
엘렌 베르의 일기	
1942년	⋯⋯ 20
1943년	⋯⋯ 229
1944년	⋯⋯ 353
몰수된 삶: 마리에트 조브	⋯⋯ 393
"도둑맞은 사진"	⋯⋯ 402
엘렌 베르의 가족	⋯⋯ 403
엘렌이 체포되던 날 언니 드니즈에게 보낸 편지	⋯⋯ 404

서문
파트릭 모디아노

1942년의 파리를 한 여대생이 걷고 있었다. 그해 봄, 그녀는 염려스럽고 불길한 전조를 느꼈고 4월부터 일기를 쓰기 시작했다. 그로부터 반세기 이상의 세월이 흘렀다. 그러나 지금도 우리는 그녀의 일기 곳곳에서 여전히 그녀와 함께하는 기분을 느낀다. 나치 점령하의 파리에서 그녀는 때로 극심한 외로움을 느꼈고, 우리는 날마다 그녀와 동행한다. 그 시절 파리의 침묵 속에서 그녀의 목소리는 우리에게 매우 가깝게 다가온다…….

일기를 쓴 첫날인 1942년 4월 7일 화요일 오후, 그녀는 빌쥐스트 거리 40번지 폴 발레리(Paul Valéry, 1871~1945, 20세기 전반기 프랑스의 시인·비평가·사상가. 프랑스 상징시의 절정기를 확립했으며, 20세기 최고의 산문가 중 한 사람으로 꼽힌다 - 옮긴이)의 집 관리인 실로, 그녀가 그 노시인에게 감히 달라고 부탁했던 책을 가지러 갔다. 그녀가 초인종을 누르자, 폭스테리어가 짖으며 그녀에게 달려들었다. '발레리 씨는 나에게 줄 책을 관리인실에 맡겨두지 않은 걸까?' 발레리는 그 책의 면지에 이렇게 썼다. "엘렌 베르 양의 책." 그 밑에는 이렇게 적었다. "잠에서 깨어났을 때 햇빛이 몹시도 온화하고, 화창한 파란 하늘이 몹시도 아름답기를."

엘렌 베르의 일기를 읽어보면, 그녀를 둘러싼 파리는 그해 4월과 5월 내내 발레리의 시구와 잘 어울렸던 것 같다. 엘렌은 영어 학사 학위를 준비 중이던 소르본 대학에 자주 갔다. 얼마 전 수플로 거리 '문학의 집'에서 알게 된 '잿빛 눈의 남학생'과 함께 거기서 바흐의 칸타타, 클라리넷을 위한 협주곡, 모차르트의 관현악을 듣기도 했다……. 그녀는 그 남학생을 비롯한 다른 친구들과 함께 카르티에 라탱을 가로질러 걸었다. 그녀는 이렇게 썼다. "햇빛에 잠기고 사람들로 가득한 생 미셸 거리." "수플로 거리에서 생 제르맹 거리까지, 나는 마법의 영토 안에 있었다." 이따금 그녀는 파리 근교 오베르장빌의 시골집에서 한나절을 보내곤 했다. "그 한나절은 신선하고 희망으로 가득하고 찬란했던 해돋이부터, 매우 감미롭고 매우 고요하고 매우 온화했던, 방금 전 내가 겉창을 닫았을 때 잠겨 들었던 저녁나절까지 더할 나위 없이 근사하게 펼쳐졌다." 우리는 이 스무 살 난 아가씨에게서 행복에 대한 욕구를, 사물의 감미로운 표면 위를 미끄러지려는 욕망을, 예술적이면서도 무척 명석한 기질을 느낀다. 그녀는 영시와 영문학의 영향을 받았고, 살아남았다면 틀림없이 캐서린 맨스필드(Katherine Mansfield, 1888~1923, 영국의 여성 단편소설 작가. 여성적인 감수성과 섬세한 문장으로 인생을 압축해서 묘사한 주옥같은 단편들을 발표했다 - 옮긴이)처럼 우아한 작가가 되었을 것이다. 그녀의 일기를 50페이지쯤 읽고 나면 그녀가 가혹한 시대를 살았다는 사실을 거의 잊게 된다. 그 4월의 어느 목요일, 그녀는 소르본 대학에서 강의 하나를 들은 뒤 친구와 뤽상부르 공원을 산책했다. 그들은 연못가에서 걸음을 멈추었다. 그녀는 연못에 비친 주변 풍경과 햇빛을 바라보며 찰랑거리는 물소리, 아이들의 요트, 그리고 파란 하늘에 매혹되었다. 폴 발레리는 그녀에게 써준 헌사에서 파란 하늘을 상기시킨 바 있었다. 친구가 그녀에게 말했다. "독일이 전쟁에서 이길 거야." "독일이 이기면 우리가 어떻게 되겠어?" "쳇! 아무것도 달라지지 않을 거야……. 여전히 햇빛과 물이 있겠지……." 그리고 그녀는 일기에 썼다. "나는 이렇게 말할 수밖에 없었다. '하지만 그들은 모든 사람들이 햇빛과 물을 즐기도록 가만히 내버려두지 않을 거야!' 다행히도 이 말이 나를 구원했다. 나는 비겁해지기 싫었다."

그녀가 자신이 경험하고 있는 암울한 시대를, 자신이 느끼는 불안을 드러낸 것은 이때가 처음이었다. 하지만 그 방식이 너무나 자연스럽고 얌전했던 나머지, 우리는 그 햇빛 가득하고 고요한 도시 한가운데에서 그녀가 느꼈을 외로움을 짐작하게 된다. 1942년의 그 늦봄, 그녀는 줄곧 파리 시내를 걸어 다녔다. 그러나 빛과 그림자 사이의 대비는 점점 노골적으로 드러났다. 그림자가 차츰 확산되고 있었다.

1942년 6월은 그녀에게 시련의 시작이었다. 6월 8일 월요일, 그녀는 처음으로 가슴에 노란 별을 달아야 했다. 그녀는 행복과 조화에 대한 욕망과 흉악하고 끔찍한 현실 사이에서 모순과 부조화를 느꼈다. 그녀는 이렇게 썼다. "날씨가 쾌청하고 매우 신선하다. (……) 폴 발레리의 아침 같은 아침이다. 내가 노란 별을 다는 첫날이기도 하다. 이것은 현재의 삶이 지닌 두 측면이다. 신선함, 아름다움, 젊음이 이 투명한 아침나절을 통해 구현된다. 야만성과 악은 노란 별로 표현된다." 세브르 바빌론—카르티에 라탱, 소르본 대학의 강의, 도서관……. 보통 때와 똑같은 일과. 그녀는 친구들의 반응을 살폈다. "나는 그들 모두에게서 고통과 경악을 느꼈다." 에콜 밀리테르 지하철역에서 검표원이 그녀에게 명령한다. "마지막 객차에 타세요." 가슴에 노란 별을 단 사람들이 의무적으로 타야 하는 객차였다. 그녀는 그 별과 관련해 자신이 느낀 것들을 우리에게 말한다. "나는 그것을 달지 않을 생각이었다. 그것을 파렴치함으로, 독일에 대한 복종의 증거로 간주할 작정이었다. 그러나 오늘 밤, 생각이 바뀌었다. 그것을 달지 않는 것이 그것을 다는 것보다 더 비겁한 행동임을 깨달았다." 그리고 그다음 날, 그녀는 외로움 속에서 누군가 자신에게 이런 질문을 한다고 상상했다. '그렇다면 왜 그걸 달고 다니는 거야?' 그녀는 대답했다. '그건 내 용기를 시험해보고 싶기 때문이야.'

시간이 흘러 6월 24일, 그녀는 자신이 막 직면해 있고 자신에게 결정적인 영향을 줄 시련을 깨닫고는 담담한 어조로 이렇게 말했다. "어젯밤, 일기를 쓰고 싶었다. (……) 오늘 아침, 나는 일기를 써야만 한다. 모든 것을 기억해두고 싶기 때문이다." 아버지가 체포되었던 것이다. 그녀의 아버지는 '유대인 문제'를 담당하는 프랑스 경찰에 체포되어 게슈타포에 넘겨졌고, 그 후 경찰청에 이송되었다가 드랑시(파리 북동쪽의 도시 - 옮긴이)에 수용되었다. 그가 가슴에 단 노란 별이 웃옷에 단단히 꿰매져 있지 않았다는 것이 이유였다. 그는 모든 웃옷에 쉽게 옮겨 달 수 있도록 그것을 침으로 꽂아 고정했던 것이다. 경찰청에서는 '프랑스' 유대인과 '외국' 유대인을 거의 구별하지 않은 듯하다. 엘렌의 아버지 레몽 베르는 광산 엔지니어, 쿨만 주식회사의 부사장이었으며, 무공훈장과 레지옹도뇌르훈장 수훈자였다. 1940년 10월 3일 법 제8조(최고 행정재판소가 채택한 개별 법령으로, 이 법령에 따르면 문학, 과학, 예술 분야에서 공을 인정받은 유대인은 프랑스에서 특별 대우를 받으며 현행법상 금지된 일을 할 수 있었다)의 혜택을 입은 여덟 명 중 한 사람이기도 했다. 레몽 베르는 나무 의자에 앉아 경찰의 감시를 받았고, 엘렌과 그녀의 어머니는 그를 면회하러 가도 좋다는 허가를 받았다. 경찰은 그의 넥타이와 멜빵, 구두끈을 풀어 압수했다. 그녀는 이렇게 적었다. "경찰은 우리를 안심시키기 위해 그것이 명령에 따른 조치일 뿐이라고, 어제 수감자 한 명이 목을 매려 했기 때문이라고 설명했다."

그리하여 엘렌 베르의 영혼 속에는, 그때까지 그녀가 살아온 여대생으로서의 평탄한 삶과 경찰청의 더러운 사무실에서 범죄자처럼 감시받는 아버지에 대한 시각 사이의 균열이 생겨났다. 그녀는 이것을 '건널 수 없는 심연'이라고 표현했다. 그러나 일기의 어조는 시종일관 똑같다. 그 어떤 좌절도, 비애도 찾아볼 수 없다. 여전히 간결한 문장이 어떤 강인함을 우리에게 전해준다. 그것이 바로 이 여인의 모습이다. 아버지가 드랑시에 수용된 일을 계기로 그녀는 1942년 여름 파리를 암울하게 만든, 하지만 일상적인 관심사에 매몰되어 그것에 눈을 감아버리기로 한 사람들에게는 보이지 않았던 모든 것을 의식하게 된다. 엘렌, 그녀는 두 눈을 크게 뜨고 있었다. 예술적 안목을 갖추었고 섬세한 감수성까지 지니고 있던 아가씨라면 자신을 보호하려는 반사 반응으로 혹은 공포의 몸짓으로 눈을 돌려버릴 수도 있었을 것이다. 자유 지역으로 피신할 수도 있었을 것이다. 하지만 그녀는 피하지 않았고, 다른 사람들의 고통과 불행에 연대감을 느꼈다. 1942년 7월 6일, 그녀는 드랑시 수용소와 루아레 수용소의 수용자들을 돕는 무보수 사회복지사로 취업하려고 UGIF(Union Générale des Israélites de France, 프랑스유대교도연합) 본부에 갔다. 이후 그녀는 가족의 일원이 체포되어 해체된 가정을 매일 접하고, 일상의 모든 공포, 즉 '벨디브 사건', 드랑시 수용소, 새벽에 보비니 역에서 화물 기차를 타고 어디론가 출발하는 공포의 직접적인 증인이 된다. UGIF 책임자들 중 한 명이 그녀에게 말했다. "당신들이 여기서 할 일은 아무것도 없어요! 당신들한테 해줄 수 있는 조언이 있다면 떠나라는 것뿐이에요." 그러나 그녀는 떠나지 않고 남았다. 돌이킬 수 없는 격정 속에서 그녀는 선을 넘었다.

그녀의 용기, 올곧음, 투명한 마음이 랭보의 다음 시구를 연상시킨다.

나는 예민함 때문에
내 삶을 잃었다.

그녀는 자신이 하는 행동의 치명적인 특성을 알아차렸다. 그녀는 이렇게 썼다. "우리는 주週 단위가 아니라 시간 단위로 살고 있다." 그녀는 이렇게도 썼다. "나는 속죄에 대한 갈망을 느꼈다. 이유는 모르겠다." 우리는 철학자 시몬 베유(Simone Weil, 1909~1943, 프랑스의 사상가·노동운동가. 억압당하는 사람들에 대한 사랑과 실천을 목표로 삼았으며, 레지스탕스에 참여하려고 미국에서 귀국하던 중 런던에서 사망했다 - 옮긴이)를 그리며 엘렌이 쓴 일기의 몇몇 페이지를 생각한다. 엘렌은 이 일기를 자신의 남자 친구, 카르티에 라탱의 '잿빛 눈의 남학생' 장에게 보내는 편지로 여겼지만, 그가 언젠가 이 일기를 읽게 될지 어떨지 알지 못한다. 때때로 이 일기는 같은 시기 시몬 베유가 안토니오 아타레스에게 보낸 비통한 편지들을 연상시킨다. 그렇다. 엘렌이 쓴 다음의 문장을 시몬 베유도 쓸 수 있었을 것이다. "올해 이곳에서 맺은 우정은 진실함과 깊이를 갖추고 있으며, 그 누구도 알지 못할 진지한 애정의 흔적을 지니고 있다. 그것은 투쟁과 시련 속에서 조인된 비밀 협정이다." 그러나 시몬 베유와 달리 엘렌 베르는 행복에, 찬란한 아침나절에, 사랑하는 사람과 함께 산책하는 파리의 햇빛 비치는 가로수 길에 민감하다. 그녀가 침대맡에서 읽으려고 고른 책들은 철학서는 한 권도 없고 온통 시집과 소설뿐이다.

그녀는 아홉 달 동안 일기를 중단한다. 그리고 1943년 11월 마침내 일기를 다시 시작한다. 이후의 일기에서 보이는 대로, 섬세하고 아름다웠던 그녀의 글은 날카로워지고 단속적으로 바뀐다. 이 아홉 달 동안의 침묵은 그사이 그녀가 보고 느낀 것들이 얼마나 무시무시했는지 충분히 짐작하게 한다. 그녀는 기록했다. "사무실의 여자 동료들이 모두 체포되었다." 그녀의 펜 끝은 똑같은 주제를 되풀이한다. "다른 사람들은 알지 못한다……." "다른 사람들의 몰이해……." "나는 이야기하지 못한다. 이야기해도 내 말을 믿지 않을 테니까." 그리고 급작스러운 확신. "결코 아무도 올여름 내가 겪은 황폐한 일들을 알지 못할 것이다."

이런 기록도 있다. "지금 이 순간 우리는 역사를 경험하고 있다. (……) 이 역사를 글로 요약하려는 사람들은 잘도 오만을 떨 것이다. 그들의 발제문 한 줄에 개인의 고통들이 숨겨져 있다는 것을 그들은 알까?" 길었던 침묵 뒤에도 그녀의 목소리는 또렷하다. 그러나 이때부터 그녀는 더 먼 것을, 『베스터보르크에서 온 편지』속의 에티 힐레숨만큼 먼 것을 우리에게 이야기한다. 그녀는 지옥의 마지막 지대를 아직 건너지 않았다. 자신이 걸어 다니던 도시에서 자신을 안심시켜주는 우정 어린 사물들을 보고 아직은 감동을 받았다. 튈르리 궁의 작은 문, 물 위에 떨어진 나뭇잎, 파리의 그 모든 찬란한 아름다움 등등……. 그녀는 『로드 짐』(1900년 발표된 영국 작가 J. 콘래드의 장편소설. 승객들을 버려두고 바다에 뛰어든 젊은 항해사 짐의 이야기를 다루고 있다 – 옮긴이)과 『풍류여정기』(영국 소설가 L. 스턴의 프랑스 기행문. 원제는 'A Sentimental Journey through France and Italy'이다 – 옮긴이)를 사러 갈리냐니 서점에 갔다. 그러나 우리는 짤막한 지시들을 통해 그녀가 도시의 음울한 심연에 붙들렸음을 자주 깨닫게 된다. 저주받은 거리의 이름이 그녀의 일기 속에 나타난다. 비앙페장스 거리. 그들의 사무실이 있던 곳이다. 거기서 그녀와 같은 여성 사회복지사들과 그녀의 친구 프랑수아즈 베른하임이 체포되었다. 엘렌 베르는 우연히 그 대량 검거를 피했다. 클로드 베르나르 거리. 어린이와 청소년을 위한 회관이 있던 곳. 그곳에서 '유대인 문제'를 담당하는 험악한 형사들이 강제수용소로 이송된 사람들에게서 압수한 짐을 파헤치고 약탈한다. 보클랭 거리. 파리 수복 직전에 일제히 단속되어 강제수용소에 이송된 소녀들의 숙소. 뇌이의 에두아르 노르티에 거리 중심부. 엘렌은 아이들을 돌보고 산책시키기 위해 이곳에 자주 갔다. 아이들이 세브르 거리의 어린이 병원에서 혹은 상테르 거리의 로칠드 병원에서 고통스러워할 때에도. 그 아이들 중에는 '환한 미소'를 가진 두두 보그리브라는 이름의 남자아이, 오데트라는 여자아이, '내가 손을 잡아주었던, 내가 무척 좋아하는 뇌이의 꼬마 친구들 중 하나'인 앙드레 칸, 그리고 우리가 이름조차 모르는 네 살 난 꼬마가 있었다……. 1944년 7월 31일, 그 아이들 중 대부분이 강제수용소로 이송되었다.

어느 날 오후, 나는 엘렌 베르가 느낀 외로움이 어땠을지 더 잘 느끼기 위해 그 거리들에 가보고 싶어졌다. 클로드 베르나르 거리와 보클랭 거리는 뤽상부르 공원에서 멀지 않다. 그리고 어느 시인이 '제방의 대륙'이라고 불렀던 것의 가장자리에는 파리의 오아시스가 있다. 우리는 악이 거기까지 스며들어갔다고 상상하며 마음 아파한다. 에두아르 노르티에 거리는 불로뉴 숲과 가깝다. 1942년, 이 거리들에는 전쟁과 나치 독일의 점령이 멀고 비현실적으로만 느껴지는 오후들이 있었다. 엘렌 베르라는 이름의 한 여인에게만을 제외하고. 이 여인은 자신이 불행과 야만의 밑바닥에 있다는 것을 알고 있었다. 그러나 상냥하면서도 무심한 행인들에게 그것을 말하기란 불가능했다. 그래서 그녀는 이 일기를 썼다. 그녀는 아주 먼 미래에 우리가 이 일기를 읽으리라는 것을 예상했을까? 아니면 흔적도 남기지 못하고 학살당한 수백만 유대인의 목소리처럼 자신의 목소리 역시 흔적 없이 사라져버릴까 봐 두려워했을까? 이 책의 시작 부분이 가까웠으니, 이제 침묵하고 엘렌 베르의 목소리에 귀를 기울인 채 그녀와 함께 걸어야 한다. 그녀의 목소리와 그녀의 존재는 평생 동안 우리와 함께할 것이다.

엘렌 베르의 일기

이것은 나의 일기이다.
나머지는 오베르장빌에 있다.

1942년

4월 7일 화요일

4시

폴 발레리의 집 관리인실에서 돌아왔다. 마침내 책을 받으러 가기로 결심한 것이다. 점심시간 뒤, 햇빛이 환하게 반짝였다. 소나기가 내릴 위험은 없었다. 나는 92호선을 타고 에투알 광장까지 갔다. 빅토르 위고 거리를 내려가는데 겁이 나기 시작했다. 빌쥐스트 거리 모퉁이에서는 잠시 공포의 순간을 경험했다. 그러나 곧 이렇게 생각했다. '나는 내 행동에 책임을 져야 해. There's no one to blame but you(너 자신 말고는 아무도 너를 비난할 수 없어).' 그러자 자신감이 돌아왔다. 내가 왜 두려워했는지 궁금했다. 지난주, 심지어 방금 전까지도 그것이 매우 자연스러운 일이라고 생각했는데 말이다. 엄마는 내 대담함에 매우 놀라며 내가 속으로는 겁먹었을 거라고 짐작했다. 하지만 나는 그것을 아주 간단한 일로 여겼다. 언제나 그렇듯 반쯤 몽상에 잠긴 상태. 나는 40번지의 초인종을 눌렀다. 폭스테리어 한 마리가 컹컹 짖으며 나에게 달려들었고, 관리인 아주머니가 개의 이름을 불렀다. 아주머니는 경계하는 표정으로 나에게 물었다. "무슨 일이죠?" 나는 할 수 있는 한 가장 자연스러운 어조로 대답했다. "혹시 발레리 씨께서 저를 위한 작은 꾸러미 하나를 맡겨두시지 않았나요?" (단연코 나는 내 태연함에 놀랐다. 단연코.) 관리인 아주머니는 다시 관리인실로 들어갔다. "이름이 뭐지?" "베르예요." 아주머니는 탁자 쪽으로 다가갔다. 거기에 꾸러미가 있다는 것을 나는 이미 알고 있었다. 아주머니는 탁자 위를 잠시 뒤지다가 꾸러미를 찾아 나에게 내밀었다. 하얀 종이 꾸러미였다. 나는 말했다. "정말 고맙습니다!" 그러자 관리인 아주머니는 매우 상냥하게 대꾸했다. "천만에요." 나는 꾸러미 위에 내 이름이 검은 잉크로 아주 깔끔하게 적혀 있는 것을 보고 관리인실을 나섰다. 문밖으로 나간 나는 꾸러미를 펼쳐보았다. 면지에 똑같은 글씨로 '엘렌 베르 양의 책'이라고 적혀 있었다. 그리고 그 밑에 '잠에서 깨어났을 때 햇빛이 몹시도 온화하고, 화창한 파란 하늘이 몹시도 아름답기를'이라는 문구가 적혀 있었다. '폴 발레리.'

이윽고 기쁨이 나를 가득 채웠다. 내 자신감을 확인시켜주는, 그리고 기분 좋은 햇빛과 솜 같은 구름 위 맑게 씻긴 파란 하늘과 잘 어울리는 기쁨이었다. 나는 아빠 엄마가 뭐라고 말씀하실까 하는 생각에 작은 승리감을 느끼며, 그리고 놀라운 일이 현실이 되었다는 느낌을 받으며 집으로 걸어왔다.

***

간식을 먹으러 올 미스 데이를 기다리고 있다. 하늘이 느닷없이 어두워지고 빗줄기가 포석을 내리쳤다. 심상치 않은 날씨다. 방금 전에는 번개와 천둥까지 쳤다. 내일 프랑수아 조브와 니콜 조브, 프랑수아즈와 장 피노, 자크 클레르와 함께 오베르장빌로 소풍 가기로 했는데. 트로카데로 광장의 계단을 내려가면서 기쁜 마음으로 내일을 생각했다. 결국 날씨는 개겠지. 지금 내 기쁨은 흐려졌다. 하지만 해가 다시 나올 테고, 그러면 상황은 거의 결정되는 셈이다. 날씨란 것은 왜 이토록 불안정할까? 꼭 웃다가 우는 어린아이 같다.

***

어젯밤엔 『계절풍』(미국의 소설가 루이스 브롬필드가 1933년 1월부터 1937년 7월까지 연재한 소설. 인도 서부 가공의 왕국이 배경이며 원제는 'The Rains Came'이다 – 옮긴이)의 2부를 읽은 뒤 잠들었다. 정말 멋진 책이다. 읽어갈수록 더 많은 아름다움을 발견하게 된다. 그저께는 편과 그의 어머니, 나이 든 두 딸 사이에서 펼쳐지는 장면을 읽었다. 어젯밤에 읽은 것은 홍수 장면이었다. 배너지 가문의 집과 스마일리 가문의 집. 마치 그 등장인물들 속에서 사는 것 같은 느낌이 든다. 이제 랜섬은 오래전부터 아는 사람 같다. 매우 매력적인 인물이다.

***

저녁나절이 내일에 대한 흥분으로 가득했다. 마구 넘쳐나는 기쁨은 아니고, 때때로 잊어버리지만 슬그머니 다시 돌아오는, 겉으로 드러나지 않는 기쁨이다. 소풍 가기 위한 준비를 했다. 기차는 8시 33분에 출발한다. 6시 45분에는 일어나야 한다.

***

4월 8일 수요일

오베르장빌에서 돌아왔다. 신선한 공기, 반짝이는 햇빛, 바람, 소나기, 피로, 그리고 기쁨에 흠뻑 젖어서 뭔가에 홀린 기분이었다. 내가 의기소침했었다는 것을 알 수 있었다. 저녁을 먹기 전 엄마 방에서, 평범한 혹은 뚜렷한 이유도 없이 그것을 알았다. 내가 의기소침했던 건 멋진 하루가 곧 끝난다는 슬픔, 그 분위기에서 갑자기 분리될 거라는 슬픔 때문이었던 것 같다. 기분 좋은 일에는 반드시 끝이 있게 마련이라는 사실에 나는 절대 익숙해질 수 없다. 그런 심한 절망은 예측하지 못했다. 그런 유치한 것들은 진작 잊었다고 믿었다. 하지만 미처 알아차리지 못한 사이에, 내가 맞서 싸우려고 하기도 전에, 그것이 돌아왔다. 집으로 돌아와서 오딜이 보낸 엽서와 제라르가 보낸 엽서[1]를 발견한 것이다. 제라르의 엽서는 심술궂고 내 마음을 상하게 한다. 제라르는 나를, 내가 쓴 엽서를 조롱한다. 뭐가 문제인지 더 이상 모르겠다. 제라르가 나를 이해할 거라 생각했는데. 나도 제라르에게 똑같은 어조로 답장해야겠다.

***

의지와 상관없이 눈이 감긴다. 멍해진 머릿속에서 하루가 토막토막 흘러간다. 잿빛 하늘에서 비가 세차게 내리는 가운데 기차역에서 출발했던 일이 눈앞에 다시 떠오른다. 즐거운 농담을 나누었던 기차 여행, 그날 하루 모든 일이 잘될 것 같았던 느낌, 빗속에서, 젖은 풀 속에서 한 첫 산책. 작은 들판에서부터는 갑자기 해가 비치고 파란 하늘이 보였다. 점심을 먹기 전 덱 테니스(갑판에서 네트를 사이에 둔 채 작은 밧줄 고리를 던지고 받는 경기 – 옮긴이)를 한 경기 했고, 조리대에서 보낸 시간과 점심 식사는 무척 활기차고 밝았다. 설거지는 모두 함께 했다. 프랑수아즈 피

---

[1] 오딜 뇌뷔르제와 제라르 리옹 캉.

노가 꼼꼼히 접시를 닦았고, 조브는 입에 파이프를 문 채 가지런하게 정리를 했다. 장 피노는 한 번에 포크 하나 혹은 접시 하나를 정리했는데, 우리가 매번 자기를 야단친다며 두 팔을 벌리고는 얼버무리는 표정으로 웃었다. 햇빛이 내리쬐는 가운데 고원高原의 도로를 산책했고, 억수 같은 소나기가 잠깐 내렸다. 나는 장 피노와 대화를 나눴고, 마을로 돌아와 자크 클레르를 만났다. 말갛게 씻긴 하늘 밑에서 네젤까지 산책을 했다. 지평선이 점점 더 넓어지고 환해졌다. 설탕을 넣지 않은 맛없는 초콜릿, 빵, 잼으로 기분 좋은 간식을 먹었다. 모두들 행복하다는 느낌이 들었다. 조브가 함께 앉을 수 있도록 드니즈 언니, 두 명의 니콜[2]과 함께 빽빽이 끼어 앉아 돌아왔다. 두 뺨이 타는 듯 뜨거웠다. 내 앞에 앉았던 장 피노의 잘생긴 얼굴, 맑은 두 눈, 단호한 이목구비. 지하철 안에서의 작별. 그리고 그날의 기쁨을 진지하고 솔직하게 말해주는 미소. 이상하게도 이 모든 것이 가까운 동시에 멀게 느껴진다. 그것들이 끝났다는 것을, 이제 나는 여기에, 내 방 안에 있다는 것을 안다. 동시에 마치 살아 있는 유령들에게 둘러싸인 것처럼 목소리들이 들리고, 얼굴들, 윤곽들이 보인다. 오늘은 더 이상 현재가 아니고, 아직 과거도 아니기 때문이다. 고요한 내 주변이 추억과 이미지들로 온통 살랑거린다.

---

[2] 한 명은 엘렌의 이종사촌 자매, 다른 한 명은 엘렌의 언니 드니즈의 시누이다. 403쪽 '엘렌 베르의 가족'을 참고할 것.

***

4월 9일 목요일 아침

7시에 일어났다. 모든 것이 머릿속에 뒤죽박죽 엉켜 있다. 어제 낮의 기쁨, 어젯밤의 환멸, 오늘 내가 처한 unpreparedness(준비 부족) 상태는 그저께를 전혀 고려하지 않는다. 제라르에게 신경질이 난다. 내가 그 이유를 추론해내면 신경질은 사라질 것이다. 사실 그가 나를 놀릴 만했기 때문이다. 기차 안에서 장 피노의 얼굴은 진지하면서도 열정적이었다. 우리의 우정이 피어나 더 깊어진 순간 오딜이 떠났다는 생각이 든다. 이제 그녀 없이 어떻게 살아갈까?

***

4월 11일 토요일

오늘 밤엔 모든 것을 내던지고 싶어 미칠 지경이다. 내가 정상적이지 않은 것에 넌더리가 난다. 작년처럼 온전히 자유롭다고 느낄 수 없는 것에 넌더리가 난다. 내가 예전과 같은 권리가 없다고 느껴져 넌더리가 난다. 눈에 보이지 않는 뭔가에 매여 있고 내 방식으로는 거기서 벗어나지 못할 것 같다. 나는 그것을 증오하고 왜곡하기에 이르렀다.

최악은 나 자신에 대한 느낌이다. 나는 내가 자유롭고 전과 똑같다고 느낀다. 그러나 다른 사람들에게, 부모님, 니콜, 제라르에게 어떤 역할을 해야만 한다. 그러지 않으면 내가 설명할 수 있는 모든 것에도 불구하고 그들은 내가 변했다고 생각할 테니까. 시간이 흐를수록 이 둘 사이의 심연이 더 깊어진다. 지금 나의 자아는 과거의 모습으로, 아무 일도 일어나지 않았을 때의 모습으로 돌아가기를 몹시도 갈망한다. 그리고 그것을 대체하는, 다른 사람들이 필연적으로 생각하는 또 다른 내 자아가 있다. 아마도 그 자아는 내 상상의 소산일 것이다. 아니다. 나는 그렇게 생각하지 않는다.

시간이 흐를수록 상황이 많이 달라진다. 대체 왜 나는 그것을 내가 머리 숙이고 피해야 할 거북함으로 간주하는 걸까?

오늘 밤 집에 돌아오자, 가을 전에는 만나지 못할 거라는 제라르의 엽서가 와 있었다. 나는 울었다. 최근 몇 달 사이에 처음으로. 슬퍼서 운 것은 아니다. 어렴풋하게 느껴지는 거북함이 너무나 지겨워서 울었다. 거짓으로 행동해야 하는 이 상황이 정말이지 지겹다. 그에게, 부모님에게, 드니즈 언니, 니콜, 이본 언니에게 거짓되게 행동해야 하는 상황이. 차라리 그가 와서 모든 것을 밝혀주면 좋겠다. 하지만 봄 내내, 그리고 여름 내내 이렇게 지내야겠지……. 게다가 나는 그것을 아무에게도 설명할 수 없다. 다시 고개를 들자 나도 알지 못하는 뭔가에 도전장을 던지고 싶은 마음이 들었다. 나는 복수하겠다고 다짐했다. 상황이 그런 만큼 감춰둔 속셈 없이 기쁜 마음으로 그것에 전념하겠다고. 게다가 나는 '내일 다시 생각해보기로' 하고 그 소식을 뒤죽박죽인 현재의 삶 밑에 묻어놓았다. 나쁜 소식임을 잘 알고 있었기 때문이다.

내가 모든 것을 왜곡한다는 걸 나는 완벽하게 의식하고 있다. 나 스스로. 이런 태도는 대체 어디서 온 걸까?

처음에는 상황을 분석했고, 뭔가를 재검토해서 더 잘 알게 되기 전까지는 아무것도 결정할 수 없다는 결론에 도달했다.

모든 사람이 이런 원칙을 받아들이고 동의한다. 단지 내가 이런 원칙을 믿지 않을 뿐이다. 아빠 엄마는 그걸 이해하신다. 따라서 나에게는 이런 결론이 무조건적이고 절대적인 결론이 된다. 나는 무슨 일이 일어날지 정말 하나도 모른다는 것. 아무런 해결책도 바라지 않는다는 것. 내가 치르지도 않은 게임의 결과를 기다린다는 것.

물론 이것은 확실하게 정의되지 않은 상황을 받아들이지 못하는 내 무능력 탓이다. 나는 상황을 정확히 판단하기를 좋아한다. 거기서 벗어나기 위해, 그리고 다시 정상적이 되기 위해. 평소의 생활 패턴이 뒤집혔을 경우, 내 안에는 많은 난처함이 발생한다. 드니즈 언니는 이런 나를 가리켜 '방에 콕 박혀 있길 좋아한다'고 말할 것이다.

그러니까 나는 위의 결론에 도달한 이래 게임을 기다려왔고, 그 게임은 대단치 않은 것, 외적인 것이 되었다. 그것이 내가 기대하는 유일한 것이다.

어쨌든 이 일은 긴장을 불러왔고, 지긋지긋해졌다. 나는 이 긴장이 연장될 거라는 예감을 견딜 수 없다.

바로 이것이 내가 이 모든 일을 두려워하는 이유, 내가 거의 자발적으로 이 일을 희화하는 이유이다. 사실 나는 변하고 싶지 않다. 변화는 이런 일들과 함께 일어나고, 피할 수 없는 일이니까. 하지만 변화란 갑작스러워야 하고 기쁨을 동반해야 한다. 모든 사정이 괜찮을 때 그런 것처럼.

오늘 밤, 원한다면 나는 침대에 몸을 던지고 울 수 있을 것이다. 예전에 내가 가졌던 모든 힘에 매달리고 싶다고 엄마에게 말할 수도 있을 것이다. 그러면 엄마는 틀림없이 나를 위로해주실 테고, 나는 눈물의 맛과 평화가 가져다주는 고요를 느끼며 잠이 들겠지. 하지만 엄마는 옆방에서 조금 근심하실 것이다.

내가 그렇게 할 수 있을지조차 모르겠다. 아마도 이것은 self-pity(자기 연민)일 것이다. 그래서 나는 스스로에게 가혹해졌다. 이 순간 더는 아무것도 필요 없다고 믿기 때문이다. 단지 그것 때문이다. 그러지 않도록 스스로를 제어하는 것이 품격 있는 행동이기 때문은 아니다. 엄마와 함께 있으면서 품격을 따지는 건 범죄 행위나 마찬가지니까. 내가 경험하지 않는 감정이나 느낌을 과시하고 이용해 불가피한 결과를 끌어내려는 것도 아니다. 그것은 상황을 cheap하게(초라하게) 만들 뿐이다. 나는 정직하고 진실한 것들만 말하고 싶다. 하지만 엄마의 마음을 아프게 하고 싶진 않다. 이미 오늘 저녁 아빠가 재산 몰수[3] 통고를 받으셨고, 엄마는 자신이 책임지기로 하고 모든 것을 감추셨다.

It sufficeth that I have told thee(모든 것을 너에게 털어놓은 것만으로도 충분해), 내 종이쪽지. 이것만으로도 좋아질 거야.

***

다른 것을 생각하자. 오베르장빌에서 보낸 그 여름날의 비현실적인 아름다움을. 그 한나절은 신선하고 희망으로 가득하고 찬란했던 해돋이부터, 매우 감미롭고 매우 고요하고 매우 온화했던, 방금 전 내가 겉창을 닫았을 때 잠겨 들었던 저녁나절까지 더할 나위 없이 근사하게 펼쳐졌다.

나는 그날 아침 그곳에 도착해 감자 껍질을 벗긴 후, 나를 기

---

[3] 유대인 소유의 동산·부동산·기업을 몰수한 조치를 뜻한다. 독일 점령군과 비시 정부는 1940년 가을부터 점진적으로 유대인의 재산을 몰수했고, 몰수한 재산은 임시 행정관이 관리했다.

다리고 있는 기쁨을 확신하며 정원으로 달아났다. 그리고 신선하고 새로웠던 지난여름의 느낌을 다시 발견했다. 그 느낌은 친구처럼 나를 기다리고 있었다. 요리용 화덕에서 번득이던 불꽃, 아침 해를 향해 의기양양하게 피어오르던 희열, 매순간 새로운 것을 발견하는 기쁨, 꽃이 핀 회양목이 내뿜던 묘한 향기, 윙윙거리던 꿀벌 소리, 조금 취한 듯 주저하는 몸짓으로 갑자기 하늘에 나타난 나비. 나는 야릇한 기쁨을 느끼며 이 모든 것을 기억해냈다. 천국의 의자에 앉은 채 몽상에 잠겼고, 몹시 감미로워 마치 밀랍처럼 내 마음을 녹이는 그 분위기가 어루만지도록 내 몸을 맡겼다. 매순간 새로운 광채를, 아직 헐벗은 나무들 속에서 시험 삼아 지저귀는 새의 노랫소리를 감지했다. 나는 그 소리에 주의를 기울이지 않았지만, 그 소리는 침묵의 소리를, 멀리서 들려오는 비둘기들의 구구거리는 울음소리를, 다른 새들의 지저귐을 갑자기 덮어버렸다. 고개를 조금 돌려 이슬방울이 풀 위에서 일으키는 기적을 관찰하는 것도 재미있었다. 이슬방울은 다이아몬드색에서 에메랄드색으로, 그다음에는 붉은 금색으로 변했다. 어떤 이슬방울은 심지어 루비색이 되었다. 꼭 작은 등불들 같았다. 세상을 거꾸로 보려고 불현듯 고개를 젖혔을 때, 나는 내 앞에 펼쳐진 풍경의 경이로운 조화를 깨달았다. 파란 하늘, 부드러운 파란색과 분홍색의 언덕, 어두운 초록색의 들판, 갈색과 차분한 황토색의 지붕, 평온한 회색을 띤 종탑 등 모든 것이 부드러운 빛에 잠겨 있었다. 오직 내 발밑의 신선한 풀만 그 환상적인 풍경 속에서 혼자 살아 있는 듯 더 강렬한 색조를 띠고 있었다. 나는 속으로 생각했다. '만약 이것이 그림이라면 사람들은 전반적으로 파스텔 톤인 배경 속에서 이 초록색 풀만 비현실적인 느낌을 준다고 생각할 거야.' 하지만 그것은 사실이었다.

***

4월 15일 수요일

누구에게 이야기해야 할지 몰라서 여기에 쓴다. 방금 쓰라림과 낙담이 가득한, 거의 절망적인 엽서 한 장을 받았다. 처음 그 엽서를 읽으면서 나는 거의 승리감에 가까운 느낌을 받았다. 그 역시 나와 같다는 것을 알았으니 말이다. 두 번째로 받은 느낌은 공포였다. 다른 사람이 고통받지 않고는 내 감정을 담당하는 시동 장치를 마음대로 돌릴 수 없다는 사실을 알았으니까.

엽서에는 나를 전율하게 만드는 문장들이 있었다(당신의 길은 나의 길과 어긋나…… 우리는 막다른 곳을 향해 똑바로 가고 있어). 그 문장들은 내가 늘 갖고 있던 희미하고 모호한 직관을 갑자기 확인시키는 듯했다. 그래서 지금 나는 두렵다.

어떻게 해야 할까? 우리 둘 다 힘들어하고 있다. 하지만 다른 사람들처럼 함께 힘들어할 수는 없다. 그를 위로하게 되면 그에게 나도 그와 같다고 말할 것이다. 하지만 그런 말이 그를 더욱 힘들게 하지는 않을까? 상냥함을 담아 그에게 말을 건넨다면, 나는 거짓말을 하게 될 것이다. 아니면 그건 감상感傷일 것이다.

또한 나는 특정한 성격을 가진 미지의 인물이 내 앞에 있는 느낌을, 내가 아무런 경험도 없고 그에게 어떻게 행동해야 할지도 모르는 것 같은 느낌을 받았다.

엄마만은 나를 도와주실 수 있으리라. 하지만 엄마는 곧바로 아빠를 떠올릴 테고, 내 경우를 아빠 엄마의 경우와 유사한 것으로 여기실 것이다. 아빠의 입장에 제라르를 대입할 때 내가 위축되는 이유를 엄마는 결코 이해하지 못할 것이다. 나는 제라르와의 일을 그런 식으로 볼 수가 없다.

그는 내가 보낸 엽서들 속에 담긴 열광에 대해 나에게 이야기했다. 그래서 그의 길이 내 길과 어긋난다는 것이다. 하지만 내가 그에게 '풍경에 대한 묘사'를 써 보내는 건 다른 것을, 그의 느낌처럼 확실하지 못한 내 느낌을 이야기하지 못하기 때문이라는 걸 그는 왜 이해하지 못할까? 하지만 이것도 그에게 설명할 수 없다.

이따금 고요한 절망이 나를 덮친다. 그럴 때면 나는 생각한다. '우리가 서로를 위해 만들어지지 않았다는 걸 나는 늘 알고 있었어.' 나는 그것을 느꼈고, 사람들이 다르게 생각한다는 걸 알고 두려웠다. 확실히 내 기질에는 힌두교적인 어떤 것이 있다.

맙소사! 어떻게 해야 하지? 뭐라고 답장하지?

엽서의 마지막 부분은 냉소적이다. 하지만 그건 나에게 전혀 충격을 주지 않는다. 그가 이 사실을 알면 좋으련만!

사는 게 왜 이렇게 복잡해졌지?

4월 15일 수요일

고민을 잊으려고 하루 종일 공부했다. 잊는 데 성공했다. 세 시간 뒤, 나는 먼 세상으로부터 빠져나왔다. 그러자 다시 모든 것이 믿을 수 없어 보였다.

오후에도 내내 브루투스에 관한 리포트를 열심히 타이핑했다. 햇빛이 강렬해서 겉창을 닫았다. 바깥은 여름의 절정이었다.

4시에 여름의 열기 한가운데로 외출했다. 기묘한 느낌. 그리고 소르본 대학에, 에스카르피 선생의 강의에 갔다. 그러자 작년 시험 기간이 떠올랐다. 하지만 그때보다 더 자유롭고, 더 방랑적이며, 덜 피로한 느낌이다.

잠자리에 들기 전 『계절풍』을 다 읽었다. 하지만 잠을 통 이루지 못했다.

4월 16일 목요일

　기분 전환을 하려고 아침에 소르본 대학에 갔다. 스파켄브로크[4]를 만나고 싶었는데 그러지 못해 실망했다. 하지만 오후에 그를 만났다. 너무 일찍 도착해서 잠깐 도서관에 올라갔다. 도서관에서 다시 내려오는데, 누군가 계단에서 목청 높여 노래 부르는 소리가 들렸다. 에스카르피 선생이었다. 그는 아래층에 약혼녀와 함께 있었다. 그가 노래를 부른 것이다. 기분이 좋아서 그랬던 것 같다. 자신의 행복과 공부에 기분이 좋아서. 에스카르피 선생은 놀랄 만큼 균형감 있는 사람이다. 그다지 교양 있지 않은 척하지만 소용없다. 그는 도덕적으로, 지적으로 건강하다. 나는 그를 알아보고 계단 아래에 우뚝 멈춰 섰다. 그러자 그가 세상에서 가장 편안한 표정으로 웃었다. 나도 웃고, 그의 약혼녀도 웃었다. 친근감이 물결처럼 밀려와 나를 감쌌다.

　나는 샬롯 브론테에 대한 학위를 가진 여학생 샬롯 브론테와 뜰에서 수다를 떨면서 기다렸다. 그녀는 무척 친절하며, 나로 하여금 그녀가 나를 무척 좋아한다고 느끼게 하는, 내가 만나는 대학생들이 지닌 규정하기 어려운 특징도 갖고 있다.

　카자미앙 교수님의 강의에서 약삭빠르고 우스꽝스러워 보이

4　엘렌 베르는 친구들을 소설 주인공 이름으로 부르곤 했다. 그녀는 앙드레 베를 스파켄브로크라고 불렀다. 스파켄브로크는 영국 작가 찰스 모건 소설의 주인공 이름이다. 또 다른 친구 장 모라비에키는 '호수의 랜슬롯'이라고 불렀다.

는 남학생이 셸리의 서정성에 대해 발제를 했다. 나는 발제 내용을 그리 잘 따라가지 못했지만 그가 하는 말에 열정과 시혼詩魂이 가득하다고 느꼈다. 카자미앙 교수님의 찬사가 내 직감을 확인시켜주었다. 하지만 나는 경청할 인내심이 없었다. 11시 15분에 강의실을 나섰다. 그리고 학생증을 갱신하러 학생처에 갔다가 집으로 돌아왔다.

점심을 먹은 뒤 엄마와 함께 차를 타고 다시 집을 나서 르동 박사님 병원에 갔다. 르동 박사님은 내 손가락 피부의 박층薄層을 갈라 보이지 않는 고름 방울을 없애주었다. 치료를 받은 다음에는 익숙하면서도 멋진 기쁨을 다시 느끼며 햇빛에 잠기고 사람들로 가득한 생 미셸 거리를 내려가 수플로 거리로 향했다. 수플로 거리에서 생 제르맹 거리까지, 나는 마법의 영토 안에 있었다.

S 정류장에서 엄마와 헤어진 뒤엔 깜짝 놀랐다. 장 피노와 정면으로 마주친 것이다. 그가 내 손을 잡았다. 나는 아픈 손가락을 뺐지만 그는 알아차리지 못했다. 그의 얼굴이 몹시 붉었다. 혹 만남의 기쁨 때문이었을까? 전혀 모르겠다. 나는 무척 기뻤다. 하지만 그 만남의 경이로움을 깨달은 뒤에야 그것을 느꼈다. 그가 내 책(후고 폰 호프만슈탈의 책)을 낚아챘다. 사실 나는 그 책을 스파켄브로크에게 보여주고 싶었다. 그는 퉁명스럽지만

쾌활하고, 뭐라 정의하기 힘들다. 우리는 거의 곧바로 헤어졌다. 그는 거리를 다시 걸어 올라갔고, 나는 연구실에 갔다. 3시 10분이었고, 들라트르 교수님의 강의에 들어갈 생각이었다.

계단식 강의실에 들어갔고, 자기 자리에 앉아 있는 스파켄브로크를 발견했다. 나는 뿌루퉁한 표정의 여학생 옆, 평소 내가 앉는 자리에 앉았다. 들라트르 교수님이 여러 가지를 이야기했지만 내 귀엔 들어오지 않았다. 나는 햇빛 속에 드리운 내 그림자를 바라보았다. 텍스트 설명을 앞둔 중간 휴식 시간에 잠시 소란이 일었다. 내 옆자리의 여학생이 내 앞을 지나 밖으로 나갔다. 나는 그녀가 지나가도록 자리에서 일어났다. 그리고 스파켄브로크가 내게 손짓하는 것을 보았다. '너는 계속 여기 있을 거야?'라는 뜻이었다. 나는 아니라고 대답했고, 우리는 함께 햇빛 속으로 나갔다. 기묘한 안도감이 나를 감쌌다. 강의실에서 그를 만나지 못했다면 무척 실망했을 것이다. 그 일은 내가 살고 있는 이 지옥에서 유일한 평화의 미광微光이었고, 정상적인 생활에 매달릴 수 있는, 지옥에서 도망칠 수 있는 유일한 방법이었다.

스파켄브로크가 말했다. "우리 뤽상부르 공원에 갈까?" 나는 손목시계를 들여다보았다. 프랑수아즈 마스가 집에 간식을 먹으러 올 예정이었다. 하지만 나는 망설이지 않았다. 스파켄브로크는 책가방을 가지러 계단식 강의실로 돌아갔다. 그리고 함께 출발했다. 잘 아는 거리들에서의 기묘한 산책. 이상하게도 나는 그 거리들을 알아보지 못했다. 마치 그 거리들이, 에콜 드 메드신 거리, 앙투안 뒤부아 거리, 메디치 거리가 갑자기 낯설어진 것처럼. 스파켄브로크가 「샹트클레와 페르텔로프」를 쓰겠다는 자신의 계획에 대해 이야기했다. 나는 그의 열의 없는 목소리를, 그의 억양을, 습관적인 내 수줍음을 다시 발견했다. 그러다가 점차로 다시 정상적인 상태가 되었다. 뤽상부르 공원에 도착한 우리는 연못가에서 걸음을 멈추었다. 요트 수십 척이 연못에 떠 있었다. 우리는 이야기를 나누었지만, 햇빛을 받아 반짝이던 물, 경쾌한 찰랑거림, 기쁨으로 가득하던 잔물결, 바람을 맞고 있던 작은 요트들의 우아한 곡선, 그리고 무엇보다도 파랗고 드넓은 하늘이 나에게 가져다준 매혹만이 기억날 뿐이다. 내 주변에는 아이들과 어른들 무리가 있었다. 하지만 내 주의를 끌어당긴 것은 반짝이며 춤을 추는 물이었다. 이야기를 할 때조차 물이 내 머릿속을 차지했다. 지금도 그것이 느껴진다. 하지만 나는 논쟁을 하고 싶었다. 스파켄브로크가 이렇게 말했기 때문이다. "독일이 전쟁에서 이길 거야." 나는 대꾸했다. "그렇지 않아!" 하지만 나는 달리 뭐라고 말해야 할지 알지 못했다. 내 비겁함이 느껴졌다. 그의 앞에서 내 신념을 강력하게 주장하지 못하는 비겁함. 그래서 나는 분발하고 외쳤다. "독일이 이기면 우리가 어떻게 되겠어?" 그러자 그가 회피하는 몸짓을 했다. "쳇! 아무것도 달라지지 않을 거야……. (나는 그가 이렇게 대답하리라는 것을 알고 있었다.) 여전히 햇빛과 물이 있겠지……." 사실 그때 나는 속으로는 더 많이 화가 났다. 아름다운 풍경을 마주하고 벌어진 그 논쟁에서 엄청난 허무함도 느꼈다. 하지만 내가 사악한 마법에 굴복했다는 것을 알고 있었다. 내가 자신을 부인했고, 스스로 비겁해졌다는 것을 알고 있었다. 나는 이렇게 말할 수밖에 없었다. "하지만 그들은 모든 사람들이 햇빛과 물을 즐기도록 가만히 내버려두지 않을 거야!" 다행히도 이 말이 나를 구원했다. 나는 비겁해지기 싫었다.

지금은 그것이 비겁하다는 것을 알기 때문이다. 우리는 지상에서 시詩만 생각할 권리가 없다. 그것은 마법이다. 그리고 시는 극도로 이기적이다.

논쟁이 끝난 뒤 스파켄브로크는 요트에 대해, 오베르장빌의 나무들에 대해, 자신의 자질구레한 일들에 대해 말하기 시작했다. 내가 느낀 거북함은 사라졌다. 철책에서 그가 친구 한 명을 만났고, 나는 멀찍이 떨어졌다. 그러고 얼마 지나지 않아 나는 자크 베유 레날을 알아보았고, 그와 함께 잠시 이야기를 나누었다. 스파크가 나와 합류했고, 우리는 공원에서 나갔다. 그가 말했다. "재미있네. 내가 우연히 친구를 만나니까 너도 친구를 만나다니." 얼마 뒤 그가 아내를 만나고 싶지 않다고 말했다. 그는 늘 거침없이 그런 이야기를 하기 때문에, 나는 이렇게 물었다. "왜? 그녀가 화낼 텐데." 그러자 그는 자기 아내는 아기를 기다리고 있으며 그래서 신경이 무척 날카롭다고 대답했다.

그 뒤, 뭔가가 가라앉았다. 그것은 너무나 낯설고 너무나 경이롭고 투명한 대기를 뒤흔들어 위협하려 했다. 그것으로 인해 나는 모든 것을 '다른 사람들의' 관점에서 보게 될 터였다. 이제 나는 그의 아내가 정말로 질투하지 않더라도 계속할 권리가 내게 없다는 것을 알고 있으니까. 또한 그것은 그에게 고통을 줄 것이다. 그리고 그녀가 괴로워한다는 것을 내가 알 경우 그것은 내 모든 생각과 그것의 이상적인 아름다움을 온통 뒤흔들 것이다. 바야흐로 뭔가가 끝난 것이다.

생 미셸 거리를 다시 내려오면서, 그는 자기 친구들에 대해 이야기했다. 모두 결혼했고 한 가정의 가장이었다. 내가 말했다. "그래, 남자들은 모두 젊은 나이에 결혼하지." 그리고 그 분야에 관한 대화가 계속되었다. 어느 순간 내가 말했다. "사실 결혼하는 것은 어렵지 않아. 진짜 행복을 찾아내는 것이 어렵지……." 이 대목에서 나는 망설이며 적절한 단어들을 찾았다. 그가 대꾸했다. "나는 그렇게 생각하지 않았어." 내가 힘 있게 말했다. "나는 아직도 그렇게 생각해. 그리고 네가 내 환상을 없애는 걸 원하지 않아." 갑자기 고립감이 느껴졌다. 사실 그도 다른 사람들처럼 나와 많이 달랐다. 생 미셸 거리 아래쪽에서 우리는 삶에 대한 우리의 철학을 이야기했다. 그가 자기는 모든 것이 흥미롭다고 말했다……. 내가 대꾸했다. "나는 그렇지 않아. 나는 딜레탕트가 아니야. 나는 아름다움을, 완벽을 추구해. 아름다운 것과 그렇지 않은 것 사이에서 선별을 해. 난 아직 가치 등급을 갖고 있고, 모든 것을 흥미롭게 여기는 단계에는 다다르지 않았어." 그런 다음 우리는 생각의 소통 불능에 대해, 생각의 전달에 대해 이야기했다. 지하철 입구에서 그와 헤어졌고, 햇빛에 눈이 부셨다. 그가 나에게 말했다. "나 내일 강의에도 갈 거야." 나는 망설였다. 갑자기 그를 다시 만나는 것이 쓸데없는 일로 느껴졌다. 아니, 그를 다시 만나고 싶은 욕구를 내 안에서 더 이상 발견하지 못했다. 나는 대꾸했다. "그래……. 나도 갈 것 같아." 그는 떠났다. 다음 순간 나에게 돈도 없고 지하철 표도 없다는 것을 문득 깨달았다. 해야 할 일은 하나뿐이었다. 그를 뒤따라 달려갔다. 그는 뭔가를 깊이 생각하는 듯 천천히 걷고 있었다. 나는 그를 따라잡은 뒤 웃으면서 나에게 일어난 일을 설명했다. 그는 특유의 짓궂은 미소를 지었고, 지하철 표 묶음을 꺼냈다. 갑자기 모든 것이 전과 같아졌다.

하지만 오늘 밤엔 그것 또한 나를 벗어났다는 느낌이, 거기에 모순이 있다는 느낌이 든다. 내 생각에 오늘 있었던 일 중 유일하게 순수하고 건강하고 신선한 것은 장 피노와의 만남이다.

나는 아직 젊고, 내 삶의 투명함이 뒤흔들리는 것은 부당하다. 나는 '경험 쌓기'를 원하지 않는다. 미망에서 깨어나 무감각해지고 나이 들기를 원치 않는다. 무엇이 나를 구원해줄까?

프랑수아즈 마스와 오랫동안 많은 이야기를 나누었다. 그녀에게 내 책들을, 내 학위논문을 보여주었다. 이따금 나는 나를 노리고 있는 절망을 의식했다. 조르주가 편지에 제라르는 점점 염세주의자가 되어간다고 썼더라고 그녀가 말했을 때, 나는 아픈 데를 찔린 기분이 들었다. 마음이 몹시 아팠다. 그녀는 왜 내가 다른 누군가의 마음을 사로잡았다는 것을, 내 행동이 이제 나 자신에게만 영향을 주지 않는다는 것을, 내가 더 이상 자유롭지 않다는 것을 굳이 확인시키는 걸까? 고통 속의 자유는 위안인데.

***

4월 19일 일요일
12시

아까 편지를 썼다. 터져 나온 눈물에 마음이 씻긴 기분이다.

그리고 아픈 손가락이 나로서는 고마운 육체적 고통을 안겨준다.

라 셰즈 거리에 다녀왔다. 르동 박사님이 손가락의 상처를 한 번 더, 아주 조금 째주셨다. 내가 너무 아파했기 때문이다. 박사님은 별것 아니라고 말씀하셨다.

***

오후에 「안토니오와 클레오파트라」에 관한 리포트를 조금 썼다. 어젯밤에 느꼈던 절망은 모두 사라져버렸다. 리제트 레오테가 오케스트라 연주를 하는 일요일로 날짜를 착각해 나와 수다를 떨러 내 방으로 찾아왔다. 나는 머리가 엉망으로 헝클어지고, 스타킹도 신지 않은 상태였다. 하지만 리제트와 함께라면 그런 것은 별로 중요하지 않다. 무척 즐거웠다.

그 뒤엔 조브 집안에 드니즈 언니를 만나러 갔다. 브레나에, 드니즈 언니, 프랑수아가 슈만의 3중주를 연주하고 있었다. 얼마 지나지 않아 조브와 다니엘의 친구 세니제르그가 도착했다. 호화로운 간식이 나왔다. 멋진 아이스크림도 있었다. 5시 30분에 나는 프랑신 바크리의 집에 가기 위해 자리를 떴다. 지하철 안은 숨 막히고 끈적거렸다. 바크리 집안에는 실내복 차림의 프랑신 아버지, 잔 오드랑, 그녀의 부모님, 그리고 나와 안면이 있는 프랑신의 친구 한 명이 자기 어머니와 함께 있었다. 우리는 자연스럽게 정치에 대한 이야기를 나누었다.

***

월요일

어젯밤 잠자리에 들 때 다시 손가락이 바닷가재 집게에 물린 느낌이 들었다. 아스피린을 먹고서야 겨우 잠들었다.

하지만 이상하다. 그 육체적 고통이 내 모든 악의와 도덕적 난처함에 내 정신을 집중시키는 느낌이 든다. 고통이 나를 해방시킨다. 고통은 유익하다. 고통은 큰 변화이다. 내가 제라르를 사랑하는 건지 아닌지 잘 모르겠다. 하지만 그에 대한 못된 생각은 내게서 사라져버렸다. 그를 생각할 때면 건드리고 싶지 않은 어떤 신성한 것에 대해 생각하는 기분이 든다.

***

아침 내내 「안토니오와 클레오파트라」에 관한 리포트를 써서 끝마쳤다. 점심을 먹은 뒤 엄마와 함께 다시 르동 박사님께 갔다. 손가락 상태가 좋지 않았다. 박사님은 주사 네 대를 놓아 마취를 시켰다. 주사 맞는 기분이 그리 좋지 않았다. 진찰실에 가서 마취가 되도록 10분 기다리는 동안 나는 몹시 어리둥절했다. 박사님이 상처를 째기 시작했을 때는 그 일이 10킬로미터는 족히 떨어진 곳에서 일어나는 것 같았다. 나는 상처 부위를 보지 않았지만 엄마는 보고 계셨다. 엄마의 찡그린 표정을 통해 상처의 모습이 그리 보기 좋지 않다는 것을 알 수 있었다. 박사님은 잠시 동안 작은 집게로 뭔가를 제거하셨다. 손가락이 더 이상 내 몸의 일부가 아닌 기분이었다.

그리고 나서 당직을 서려고 도서관에 갔다.[5] 흥미로운 일들이 많아 당연히 흥분되었다. 비비 라퐁이 매우 친절히 대해줘서 고마운 마음이 가득했다. 다른 사람들도 나를 마치 아기처럼 보살펴주었다. 니콜과 드니즈 언니가 집에 왔다. 마취가 풀려서 손가락이 몹시 아팠지만 조금 지나니 진정되었다.

저녁 식사 후 침대에서 드니즈 언니에게 내 리포트의 시작 부분을 읽어주었다. 우리는 매우 유쾌한, 거의 훌륭한 저녁나절을 보냈다.

4월 21일 화요일

오늘 아침 드니즈 언니와 함께 계속 타이핑을 하고 구술을 했다. 언니는 내 리포트가 아주 좋다고 했고, 나는 무척 기분이 좋다. 하지만 동시에 걱정도 된다. 내가 학교에 간 뒤 자스가 점심을 먹으러 왔단다. 그 점심 식사 자리에 한바탕 파란이 일었을

---

5 엘렌 베르느 소르본 대학의 영문학 연구실 도서관에서 무보수 사서로 일했다. 책을 읽기 위해서였다.

것이다. 그 정도로 엄마는 그와 이야기를 나누는 데 곤란을 겪고 있다.

오후, 졸음 그리고 둔한 정신 상태와 싸웠다. 요즘이 말썽 많은 시기인 걸까? 아니면 손가락 수술의 여파일까? 오딜이 옆에 있다면 웃었을 것이다. 하필 오늘이 화요일이기 때문이다. 올해 내내 화요일은 유독 말썽이 많았다. 하지만 오딜은 내 옆에 없다. 책상에서 공부를 하다가 잠이 들었다. 정말이지 다시 시작하고 싶다. 「코리올라누스」를 다시 읽을 용기가 나지 않는다. 바이올린 케이스를 수리하러 생 도미니크 거리로 외출했다. 정신이 맑아지기를 바라며 차를 마셨다. 하지만 할 수 있는 일이 아무것도 없다. 정신이 완전히 둔해졌다.

4월 22일 수요일
엽서 두 장을 받았다.

이번 주는 온통 이렇게 지나갔다. 아침에는 학위논문을 쓰고, 오후에는 내 시간을 보내고, 저녁에는 공부에 절망하고, 저녁을 먹은 뒤에는 타이핑을 하고 뭔가를 언어로 표현하는 일에 대한 내 무능함에 질색했다. 아침 7시에 일어났다. 정신이 아주 맑아서 공부하기에 좋을 것 같았지만, 침대에서 일어났을 때는 그런 상태도 사라져버렸다.

악몽 속에 사는 기분이다. 오늘이 며칠인지도 모르겠고, 시간이 어떻게 흘러가는지도 모르겠다.

4월 24일 금요일

장과 클로딘의 집에 점심을 먹으러 갔다. 이것이 이번 주에 있었던 일 중 유일하게 빛나는 일이다. 오후 4시까지 그들의 집에 머물며 바이올린을 켰다. 장이 내 학위논문을 두 장章 읽었다. 그는 그리 친절하지 않았다. 그는 나를 조금 주눅 들게 했고, 나도 그를 주눅 들게 하는 것 같다고 느꼈다. 하지만 그는 훌륭하게 처신했다.

집으로 돌아왔다. 그리고 늘 그랬던 것처럼 오후 한창때가 되자 어찌해야 할지 알 수 없었다. 르동 박사님께 가려고 6시에 다시 외출했다. 몽파르나스 거리에서, 카페 테라스에 앉아 있는 혹은 시끄럽게 맴도는 군중 한가운데에서 외로움과 추한 위선을 느꼈다. 프티 뤽상부르의 멋진 나무들을 보자 겨우 기분이 회복되었다.

4월 25일 토요일

제라르에게서 엽서를 받았다. 그는 당황한 기색이다. 갑자기 우리 사이가 심각해진 것이다. 이 일은 어떻게 끝이 날까? 나는 일종의 기묘한 다정함을 느끼며 그를 생각했다.

'라 렌 페도크'에서 점심을 먹었다. 오베르장빌에 갔다. 드니즈 언니는 장 비게와 그의 아내를 초대했기 때문에 그곳에 더 오래 머물렀다.

라일락이 활짝 피었고, 풀도 벌써 높이 자라 있었다. 하지만 나는 그 모습을 마음껏 즐기지 못했다. 내가 그런 풍경에 대한 묘사로 제라르를 얼마나 짜증 나게 하는지 깨달은 뒤부터 나 자신이 바보처럼 느껴지기 때문이다.

4월 26일 일요일

오케스트라 연습. 조브, 브레나에와 그의 누이, 프랑수아즈 마스, 아니크 부트빌. 드니즈 언니가 모차르트 협주곡을 연주했고, 우리는 그것에 반주를 넣었고, 프랑수아가 지휘를 했다.

***

4월 27일 월요일

도서관에서 잿빛 눈의 남학생을 다시 만났다. 놀랍게도 그는 목요일에 음반을 들으러 가자고 제안했다. 우리는 15분 동안 음악에 대해 이야기를 나누었다. 프랑신 바크리가 내 학위논문 검토 결과를 알려주러 왔을 때에도 우리는 여전히 이야기 중이었다. 지금까지는 그의 이름을 몰랐지만 이제는 안다. 그의 이름은 장 모라비에키이다. 이름을 알기 전 나는 그가 슬라브인처럼, 슬라브 왕자처럼 보인다고 생각했다. 그가 그런 목소리를 가진 것은 유감이다.

엄마가 그 초대를 세상에서 가장 자연스러운 태도로 받아들였기 때문에, 갑자기 내 눈에는 엄마가 완벽하게 자연스러운 사람으로 보였다. 나는 초대를 수락하기 위해 편지를 썼다.

4월 28일 화요일

바이올린 2중주를 함께 연주하러 리옹 캉 씨 집에 갔다. 그런 다음엔 미스 데이의 집에 간식을 먹으러 갔다. 나는 화요일 징크스에서 벗어나기 위해 주중의 이 두 초대를 수락했다. 그리고 성공했다. 리옹 캉 집안의 초대는 나를 두렵게 하는 동시에 기쁘게 했다. 어쨌든 새로운 일이었다. 그런데 롱샹 거리까지 걸어가고 나서야 이 초대를 수락한 것이 무엇을 의미하는지 깨달았다. 목요일마다 혼자서 걷던, 그리고 제라르와 함께 일요일마다 걷던 똑같은 길인데 말이다. 나는 내가 그의 부모님 집에, 그의 집에 가고 있다는 것을 불현듯 깨달았고, 갑자기 겁이 났다. 그의 집 계단을 올라갈 때 그리고 문 앞에서 기다릴 때는 조금 가식적인 태도를 취했다.

하지만 모든 일이 아주 잘 흘러갔다. 리옹 캉 씨는 굉장히 근사했다. 그가 방에 들어왔을 때, 나는 그의 얼굴을 겨우 바라보았다. 얼굴의 전반적인 생김새에서 갑자기 제라르의 얼굴이 떠올랐기 때문이다. 하지만 그 두 사람이 닮지 않았고 내가 사적인 감정 없이 리옹 캉 씨를 바라볼 수 있다는 것을 나중에 깨달았다. 그는 외모도 행동도 놀랄 만큼 젊었다. 처음에는 잘 알지도 못하는 나이 많은 남자분과 함께 연주한다는 것이 무모하게 느껴졌지만 다행히도 프랑수아즈가 옆에 있었다. 시간이 흐르자 음악에 열중하게 됐고, 더 이상 그런 생각을 하지 않았다. 리옹 캉 부인, 클로드와 함께 간식을 먹을 때는 거북한 기분이 사라져 있었다. 다른 사람들과 똑같은 사람들의 집을 방문한 것뿐이었다.

4월 29일 수요일

제라르의 꿈을 꾼 뒤 아주 일찍 잠에서 깼다. 침대에서 일어날 때까지 계속 제라르를 생각했다. 그리고 무척 행복했다. 나는 그 느낌을 말로 표현하려고 애쓰지 않았다. 그 느낌은 미지의 것이고 새로웠다. 오늘 아침에 그의 엽서가 오리라는 것을 나는 알고 있었다.

그리고 엽서를 받았다. 엽서에 대단한 내용은 없었다. 그러나 엽서 후반부의 암시를 이해할 수 없었다.

하루 종일, 오랜만에 처음으로 나는 어떤 의미에서 그에게 속해 있었다. 이것은 진짜일까? 아니면 착각일까?

부아스리 씨에게 전달할 꾸러미를 앙리 4세 거리에 갖다주고 돌아오면서 법과 대학 건물 앞을 지나쳤다. 나는 일종의 그리움을 느끼며 그가 지금 저기에 있다면 건물 출구로 그를 만나러 가고 싶다고 생각했다. 예전 같으면 땅속으로 사라지고 싶었을 텐데, 지금은 심지어 그쪽으로 가볼 생각까지 하다니. 아마도 나는 뻔뻔한 나이의 절정인가 보다. 하지만 어차피 정말로 그렇게 할 용기도 없었다. 내가 자기를 생각한다는 걸 그가 오래전에 알았더라면! 하지만 그때는 전쟁의 해였다! 모든 것이 너무나 많이 변했다!

4월 30일 목요일

멋진 오후를 보냈다.

전혀 모르는 그 남학생과 음반을 들으러 가는 것이 무척 거북했다. 하지만 내가 약속 장소로 정한 (영문학) 연구실 뜰에 그가 도착하는 것을 보자마자 거북함은 사라졌다. 모든 것이 간단했다.

그는 우리를, 니 그리고 나와 조금 안면이 있는, 무척 못생겼지만 호감 가는 그의 친구 하나를 수플로 거리의 문학의 집으로 데려갔다.

우리는 6시 30분까지 음악을 들었다. 처음에는 남학생 한 명이 쇼팽의 곡을 쉬지 않고 연주해서 방해가 되었지만, 나중에는 편안해졌다. 요한 크리스찬 바흐의 5중주, 〈8번 교향곡〉의 시작 부분, 〈10번 교향곡〉의 아다지오를 들었다. 내가 신청한 음악이었는데 훌륭했다. 모차르트의 클라리넷과 오케스트라를 위한 협주곡, 바흐의 칸타타, 바흐의 전주곡 두 곡, 그리고 웅장한 곡인 모차르트의 〈레퀴엠〉도 들었다.

아주 즐거웠다. 차와 토스트가 나왔다. 차는 마실 만한 것이 못 되었지만 배려가 감동적이었다.

장 모라비에키와 함께 돌아왔다. 그는 일요일에 다시 올 것이고 베토벤의 4중주 음반을 가져올 것이다.

집에 도착하니 열기가 가득했다. 엄마의 친구분들이 떠나자 아빠가 돌아오셨다. 니콜과 드니즈 언니는 무척 흥분해 있었다. 앤티 제르(제르멘 이모)도.

페릴루 씨가 저녁을 먹으러 왔다. 나중에 그가 내 바이올린을 시험 연주했다. 우리는 바이올린 두 대로 바흐의 협주곡과 소나타를 연주했다. 그는 우리가 멋진 젊은이들이라는 말을 되풀이했다. 우리가 그에 대해 어떻게 생각하는지를 그가 알고 있는지는 잘 모르겠다.

일요일

특별한 날. 하지만 아무것도 하지 않았다.

아침에 외할머니와 프랑수아즈 마스에게 라일락을 갖다주러 갔다. 날씨가 매우 좋고, 햇빛이 몹시 찬란했다. 축제 분위기의 마로니에과 파란 하늘. 나는 양심의 가책을 모두 잊었고, 주변의 아름다움에 몸을 맡겼다. 리옹 캉 집안에 머무르며 리옹 캉 부인과 수다를 떨어야 했다. 그것이 줄곧 몹시도 거북했다.

레비 부인이 점심을 먹으러 왔다. 그 뒤에는 간식을 준비했다.

프랑수아는 음악을 연주하러 오지 않았다. 아니가 비올라 연주자 한 명을 데려왔다. 무척 조용하지만 사랑스러운 남자아이였다. 우리는 모차르트의 〈콘체르토 심포니〉를 연주해보았다. 너무 어려웠다. 한창 연주를 하는 중에 브레나에가 도착했다. 우리는 바이올린 두 대로 바흐의 협주곡을 연주했다. 하지만 그 남자아이가 내내 큰 소리로 연주해서 신경질이 났다.

4시에 연주를 멈추었다. 4시 반에 누군가 초인종을 눌렀다. 나는 문을 열었다. 프랑수아와 장 모라비에키였다. 내 생각엔 장 모라비에키가 모든 사람의 마음을 사로잡은 것 같다.

그가 우리 집에 있었다고 생각하니 너무 이상하다. 내가 조금 아는 그 청년, 내가 소르본 대학에서 만난 그 청년, 월요일에는 내가 이름조차 몰랐던 그 청년. 이 사건에는 놀라운 데가 있다.

이제는 모든 사람이 그가 슬라브인처럼 생겼다고 생각한다. 나는 그게 난처하다. 나는 그것 때문에 그에게 호감을 느끼고 싶지는 않다. 나는 특별한 이유 없이, 그라는 존재 자체로 인해 그에게 호감을 느낀다. 나에게는 불순한 의도도, 그 어떤 허세도 없다. 그는 코렐리의 음반과 〈15번 4중주〉를 가져왔다. 스팡드렐은 〈15번 4중주〉의 대위법에 온 힘을 다하고 있다. Heilige Dankgesang(성스러운 감사의 노래). 창문이 모두 열려 있고, 햇빛이 가득 들어왔다. 빛의 기적이 일어났고, 모두들 그 매혹 아래 있는 느낌이었다.

5월 4일 월요일

끔찍한 밤이었다! 밤새도록 꿈을 꾸었다. 오늘 아침 잠에서 깨어나면서 꿈에 대해, 그 꿈이 내포할 수 있는 모든 것에 대해 곰곰이 생각하고는 신음했다.

지금 나는 오늘 오후를, 지난주만 해도 알지 못했던 장 모라비에키와 함께 하이네(Heinrich Heine, 1797~1856, 낭만주의와 고전주의 전통을 잇는 독일의 서정시인. 그의 많은 시가 노래로 작곡되어 오늘날에도 널리 애창되고 있다-옮긴이)의 시 「꿈속에서 나는 울었네」를 읽은 일을 떠올린다. 그 모든 일이 나에게는 이상하게도 아름답게 보였다. 하지만 눈물 어린 비극적 아름다움이었다.

나는 그와 함께 또 한 번 오후를 보냈다. 그를 다시 만나리라는 것을 나는 알고 있었다. 어제 그가 나에게 그렇게 말했고, 나는 확신했다. 그는 3시 반 무렵에 도착했고 도서관 한가운데에 자리를 잡았다. 나는 한 시간 동안 쉬지 않고 공부했다. 그에게 말을 거는 것은 단념했다. 하지만 4시 반쯤 그가 자리에서 일어나 나에게 다가오더니 뭘 좀 사러 나갔다 오겠다며 자기 책가방을 맡겼다. 그러나 그는 밖으로 나가지 않고 6시 15분 전까지 머물러 있었다.

그리고 오늘 밤, 나는 기묘한 슬픔에 사로잡혔다. 내가 나쁜 길에 들어선 걸까? 다시 걱정과 열정에 사로잡힌 걸까?

제라르와 함께하면 너무나 아름다운 것들을, 각성을, 찬란한 개화를 경험할 거라고 생각했다. 점점 더, 깊이, 은밀하게! 이런 생각은 지나치게 평범하다. 하지만 상황을 이런 식으로 격하하는 건 바로 나다. 언젠가 나는 제라르를 선택하고 일기의 이 부분을 찢어버리게 될까?

나는 어떻게 될까? 내가 어디로 가는지, 내일은 어떻게 될지 모르겠다.

5월 7일 목요일

오늘 들라트르 교수님의 강의 시간에 장 모라비에키를 다시 만났다. 강의가 끝난 후 우리는 오데옹 거리에, 그리고 뤽상부르 공원에 갔다. 나는 넓은 산책로의 마로니에 밑 의자에 5시까지 앉아 있었다. 거기에는 침묵과 그늘이 있었다. 햇볕이 내리쬐어 열기를 견딜 수 없을 정도였다.

그는 평소보다 훨씬 더 창백했고, 햇빛을 견디지 못했다. 어디가 아픈 걸까?

나는 그가 어떤 사람인지 파악했다고 생각한다. 그의 아버지는 대사관에서 중요한 직책을 맡고 있는 것 같다. 오늘 그가 자기 아버지는 바르셀로나에서 그곳에 들르는 모든 사람들을 접견하고 있다고 말했다(폴 발레리에 대해 말하자면 절대 석 달 이상 같은 도시에 머무르는 법이 없다고 일요일에 그가 말했었다. 그의 기품, 그의 세련됨은 본질적으로 귀족적이다).

지금 이 순간, 그의 목소리가, 조금 높고 억양이 약간 부자연스러운 그의 목소리가 귓가에 들리는 것 같다. 그는 내가 자기를 바라볼 때마다 고개를 돌렸다.

그는 다음 주 목요일에 러시아 음악을 들으러 가자며 드니즈 언니와 나를 초대했다.

5월 9일 토요일 밤

오늘은 내가 미쳤던 것 같다.

완전히 흥분해서 니콜에게 절대 말하지 말아야 할 것들을 말했다.

하지만 저녁 식사 전쯤에는 그것들이 사실처럼 느껴졌다. 그 매혹이 진짜처럼 느껴졌다. 이제부터는 그가 길목마다 나를 기다릴 거라는 걸 나는 알고 있었다.

하지만 오늘 밤엔 너무나 피곤해서 모든 것을 두꺼운 베일을 통해 보는 느낌이다. 더 이상 아무것도 느껴지지 않고, 어떻게 그토록 강렬한 인상을 받을 수 있었는지도 이해하지 못하겠다. 열이 식었고, 내가 어리석다는 느낌이 든다.

제라르의 편지를 받고, 시몬과 점심을 먹고, 베토벤의 4중주를 연주했다. 그리고 니콜과 창가에 기대어 대화를 나누었다. 아래쪽에 꽃이 활짝 핀 마로니에들이 내려다보였다. 내가 무슨 말을 했지? 오늘 내가 무슨 생각을 했지? 내일도 똑같은 비극이 다시 시작될까?

잠이나 자야겠다.

일요일

어제의 비극이 모두 사라졌다. 내가 무엇에 사로잡혔었는지 이해가 되지 않는다. 결코 이런 식으로 나가도록 나를 내버려두지 않을 것이다. 오베르장빌에서 한나절을 보냈다. 비바람이 몰아치고 숨이 막혔다. 점심을 먹은 뒤엔 너무나 지쳐서 위쪽의 돌의자에서 잠이 들었다. 그 일이 나를 지나치게 장악하고 있다.

5월 14일 목요일

어제 일 이후 나는 낙심한 동시에 다음 날 무도회라도 가는 것처럼 지나치게 흥분했다.

학위논문을 그럭저럭 마쳤다. 예수 승천일(부활절 40일 후―옮긴이)이었던 어제는 일요일이 지닌 정의할 수 없는 면을 갖고 있었다. 아빠가 집에 계셨고, 일어난 모든 일이 기묘한 분위기를 자아냈다.

오늘 오후를 위해 준비할 시간이 거의 없었다. 그 편이 훨씬 더 나았다. 약속이 있었고, 나는 드니즈 언니와 연구실 앞에서 만나기로 했다. 카르티에 라탱은 마치 일요일처럼 텅 비어 있었다. J. M.(장 모라비에키)이 친구 한 명과 우리를 기다리고 있었다. 나는 맞은편 호텔에서 내놓은 물 한 잔을 머리 위쪽으로 받았다. 우리는 문학의 집 쪽으로 갔다. 생 미셸 거리는 사람들로 혼잡했다. 나는 모라비에키에게 어제 있었던 일을 모두 이야기했다. 꿈만 같았다. 어제 스파켄브로크와 함께 있을 때보다 회의가 덜 느껴졌다. 확실히 모라비에키는 스파켄브로크보다 나와 더 비슷하다. 원래 문학의 집은 이 시간에 문을 닫지만, 지난번에 만났던 모라비에키의 친구 몰리니에가 열쇠를 갖고 있었고, 지난번 거기에 있었던 다른 아가씨와 함께 우리를 맞아주었다. 그곳이 통째로 우리 것이었다. 우리는 우선 베토벤의 〈14번 4중주〉를 들었다. 나는 〈15번〉보다 그 곡을 더 좋아한다. 그다음에는 〈이고르 공〉(러시아 작곡가 보로딘이 남긴 유일한 오페라. 〈폴로베치아인의 춤〉을 비롯해 즐거운 곡이 많이 들어 있다 - 옮긴이), 치간, 대중음악, 샬랴핀(1873~1938, 러시아의 오페라 가수. 풍부한 성량과 독특한 창법, 뛰어난 연기력으로 오페라에 새 생명을 불어넣었으며 러시아 민요에도 탁월한 기량을 발휘했다 - 옮긴이) 등 러시아 음악 순서였다. 나는 흥분되었다. 거품이 이는 밀크 초콜릿을 곁들인 근사한 간식이 나왔고 J. M.은 이집트와 러시아 담배를 내놓았다. 그것들이 무척 마음에 들었다.

   J. M.은 지하철을 타고 우리를 세브르 바빌론 역까지 바래다주었다. 오늘 밤, 나는 늘 그러듯 낮에 있었던 일을 돌아보았다. 그런데 이번 주에 일어난 일들이 전혀 이해되지 않았다. 어제의 사건 그리고 학위논문을 쓰던 지난 시간들의 과도한 흥분이. 내일도 여전히 그럴 것이다. 월요일이나 되어야 정상적인 상태가 될 것이다.

5월 20일 수요일

방금 프랑신 드 제세의 연락을 받았다. 그녀를 본 지도 3년이 됐다.

나는 그녀의 초대가 퍽 기뻤다. 최종 해결책에 대해 의견이 일치하진 않지만 그녀와 나 사이에는 불화가 조금도 없었다.

그녀는 몹시 매혹적인 모습이었다. 정말이지 그녀는 내가 기쁜 마음으로 다시 만난 유일한 고등학교 시절 친구다. 불행하게도 그녀는 월요일에 다시 리모주로 떠난다.

그녀의 방문이 학창 시절의 수많은 추억을 일깨워주었다.[6]

목요일, 2시

나는 매우 힘든 어떤 일을 하는 중이다.

그 어떤 부조리한 힘이 갑자기 이런 식으로 행동하도록 나를 밀어대는지 모르겠다. 아니다. 나는 안다. J. M.의 마음을 아프게 할 테니 계속해서는 안 된다는 것을. 지금까지 나는 모든 것이 근사하다고 생각했다. 내가 느꼈던 감정을 표현할 다른 단어는 없다. 게다가 지난주에 위기가 있었다. 위기는 빠르게 지나갔지만, 덕분에 때때로 자문을 해보고 더 멀리 볼 수 있었다. 나는 멀리서, 미지의 것들 사이에서 짧은 '출두 명령들'을, 부인否認들을

---

6 엘렌 베르는 부테 드 몽벨 학교에서 고등학교 교육을 받았다.

보았다. 그것이 진실인지 아니면 내 상상의 산물인지는 모르겠다. 그가 나를 위해 만들어지지 않았다는 것, 그 일은 그저 지나가는 일이라는 것이 사실인지 아닌지 모르겠다. 내가 그 일로부터 충분히 거리를 두고 있지 않기 때문이다. 하지만 그래야 한다는 것을 어렴풋이 느끼고 군말 없이 복종한다.

하지만 그것이 힘들다는 것이 느껴진다. 힘들다. 내가 거부하기 때문이 아니라, 그에게 어떤 식으로든 슬픔을 유발하기를 원치 않기 때문이다. 그는 자크처럼, 혹은 거의 여자처럼 예민한 것 같다. 나는 여자들이 아주 작은 것에 집착하는 것이 얼마나 큰 중요성을 지니는지 안다. 또한 내가 하는 일이 약간의 희생이라는 것을 감지한다. 나는 끝까지 가는 용기를 가져야 한다. 이 모든 것의 매혹을 포기하고 월요일 그리고 목요일들을 기분 좋게 만드는 일을 포기해야 한다.

이따금 나는 소스라치고 반발한다. 그리고 속으로 이렇게 생각한다. '상황을 부풀려서 생각하는 것은 왜 이렇게 마음 아프지?'

그러면 어떤 목소리가 대답한다. '맞아, 그래야 해. 부풀려서 생각하지 말아야 해. 왜냐하면 그 남학생이 괴로워할 테니까. 평범하고 간단한 일은 존재하지 않아.'

나는 편파적이지 않다. 내가 하는 일은 제라르에게는 희생이 아니다. 나는 이것을 제대로 정의하고 싶다.

그러나 나는 마치 브루투스 같다. 나는 fall back on instinct한다(본능으로 다시 돌아간다). 사실 내가 제라르의 여자라는 생각, 그러니 그 남학생이 마음 아파할 거라는 생각에 신경이 쓰인다. 나는 그것을 원치 않는다.

오늘 오후 3시 반에 그를 만나야 했다. 그러지 않을 방법은 없었다. 그가 학생처에 다녀오면서 나에게 전화번호부를 가져다주었고, 내가 에콜 거리에서 그를 만났기 때문이다. 나는 그를 만날 거라 확신했고 안심이 되었다. 그러니 3시에 일부러 돌아올 필요는 없었을 것이다. 하지만 내 결정에 압박을 느꼈다. 내가 그에게 계속 상처 준다는 느낌을 받았다. 그는 11시 반에 연구실에 왔다. 그리고 내 맞은편에 앉았다. 도대체 무엇이 번역 강의 관련 프로그램을 그에게 건네도록 나를 밀어댔는지 모르겠다. 그가 거기에 가겠다고 말했다. 나는 그 말을 내일 가겠다는 말이라고 믿지 않았다. 그는 그런 말을 하기에는 너무 신중하고 예의 바르다. 그가 나에게 보통 몇 시에 거기에 가느냐고 물었다. 나는 그의 방식이 어떤지 알았고, 그가 거기에 올 거라고 생각했다.

그래서 거기에 가지 않기로 결정했다. 그러고 나니 나머지 일들과는 상관없이 난처한 기분이 든다. 그 프로그램이 내 흥미를 끌기 때문이다. 하지만 거기에 가고 싶지 않다. 음악이 그에게,

그리고 아마도 나에게 어떤 영향을 주는지 나는 아주 잘 안다. 그리고 그를 너무 자주 보고 싶지는 않다.

이 모든 일이 아주 복잡해서, 오늘 오후에는 집으로 곧장 돌아가지 않고 이 일을 흘려보내려고 이런저런 물건을 많이 사러 갔다.

다행히 나에게는 『베어울프』(고대영어로 쓴 영국의 영웅서사시. 8세기 전반에 쓰인 것으로 생각되며 저자는 미상이다. 게르만족의 영웅서사시 중 완전히 보존되고 있는 가장 오래된 작품이다 - 옮긴이)가 있다.

7시

눈물이 나도록 신경질이 나서 집으로 돌아왔다.

일어난 일의 전말은 이렇다. 나는 파리 시내를 이리저리 돌아다니며 물건을 샀다. 아르티자나, 미국 도서관, 신발 한 켤레를 사러 파시 거리 등등. 5시에 외할머니 댁에 도착했다. 그 집 응접실에서 장 폴이 니콜과 함께 있는 것을 보았다. 그 사실이 나를 진정시켜주었다. 하지만 그 후 함께 간식을 먹는데, 니콜이 나에게 내일 음악회에 가느냐고 물었다. 나는 그녀도 거기에 간다는 것을 깨달았다. 그러자 예민한 부분이 다시 자극을 받았다. 다른 사람들이 그를 볼 거라는 생각에 일종의 질투를 느꼈던 것 같다. 그는 잘생긴 남자니까. 장 폴이 '금발의 잘생긴 남학생'의 이름을 물어보았다고 니콜이 내게 말했을 때도 같은 기분이 들었다. 그녀가 이미 과거가 된 일을 이야기하는 것처럼 느껴졌다. 하지만 그와 동시에 이를 악물고 말하는 어떤 목소리가 만약 이 투쟁에서 승리한다면, 무엇으로부터인지, 왜인지는 모르지만 내가 정화될 거라고 나에게 약속했다. 이따금 나는 왜 이토록 갑작스럽게, 자발적으로 무언가를 포기하는 건지 궁금하다.

신경질은 내가 막 구입한 나무 신발에 고무를 대준 구두 수선공의 무례한 태도 때문에 절정을 이루었다. 그는 신발에 고무를 대준 수고비로 30프랑을 불렀다. 오늘 저녁 신발을 찾으러 다시 갔을 때 수고비로 30프랑을 요구한 것이다. 하지만 나는 사람들에게 큰 소리로 항의를 하지 못한다. 나는 신발을 찾지 못하고 자리를 떴다. 돈이 없었고, 울고 싶었다.

라 뮈에트 역에서 덥고 끈끈하고 악취 나는 만원 지하철을 다시 탔다. 집에 돌아갔을 때 제라르의 엽서가 와 있었으면 좋겠다는 생각만 했다. 오후 한창때에, 정확히 셰르노비츠 거리를 지날 때 미래가 불현듯 밝혀졌다. 한동안 그를 생각했기 때문이다.

하지만 집에 돌아오니 블라디미르의 엽서와 장 피에르 아롱의 엽서만 와 있었다. 장 피에르 아롱의 엽서는 정열적인 각색이 넘쳐나고 기괴하기 짝이 없었다. 어쨌든 나는 제라르에게 편지를 썼다. 아마도 그래야 했던 것이리라.

엄마가 돌아오시자 신발 사건을 엄마에게 쏟아놓았다. 실제적인 것들을 이야기하니 돌연 마음이 진정되었다. 당분간은 그게 더 낫다. 하지만 아직은 내일의 일을 겪어야 한다.

5월 22일 금요일

그는 음악회에 오지 않았다. 처음에 내가 한 생각은 이랬다. '모든 일이 다시 시작될 거야.' 그러고 나니 무척 안심이 되었다.

***

오후 시간은 퍽 힘들게 보냈다. 내가 2시 15분에 피에레트 뱅상의 결혼식에서 돌아왔다는 것, 그리고 나들이옷을 뻗쳐입은 채 무질서하게 흔들린 하루를 보냈다는 사실은 고려하지 않더라도.

나는 프랑신과 함께 결혼식에 참석했다. 그 행동은 확실했고, 르메를, 비에노, 그리고 시 무리에 맞서 나를 든든히 지켜주었다. 나는 안심했다. 게다가 나는 피에레트를 무척 좋아한다. 그녀의 남편은 근사했고 분위기도 좋았다.

5월 23일 토요일

아침 9시에 연구실에 갔다. 자크 울만, 로제 노르만(형[7]이 얼

---

[7] 변호사이자 레지스탕스였던 레옹 모리스 노르만. 1942년 2월 23일 발레리앙 산에서 총살되었다.

마 전에 총살된), 그리고 그의 약혼녀 프랑수아즈 블룸을 만났다. 나는 희미하게 그녀를 알아보았다. 그들은 지난주의 사건을 너무나 윤색해서 연관 지었고, 나는 그것을 수긍할 수 없었다. 연구실에서 마루에 왁스를 칠하는 사람과 맞닥뜨렸다. 토요일에는 10시가 되어야 연구실 문이 열린다. 아래층에서 한 번도 이야기 나눈 적 없는 남학생 한 명을 만났다. 그는 무척 상냥했고 우리는 함께 책을 찾았다. 나는 「코리올라누스」 번역본을, 그는 앵글로색슨어 문법책을. 10시가 되자 우리는 다시 위층으로 올라갔고, 나는 『베어울프』에 열중했다.

음악은, 3중주는 엉망이었다. 조브와 나는 멍했고, 장은 5분 늦게 왔다. 5시에 『혼 왕』(영어로 쓰인 현존하는 가장 오래된 운문소설 - 옮긴이)을 공부하러 다시 연구실로 갔다. 저녁 식사 때는 한 일이 아무것도 없는 것 같아 절망스러웠다.

우편물이 전혀 오지 않는다. 몇 달 전처럼 다시 신경질이 나기 시작한다.

일요일

오베르(오베르장빌)에서 조브, 장 폴, 그리고 자크 모노와 함께 점심을 먹었다. 장 폴은 매력 있는 사람이고 서글서글하다. 모노는 무례하고 지루하다.

오늘은 유쾌한 하루였다. 하지만 나는 지루했다. 뭔가가 끔찍이도 그립다.

오순절 다음 날

『혼 왕』에 필사적으로 몰두해 있는데 아빠가 '모라비에키의 전화다'라며 나를 불렀다. 요즘 그 모든 일로부터 너무나 멀리 있었기 때문에 그 말은 나에게 아무런 느낌도 불러일으키지 않았다. 아니면 내가 그에 관한 문제를 해결한 걸까? 그는 도서관이 열려 있느냐고 물었다. 참 대단한 핑곗거리다! 그런 다음에는 한동안 말이 없었기 때문에, 내가 앵글로색슨어에 관해 통탄함으로써 침묵을 깨뜨릴 수밖에 없었다. 나는 7일에 그를 초대했다.

하지만 이상하게도 그 일은 나에게 이렇다 할 효과를 내지 못했다.

5월 30일 토요일

오늘 아침, 쉬지 않고 공부한 이래 처음으로 시작하기도 전에 낙심이 되었다. 오늘 아침에는 엽서를 받을 거라고 거의 확신하고 있었다. 지난밤에 그런 꿈을 꾸었던 것이다. 편지 두 통을 받는 꿈이었다. 한 통에는 이유는 알 수 없지만 블레이크에 관한 이야기가 담겨 있었고, 다른 한 통은 읽을 수가 없었다. 그 꿈 덕분에 지난밤의 소란을 기분 좋게 받아들이고 한껏 용기를 낼 수 있었다. 하지만 기대가 어긋난 지가 하도 오래되어서인지 내 안 깊은 곳의 뭔가가 아무것도 받지 못할 거라고 말했다. 나는 오직 이 의심을 비웃을 수 있기만을 바랐다.

그러나 아무것도 오지 않았다. 나는 실망하지 않으려고 공부에 몰두했다.

5월 31일 일요일

공부를 하려고 파리에 혼자 머물렀다. 올해는 공부가 별로 짜증 나지 않으니 이상한 일이다.

외할머니 댁에서 점심을 먹었다. 거기에 또 드쿠르가 있었다. 클로딘은 어제 일에 대해 언급해 나를 질리게 했다. 클로딘은 카트린 비에노가 매혹적이라고 생각한다. 장은 정확히 반대 의견이었고, 나는 그것이 기뻤다. 3시에 집에 돌아왔고, 7시 30분까지 앵글로색슨어 문법을 공부했다.

내 무지가 당황스러울 거라는 생각이 잠시 들었다. 하지만 그것은 기우였고, 나는 걱정할 필요가 없었다. 피난처를 찾듯 공부에 몰입했다.

6월 1일 월요일

아침나절에 앙시앵 리볼리를 보수했다. 엄마가 와서 노란 별[8]에 관한 소식을 알려주었다. 나는 '그 이야기는 나중에 해'라고 말하며 그 소식을 애써 외면했다. 하지만 불쾌한 뭔가가 the back of my mind 하고(희미한 걱정을 안겨주고) 있음을 나는 알고 있었다.

완전히 얼이 빠져서 학교에서 돌아왔다. 나는 도서관 사서 일을 하려고 노력했다. 그리고 되는대로 내 업무를 했다. 그러면서도 무슨 일이 일어나고 있는지 깨닫지 못했다. 3시경에 J. M.이 왔고, 퐁스 교수님의 강의를 듣지 않는 니콜과 장 폴이 왔다. 나는 glorious muddle(엄청난 혼란) 상태였다.

집에 돌아와서는 흥미 없이, 심지어 그리 다정한 느낌도 없이 연필로 쓴 제라르의 엽서를 발견했다. 하지만 불만스러운 마음조차 들지 않았다.

6월 4일 목요일

뭔가에 홀린 것 같다.

Wild morning(미친 듯한 아침)을 보냈다. 부모님과 드니즈 언니는 6시에 오베르로 떠났다. 나는 친구들을 만나야 하니 집에

---

[8] 1942년 5월 29일, '유대인 대상 조치에 관한' 독일의 8차 행정명령은 6세 이상의 유대인들이 노란 별을 달고 다니도록 공공연히 강요했다. "유대인의 별은 뾰족한 모서리가 6개 있고 윤곽선이 검은색인 손바닥 크기의 별이다. 노란 헝겊으로 만들어야 하며, 검은색으로 '유대인'이라는 글씨를 새겨야 한다. 가슴 왼쪽, 눈에 잘 띄는 곳에 달아야 하며 옷에 단단히 꿰매야 한다."

남게 해달라고 가족들에게 부탁해두었다.

6시 이후부터 나는 햇빛과 열기에 각성되었다.

혼자서 아침을 먹었고, 9시에 맑고 아직 신선한 아침 속으로 무척이나 자유롭게 집을 나섰다. 스파켄브로크의 책을 부치러 우체국에 가는 것으로 시작했다. 그 일은 작년을 연상시켰고, 갑자기 모든 것이 과거의 일처럼 여겨졌다. 나는 아무것도 후회하지 않는다. 하지만 그 일을 생각할 때면 흐릿한 그리움을 느낀다.

그런 다음에는 오데옹까지 지하철을 탔다. 연구실에서는 시험이 다시 시작되었다. 어제의 경험 때문인지 늙어버린 기분이 든다. 연구실 아래층에서 비비 라퐁을 만났다. 그녀가 별에 관해 매우 고무적인 것들을 말해줘서 안심이 되었다.

그녀는 너무나 상냥하고 다정해서 나에게는 그녀가 연구실의 정신을 몸소 구현하는 것처럼 보인다. 그녀와 함께 위층으로 올라갔고, 다른 사람들을 만나러 다시 내려왔다. 친구 한 명과 수다를 떨고 있는데 J. M.이 도착했다. 당연히 그는 걸음을 멈추었고, 우리는 계단에서 한 시간 정도 이야기를 나누었다. 그런 다음 그와 함께 디디에 서점과 수플로 거리의 서점에 갔다. 그는 상인들을 성가시게 했고 나도 마찬가지였다.

그리고 나서 연구실로 돌아왔고, 비비 라퐁을 만났다가 장과 대화를 나눈 뒤 밖으로 나섰다.

J. M.이 지하철역까지 바래다주었다. 그는 오후에 나와 함께 음악회에 가고 싶어 했다. 그래서 신문을 찾았다. 나는 그의 의도를 알아차리고 그럴 수 없다고 말했다.

레비 부인과 함께 점심을 먹으려고 집으로 돌아왔다. 그리고 지금 주르당 부인[9] 댁에 간다.

정말 이상한 일이다. 오늘 하루에 어울리는 수식어는 wild(미친 듯한)뿐이다. 바쁘면 위선적으로 행동할 여유가 없다. 저녁에 성적을 확인하기 위해 다시 연구실에 갈 것이다.

***

다시 집을 나설 때는 열기가 타는 듯 뜨거웠다. 92호선을 탔다. 주르당 부인 댁에서 ○○○을 만나 표지[10] 문제를 이야기했다. 그때 나는 그걸 달지 않기로 결심하고 있었다. 나는 그것을 달지 않을 생각이었다. 그것을 파렴치함으로, 독일에 대한 복종의 증거로 간주할 작정이었다.

그러나 오늘 밤, 생각이 바뀌었다. 그것을 달지 않는 것이 그것을 다는 것보다 더 비겁한 행동임을 깨달았다.

다만, 그것을 단다 해도 우아하고 기품 있고 싶다. 그렇다는 것을 사람들이 두 눈으로 똑똑히 보도록. 나는 가장 용기 있는

---

9 엘렌 주르당 모랑주. 엘렌 베르의 바이올린 선생이자 모리스 라벨의 막역한 친구.
10 노란 별.

일을 하고 싶다. 오늘 밤 나는 그 일이 바로 그것을 다는 일이라고 믿는다.

하지만 그것은 우리를 어디로 끌고 갈까?

외할머니 댁에 갔다. 거기서 데트로 양을 만났다. 외할머니는 멋진 브로치와 덮개 하나를 나에게 주었다. 장이 도착했을 때 니콜이 갑자기 모든 것을 알려주었다. 나는 어제 그녀가 왜 그토록 '멍했는지' 깨달았고, 충격을 받았다.

그리고 동요가 일었다. 그 동요는 1940년 5월 14일과 15일의 일을 떠올리게 했고, 고통을 가져다주었다.

다행히 외할머니는 듣지 못하신다.

5시 반에 장과 함께 라 모트 피케 역까지 다시 지하철을 탔다. 연구실에서 모리스 소르와 폴레트 브레앙과 함께 수다를 떨면서 한 시간을 기다렸다. 성적은 7시에야 발표되었다. 세실 레만이 도착했다. 어제 나는 그녀가 침울해 보인다고 생각했다. 그녀가 나에게 인사를 했다. 그러고는 파랗고 솔직하고 아름다운 눈으로 떨지도 않고 자기 아버지가 피티비에 강제수용소[11]에서 돌

---

11 비시 정부는 1940년 10월부터 외국 유대인의 수용소 강제 이주를 계획했다. 1941년 프랑스 북부 점령 지역에, 소위 자유롭다는 지역의 기지들 옆에 주요 수용소 네 곳이 문을 열었다. 루아레 지방의 본 라 롤랑드 수용소와 피티비에 수용소, 그다음에는 드랑시 수용소와 콩피에뉴 수용소였다. 처음에는 외국 유대인을 체포했고, 나중에는 프랑스 유대인, 성인 남자를 체포했다. 이들은 수용소 안에서 힘겹게 생존했고 굶주림으로 고통받았다. 3월 27일과 6월 5일에 첫 이주 행렬이 콩피에뉴 수용소에서 아우슈비츠로 떠났고, 6월 22일에는 드랑시 수용소에서 이주 행렬이 떠났다.

아가셨다고 말했다. 그 자리에 있던 사람들이 모두 나와 똑같은 감정을 느꼈는지는 모르겠다. 어쨌든 나는 거대하고, 피할 수 없고, 위로할 수 없는 그 고통과의 대면이 갑작스럽게 느껴졌다. 나는 화요일 아침 그녀를 볼 때마다 아버지의 소식을 물었었다. 심지어 그 사실이 나에게 그 소식을 무엇보다도 더 생생하게 전달해주는 것 같았다. 갑작스러운 고통, 극도로 부당한 결말. 이것은 잔혹하다. 내가 세실 레만을 무척 좋아하는 만큼 더욱더.

친구들이 모두 성적 때문에 나를 축하해주러 왔지만 나는 즐기고 싶은 마음이 전혀 들지 않았다. 그 죽음에 대한 생각이 끊임없이 나를 따라다녔고, 나머지 일들은 완전히 하찮은 것이 되었다.

6월 8일 월요일

정말 여름방학이라고 느껴지는 첫날이다. 어제의 비바람이 지나간 후 날씨가 쾌청하고 매우 신선하다. 새들이 지저귄다. 폴 발레리의 아침 같은 아침이다. 내가 노란 별을 다는 첫날이기도 하다. 이것은 현재의 삶이 지닌 두 측면이다. 신선함, 아름다움, 젊음이 이 투명한 아침나절을 통해 구현된다. 야만성과 악은 노란 별로 표현된다.

***

 어제 오베르로 소풍을 갔다. 6시 15분에 엄마가 내 방에 들어와(엄마는 아빠와 드니즈 언니와 함께 일찍 출발했다) 겉창을 열었다. 하늘은 환하게 빛났지만 불길한 전조인 금빛 구름이 몇 점 떠 있었다. 7시 15분 전, 집에 혼자 남은 나는 기압계를 보러 맨발로 응접실에 달려갔다. 하늘이 빠르게 어두워지고 있었다. 천둥이 우르릉거렸고 새들은 소리 내어 지저귀지 않았다. 나는 7시 반에 침대에서 일어나 머리에서 발끝까지 씻었다. 그리고 분홍색 원피스를 입었다. 맨다리로 있으니 무척 자유로운 느낌이 들었다. 아침을 먹는 동안 비가 내렸고, 날씨가 내내 몹시 우중충했다. 포도주를 가지러 지하실로 내려갔다가 길을 잃을 뻔했다.

 8시 반에 집을 나섰다. 내 머릿속엔 무사히 역에 도착해야 한다는 생각뿐이었다. 어제 행정명령이 발효되었기 때문이다. 거리에는 아직 사람이 없었다. 생 라자르 역에 다다라 안도의 숨을 내쉬었다. 나는 15분을 기다렸다. 처음 도착한 사람은 J. M.이었다. 그는 하얀 작잠견 웃옷을 입고 있어서 미국 영화배우처럼 보였고 매우 잘생겨 보였다. 잠시 후 프랑수아즈가 활기찬 모습으로 도착했다. 내가 '잘 지내?' 하고 물었더니 그녀는 '별로 안 좋아'라고 대답했고, 나는 말문이 막혔다. 그런 식으로 대답하는 것은 평소 그녀의 습관이 아니었기 때문이다. 이윽고 그녀가 자기 아버지에 대해 이야기할 때 항상 하던 식으로 눈을 돌리며 아마도 자기 아버지가 콩피에뉴[12]에서 쾰른으로 이송돼 영국인에게 폭격당한 기차역을 복구하는 일을 하고 계신 것 같다고 빠르게 설명했다. 나는 입을 다물었다.

그러는 동안 몰리니에가 도착했다. 그는 볼일이 있어서 자기 어머니에게(페피니에르 거리) 두 번 다녀왔다. 그런 다음 피노 집안사람들과 클로드 르루아가, 마지막으로 니콜이 도착했다. 우리는 9시 반까지 베르나르를 기다렸다. 그러고 나서 다른 사람들과 합류하러 갔다(니콜, 프랑수아즈, 피노 집안사람들은 기차에 올라탔다). 여느 때처럼 좌석을 놓고 망설임이 있었다. 결국 나는 끝자리에 몰리니에와 함께 앉았다. 반대쪽 끄트머리에는 피노 집안사람들과 클로드 르루아가 앉았다. 한가운데에는 니콜, 프랑수아즈 그리고 모라비에키가 앉았다. 비가 절망적으로 내렸고, 잿빛 하늘은 잔뜩 내려앉아 있었다. 하지만 점차 나아질 것 같았다.

메종 라피트에서 많은 사람들이 내렸고, 나는 몰리니에와 함께 가운데 그룹에 합류했다. 다음 역에서 장 피노가 내 옆에 앉았다. 아직 그를 알지 못한 나는 느낌이 들었다가 갑자기 그를 재발견했다.

---

12 콩피에뉴에 있는 루아얄리외 강제수용소.

그날 이후 나는 그를 J. M.과 비교했고, 내가 그를 자주 보지 못했음에도 불구하고 승자는 그였다. 모든 사람들이 그에게 매혹되었다. 심지어 내 부모님조차 그가 가진 에너지와 도덕적 가치관에 매혹되었다. 이상한 일이었다. 그는 도덕적으로 보기 드문 성품을 갖추었다고 말할 수 있는 유일한 청년이었다. 그것이 그에게 드러나 보였다. 그것은 에너지이고 공정함이다.

월요일 밤

세상에, 별을 달고 다니는 일이 이토록 힘들 거라고는 생각하지 못했다.

나는 하루 종일 애써 용기를 냈다. 고개를 높이 쳐들었고, 맞은편에 있는 사람들을 똑바로 쳐다봐서 그들로 하여금 눈길을 돌리게 했다. 하지만 힘들었다.

대다수의 사람들은 아예 쳐다보지도 않는다. 가장 고약한 것은 별을 단 다른 사람들을 만나는 일이다. 오늘 아침 나는 엄마와 함께 집을 나섰다. 길에서 젊은 사람 두 명이 '어럽쇼, 너 봤어? 유대인이야'라고 말하며 손가락으로 우리를 가리켜 보였다. 다른 사람들은 평소처럼 그냥 지나갔다. 마들렌 광장에서 우리는 시몽 씨를 만났다. 그는 가던 길을 멈추고 자전거에서 내렸다. 나는 혼자서 다시 지하철을 타고 에투알 광장까지 갔다. 에

투알 광장에서 블라우스를 찾으러 아르티자나에 갔고, 그런 다음 92호선을 탔다. 젊은 남자 한 명과 젊은 여자 한 명이 기다리고 있었다. 젊은 여자가 자기 친구에게 나를 가리켜 보였다. 그러고는 친구와 뭔가 이야기를 주고받았다.

나는 본능적으로 고개를 들었다. 햇빛이 내리쬐었고, 그들이 하는 말이 들렸다. "역겨워." 버스 안에 여자 한 명이 있었다. 아마도 maid(가정부) 같았다. 그녀는 나에게 미소를 지어 보이고는 버스에 올라타더니 몸을 돌리고 여러 번 웃었다. 세련된 신사 한 명이 나를 응시했다. 그 눈길의 의미를 간파할 수 없었지만 나는 용감하게 그 신사를 마주 보았다.

소르본 대학으로 다시 출발했다. 지하철 안에서 서민층 여자 한 명이 나를 보고 웃었다. 그러자 왠지 모르게 눈에서 눈물이 솟구쳤다. 카르티에 라탱에는 사람이 많지 않았다. 도서관에서는 할 일이 아무것도 없었다. 4시까지 서늘한 도서관 안에서 어슬렁거리며 몽상에 잠겼다. 블라인드 때문에 황토색 빛이 스며들어왔다. 4시에 J. M.이 들어왔다. 그에게 이야기를 하니 안도감이 들었다. 그는 책상 앞에 앉았다. 끝까지 머무르며 수다를 떨기도 하고, 아무 말 없이 가만히 있기도 했다. 그는 수요일 음악회 표를 구하기 위해 30분간 자리를 떴고, 그사이에 니콜이 도착했다.

사람들이 모두 나가 도서관이 비었을 때, 나는 내 웃옷을 꺼내 가슴에 달린 노란 별을 보여주었다. 그의 얼굴을 똑바로 쳐다볼 수 없었다. 나는 별을 떼어내고 그것을 고정하고 있던 삼색 꽃다발 브로치만 달았다. 눈을 드니 몹시 충격받은 그의 얼굴이 보였다. 나는 그가 전혀 짐작하지 못했다고 확신한다. 이 일 때문에 우리의 우정이 갑자기 깨지거나 약해질까 봐 두려웠다. 하지만 그 뒤 우리는 세브르 바빌론까지 함께 걸었고, 그의 태도도 매우 상냥했다. 그가 무슨 생각을 하는지 궁금했다.

6월 9일 화요일

오늘은 어제보다 훨씬 더 고약했다.

5킬로미터쯤 걷기라도 한 것처럼 기진맥진했다. 왠지 모르게 솟구치는 눈물을 참으려고 애쓰느라 표정이 긴장되었다.

아침에는 집에서 바이올린을 연습했다. 모차르트에 열중하면서 모든 것을 잠시 잊었다.

하지만 오후가 되자 모든 것이 다시 시작되었다. 2시에 교수 자격시험(영문과 교수 자격시험)을 치르는 건물 출구로 비비 라퐁을 만나러 가야 했다. 나는 별을 달고 싶지 않았다. 하지만 그런 반항은 비겁하다고 생각돼 결국 달았다. 부르도네 가街에서 소녀 두 명이 손가락으로 나를 가리켰다. 에콜 밀리테르 지하철역에서는(내가 내릴 때 웬 여자 한 명이 나에게 말했다. "안녕, 아가씨.") 검표원이 말했다. "마지막 객차에 타세요.[13]" 그랬다. 어제 돈 소문은 진짜였다. 갑자기 악몽이 현실이 된 것 같았다. 지하철이 도착했고, 나는 맨 앞의 객차에 올라탔다. 갈아탈 때는 마지막 객차에 탔다. 게시문 같은 것은 없었다. 하지만 나중에 돌이켜보니 고통과 격분의 눈물이 솟구쳤다. 눈물이 나오지 않도록 뭔가에 시선을 고정해야만 했다.

2시 정각에 소르본 대학 교정에 도착했다. 그곳 한가운데에 몰리니에의 모습이 보이는 것 같았다. 하지만 확신하지는 못했다. 나는 도서관 로비 쪽으로 다가갔다. 몰리니에가 맞았다. 그가 나에게 다가왔다. 그는 매우 상냥한 태도로 나에게 말을 건넸다. 하지만 그의 눈길은 내 가슴에 달린 별을 외면하고 있었다. 별이 달린 곳 위쪽만 바라보고 있었다. 우리 두 사람의 눈은 마치 이렇게 말하는 것 같았다. '이것에 주목하지 마세요.' 그는 2차 철학 시험을 막 통과했다.

잠시 후 나는 그와 헤어져 계단 밑으로 갔다. 학생들은 한가로이 빈둥거리고, 누군가를 기다리고, 나를 바라보았다. 얼마 지나지 않아 비비 라퐁이 내려왔고, 그녀의 친구 한 명이 도착했다.

---

13 1942년 6월 7일 센 도都의 도지사는 독일 당국의 요청에 따라 유대인들이 지하철 2등칸과 마지막 객차만 타고 다니게 했다. 추문을 피하기 위해 도지사는 이 결정에 관한 게시문은 붙이지 않을 것이며, '공식 성명도 발표하지 않을' 거라고 명확히 밝혔다.

우리는 햇빛 속으로 나가 시험에 대해 이야기를 나누었다. 그러나 모든 생각이 이 표지를 향해 굴러가는 느낌이 들었다. 나와 단둘이 있게 되자 비비 라퐁은 사람들이 삼색 꽃다발을 뜯어낼까 봐 두렵지 않냐고 물었다. 그런 다음 내게 말했다. "난 그걸 달고 있는 사람들을 차마 못 쳐다보겠어." 나도 잘 안다. 이 표지는 사람들에게 상처를 준다. 이것이 나에게 얼마나 큰 수난인지 그들이 알면 좋으련만. 나는 거기서, 소르본 대학의 햇빛 내리쬐는 뜰에서, 내 친구들 한가운데에서 고통을 느꼈다. 마치 악몽 한가운데에 있는 것처럼 갑자기 나 자신이 아닌 것 같았고, 모든 것이 변한 것 같았고, 이방인이 된 것 같았다. 주변에 아는 얼굴들이 보였다. 하지만 나는 그들 모두에게서 고통과 경악을 느꼈다. 마치 내 이마에 붉은 낙인이라도 찍힌 것처럼. 계단에 몽돌로니와 부이야 부인의 남편이 있었다. 그들은 나를 보고 몹시 놀란 표정이었다. 자클린 니에장도 있었다. 그녀는 아무 일 없는 것처럼 나에게 말을 건넸다. 그리고 보스크. 그는 거북한 표정이었지만 나는 그를 편안하게 해주려고 손을 내밀었다. 내 태도는 자연스러웠다. 표면상으로. 속으로는 악몽을 겪고 있었다. 잠시 후 내게 책 한 권을 빌려갔던 뒤뮈르지에가 와서 언제 성적표를 건네주면 되겠느냐고 물었다. 그는 자연스러운 표정이었지만 일부러 애쓴다는 느낌이 들었다. 마침내 J. M.이 나오는 것을 보았을 때, 나는 내 안에 무슨 일이 일어났는지 알지 못했다. 그의 얼굴을 보니 불현듯 안도감이 들었다. 그는 이 일을 알고 나를 잘 알기 때문이다. 나는 그를 불렀다. 그가 뒤를 돌아보고는 미소를 지었다. 얼굴이 매우 창백했다. 잠시 후 그가 나에게 말했다. "미안한데, 내가 어떤 상태인지 잘 모르겠어." 나는 그가 시험을 완전히 망쳤고 기진맥진했다는 것을 깨달았다. 하지만 그래도 그는 미소를 지었고, 변한 모습은 보이지 않았다.

잠시 후, 그가 나에게 특별히 할 일이 있느냐고 물었다. 그는 몰리니에를 만나러 갔다가 뜰로 다시 나를 데리러 오겠다고 말했다. 나는 비비 라퐁 무리 쪽으로 돌아갔다. 마르그리트 카자미앙과 키가 작고 매력적인 여학생 한 명이 있었다. 그녀들은 나를 뤽상부르 공원으로 데려갔다. J. M.이 정말로 돌아올지 나는 알지 못했다. 하지만 기다리지 않는 편이 더 나았다. 우리 둘 다를 위해. 그를 기다릴 경우 나는 신경이 너무 날카로워질 테고, 그는 내가 자기 때문에 그런다고 생각할 것이다. 우리는 뤽상부르 공원에서 레모네이드와 오렌지에이드를 앞에 두고 앉았다. 그들은 매력적이었다. 비비 라퐁, 두 달 전에 결혼한 코셰양, 내가 이름을 알지 못하는 키 작은 여학생, 그리고 마르그리트 카자미앙. 하지만 그들 중 누구도 내 고통을 이해하지 못할 것이다. 만약 내 고통을 이해한다면, 그들은 이렇게 물었을 것이다. '그렇다면 왜 그걸[14] 달고 다니는 거야?' 아마도 내가 별을 단 모습이 그녀들에게 조금 충격을 주었을 것이다. 나 역시 왜 그래야 하는지 궁금해하던 순간이 있었다. 지금은 내 용기를 시험해보고 싶어서라는 것을 확실하게 안다.

나는 비비 그리고 코세 양과 함께 햇빛을 쬐며 15분쯤 앉아 있었다. 그런 다음 니콜과 장 폴을 만나리라는 희망을 안고 연구실로 돌아갔다. 왠지 조금 버려진 기분이었다. 연구실에 니콜은 없었다. 갑자기 안심이 되었다. 나의 등장이 사람들에게 어떤 효과를 불러일으킨 것 같았다. 하지만 모두들 알고 있는지 아무도 거북해하지 않았다. 연구실에는 매우 사랑스러운 모니크 뒤크레가 있었다. 그녀가 나에게 오랫동안 이야기를 했다. 일부러. 나는 그녀가 무슨 생각을 하는지 알 것 같았다. 이발랭이라는 남학생이 뒤를 돌아보았고(그는 자기 점수를 찾는 중이었다), 나를 보고는 소스라쳤다. 그는 노골적으로 다가와 우리의 대화에 끼었다. 우리는 음악에 관해 대화를 나누었다. 화제는 별로 중요하지 않았다. 중요한 것은 우리를 하나로 묶어주는 고요한 우정이었다.

아니 디종도 매력적이었다. 나는 다시 연구실을 나섰고, 우표를 사러 우체국에 들렀다. 다시 목이 메었다. 우체국 직원이 미

---

14 표지, 다시 말해 노란 별.

소를 짓더니 나에게 말했다. "이런, 당신 그렇게 하니 훨씬 더 예뻐 보이네요." 울음이 터질 것만 같았다.

다시 지하철을 탔다. 검표원은 아무 말도 하지 않았다. 장의 집에 갔다. 클로딘이 거기에 있었다. 장은 외출하지 않았다. 클로딘이 없었다면 장과 오랫동안 이야기할 수 있었을 텐데. 하지만 그녀는 거기에 있었고, 모든 화제에 blight를 놓았다(끼어들었다). 그녀가 우리 의견에 반대하리라는 것을 알기 때문에 나는 위험을 무릅쓰고 대화를 진전시키지는 못했다. 근사할 수도 있었던 그 방문은 결국 나에게 괴로움을 안겨주고 말았다. 나는 표지를 달지 않고 집으로 돌아왔다.

아까 엄마에게 오늘 하루 있었던 일에 대해 이야기하는데 자꾸만 눈물이 나오려고 해서 서둘러 내 방으로 달려오지 않을 수 없었다. 내게 무슨 일이 일어난 건지 모르겠다.

J. M.이 3시 반쯤 집으로 전화를 걸어와 내일 오전 10시 15분 전에 나를 기다리겠다고 말했다. 아까 나를 데리러 다시 돌아왔던 것이 분명하다. 그의 태도는 매우 세련되었고, 나는 고마운 마음으로 가득 찼다. 오히려 그것이 내가 그에게서 바랐던 것이다.

6월 10일 수요일

오전에 트로카데로의 음악회에 갔다. 나는 그것[15]을 달지 않았다.

음악회 장소에 도착했을 때는 비가 내리고 있었고 날씨가 싸늘했다. 계단 위에서 니콜과 J. M.이 이야기를 하고 있었다. 얼마 지나지 않아 시몬이 도착했다. 요컨대 우리는 멀찍이 떨어져 있었다. 남자와 음악회에 간 것은 난생처음이었다.

누군가에게 보살핌을 받는다는 것은 근사했다. 이를테면 그가 어깨에 걸치라고 자기 웃옷을 나에게 내밀었을 때. 나는 그런 일이 익숙하지 않다. 그는 나에게 세련된, 거의 호사스러운 느낌을 준다.

프랑신 바크리가 간식을 먹으러 왔다.

6월 11일 목요일

오베르에 갔다.

망트 선 기차로 7시에 출발했다. 딸기와 체리를 따면서 아침나절을 보냈다.

우리는 모두 넷이었고 매우 즐거웠다. 이번만은 우리 모두 함께라는, 한 가족이라는 느낌이 들었던 것 같다. 긴장이 풀려 느긋해지기도 했다.

---

15 상동上同.

2시 기차로 돌아왔다.

사진들을 가지러 엄마와 함께 외할머니 댁에 갔다. 파리는 해가 났고 매우 더웠다. 사진들이 훌륭했다. 나는 기분이 무척 좋아서 날개라도 달린 것처럼 집으로 돌아왔다.

포크 양이 간식을 먹으러 왔다. 나는 그녀에게 첫 영어 수업을 해주었다. 선생님의 권위도 조금씩 생겼다.

5시 우편으로 자크의 엽서 두 장과 블라디미르의 엽서 한 장, 제라르의 엽서 한 장을 받았다.

아니 레오테가 저녁을 먹으러 왔다. 저녁을 먹은 뒤엔 어이없는 이야기들을 하며 과일 설탕 절임을 만들었다.

12일 금요일

좋지 않은 기분으로 잠자리에서 일어났다. 엄마에게 못되게 굴었다. 엄마가 자크의 엽서들에 대해 나에게 물었던 것이다. 고의는 아니었지만 대답이 snappy하게(퉁명스럽게) 나왔다. 그리고 상황이 악화되었다.

잠시 후 외출할 때, 나는 호주머니 위에 별을 단 채 엄마에게 가서 다녀오겠다고 인사했다. 당연히 엄마는 그것을 보고 상처를 받았을 것이다. 엄마는 별을 다른 곳에 달라고 했다. 나는 그것을 달아야 한다는 사실에 몹시 화가 났다. 그래서 그것을 퉁명스럽게 떼어내 비옷에 달았다. 그러자 엄마가 다시 달라고 말했다. 둘 다 몹시 화가 났고, 나는 쾅 소리가 나게 문을 닫고 집을 나섰다.

샹 드 마르스 광장을 가로질러 라 모트 피케 역에서 지하철을 탔다(라 프티트 마르키즈에서 케이크를 사기 위해). 보슈(Boche, 프랑스인이 독일인을 비하해서 부르는 말 - 옮긴이)들이 체조를 하고 있었는데, 구령이 마치 짐승 울부짖는 소리 같았다.

오데옹까지 지하철을 탔다. 그런 다음 카르티에 라탱을 한가로이 어슬렁거렸다. 도서관에 갔더니 모리스 소르가 나에게 이야기를 하면서 눈에 띄는 태도로 내 옷에서 별을 찾았다. 그는 거북해했다. 게 뤼사크 거리에서 말라르메의 시집 한 권을 사고, 11시에 교수 자격시험장 앞에서 시험이 끝나기를 기다렸다. 그런데 아무도 나오지 않았고, J. M.이 뜰을 가로지르는 모습이 보였다. 그는 뒤를 돌아보았고, 나를 보았다. 결국 그가 나를 집에 데려다 주었다. 나는 가는 내내 이야기를 했다. 그렇게 많이 이야기한 적이 없었다. 무슨 말을 했는지는 기억나지 않는다.

스파켄브로크도 보았다. 그는 머리가 너무 길어서 약간 단정치 않아 보였다. 그래서 처음엔 그를 알아보지 못했다. 다른 사람과 함께 있는 그는 유약한 모습이었다. 뭔가 문제가 있는 것 같았다.

오후에 프랑수아즈 마스가 왔다. 우리는 한 시간 동안 수다를 떨다가, 마르그리트 롱—자크 티보의 번역 강의 도중 가보 홀로 출발했다. 프랑수아즈 피노, 장 피노와 4시에 만나기로 약속이 되어 있었다. 니콜과 드니즈 언니도 와 있었다. 우리에게 칸막이 좌석 하나가 배당되었다. 음악회는 근사했다.

음악회가 끝난 뒤엔 걸어서 돌아왔다. 피노 집안사람들과 헤어지기 전에 보스케 가에서 오랫동안 대화를 나누었다. 나를 사랑하고 이해하는 진정한 친구들이 있다는 것은 근사하고 흥분되는 일이다. 전에는 이런 기분을 느껴본 적이 없다. 장 피노가 우리의 손을 잡으며 말했다. "당신들은 근사한 아가씨들이에요. 그래요, 아주 환상적이죠." 그 말은 그의 마음에서 우러나온 생각, 우리의 대화 속에 숨겨져 있던 생각이었다. 그 말이 특별한 분위기를 조성했다. 나는 너무나 고마워서 내가 무슨 일을 하고 있는지도 알지 못한 채 길을 건넜다.

이번 주에 있었던 일들을 하나하나 검토해본 뒤 그가 어두운 하늘 위를 난다는 것을 깨달았다. 비극 같은 한 주, 모든 것이 뒤죽박죽 혼돈된 한 주였다. 그러나 내가 피노 집안사람들과 J. M.을 만난 일이 내포하는 경이로움을 생각하면 흥분되는 뭔가가 있다. 비극적이지만 굉장한 혼돈이 있다. 추함 한가운데의 일종의 밀집된 아름다움이. 참 신기하다.

***

6월 13일 토요일

오케스트라에서 베토벤의 〈4번 4중주〉, 베토벤의 현악 3중주를 연주했다. 오후 내내 연주했고, 저녁이 되자 지쳐버렸다.

6월 14일 일요일

시몬, 프랑수아즈와 함께 오베르장빌에.

모두 무척 흥분했다. 특히 니콜과 나는 지나간 날들에 대한 터무니없으면서도 멋진 기분을 다시 발견했다. 왠지 모르지만 설거지를 하는 동안 그런 기분이 우리를 사로잡았다. 우리는 그런 기분을 도취라고 부른다.

우리는 '장식줄' 체리를 먹었다. 소위 어이없는 행동. 장 피노와 장 폴에 대한 이야기로 서로를 짓궂게 괴롭혔다. 완전히 crack했다(녹초가 되었다). 하지만 근사했다.

6월 15일 월요일 밤

사는 것이 이상하게 치사스럽고 이상하게 아름답다. 소설 속 세상에서나 일어날 일이라고 믿었던 일들이 지금 나에게 일어나고 있다.

이를테면 오늘 저녁 학교에서 돌아오다가 부르도네 가에서 장 피노와 맞닥뜨렸다. 그가 걸음을 멈추었고, 우리는 몇 마디 이야기를 나누었다. 그는 언제나처럼 솔직하고 아름다운 눈을 하고 있었고, 미소는 언제나처럼 웃음으로 바뀔 준비가 되어 있었다. 그의 손에 장미꽃 다발이 들려 있었다. 갑자기 그가 나에게 말했다. "너 이 꽃 갖고 싶니?" 나는 그렇다고 대답했고 그 꽃다발을 받아 들었다. 꽃다발을 손에 들자 내가 한 일이 어리둥절하고 아연하게 느껴졌다. 하지만 그는 가지고 가라고 계속 권했다. 우리 둘은 웃었고, 기분 좋게 악수를 하고 헤어졌다.

도서관에서 3시까지 『죄와 벌』을 읽었다. 요즘 이 책이 내 마음을 사로잡는다. 어느 순간 문이 열렸고, 나는 기묘한 고요함과 함께 J. M.이 들어온다는 것을 알았다. 그는 도서관 안에 잠시 있다가 전화를 걸어 나갔다. 이상한 것은 우리에게 할 말이 아무것도 없었다는 것이다. 그가 나에게 책 몇 권을 가져와서는 입을 열었다. "저, 그게 무슨 요일이었지……?" 그리고 5분 동안 무슨 요일이었는지 생각하다가 마침내 금요일 저녁이라고 말했다. 그는 우리 집에 전화해 시험이 끝났으니 금요일 저녁에 그와 몰리니에와 함께 축하 파티를 하자고 말했던 것이다. 베르나데트는 나에게 아무 말도 하지 않았다.

5시쯤 되니 갑자기 할 일이 많아졌다. 그는 몽돌로니와 함께 이야기를 했다. 그리고 내가 말을 건넬 새도 없이 떠났다. 그가 작별 인사를 했을 때 나는 그 말을 중얼거렸고, 그는 내게 그 말을 다른 사람들에게는 들리지 않도록 세 번 되풀이하게 했다. 그가 영어로 말했다. "It's crowded now(지금은 사람들이 많아)." 그러고는 자리를 떴다.

스탈린이라는 이름의(불가능한 일도 아니다) 남학생이 끝까지 도서관에 있었다. 아마도 자신이 받은 충격을 드러내기 위해서인 듯했다. 내가 호주머니 위에 별을 달고 있었던 것이다. 우리는, 니콜, 장 폴, 쉬잔 베느제크, 그리고 나는, 지하철을 탔다. 에콜 드 메드신 거리에서 제라르 카예를 만났고, 그는 우리와 동행했다. 그는 아주 잘생겼고 스스로 그 사실을 알고 있다. 매력이 넘치는 친구다.

집에 오니 오딜의 엽서 두 장이 와 있었다.

6월 16일 화요일

이상한 하루. 니콜과 함께 돼지고기를 가지러 오베르장빌에 갔다. 우리는 '도취' 속에서 아침나절을 보냈다. 참 근사했다.

차 한 잔을 마신 뒤 4시에 아주 좋은 기분으로 끔찍이도 무거운 바구니를 가지고 돌아왔다. 납득할 만한 그 어떤 이유도 없이.

갑자기 내가 오래전부터 제라르 생각을 하지 않으며, 그를 아주 잘 잊고 있다는 사실이 떠올랐다. 이 일이 그가 고원高原으로 떠난 바로 그 시점에 일어났다는 생각에 조바심이 난다. 그는 자주 편지를 써달라고 나에게 부탁했었다. 그와의 거리가 나에게는 세 배는 더 멀게 느껴진다. 나는 다르게 살기 시작했다. 어떻게 그 모든 것을 잊을 수 있었을까? 비극적인 가능성이 흘끗 보이는 순간이 있다. 하지만 나머지 시간에는 의식하지 못한다.

내가 다른 사람들이 사랑하는 것처럼 그를 사랑하지 않는다는 것은 확실하다.

어떻게 이런 것을 냉정하게 편지에 쓸 수 있을까?

다행히 나는 진실해지려고 발버둥을 쳤다. 무엇이 이 혼돈에서 나를 꺼내줄까? 하지만 내일보다 더 먼 일은 고려할 수 없다.

***

6월 17일 수요일

오늘 아침 같은 일은 들어본 적이 없다.

음악회는 훌륭했다.

약간 울고 싶은 기분도 없이 〈내 안의 콘체르토〉의 아다지오를 들을 수는 없을 것이다. 균형감을 되찾기가 힘들었다. 자크를 위해 투키디데스의 책을 찾으러 카르티에 라탱을 걸어 다닐 때에야 균형감이 돌아왔다. 생 미셸 거리, 수플로 거리의 지베르 서점, 디디에 서점에 갔다. 책을 읽자 정상적인 상태가 되었다.

외할머니 댁에서 하루를 마쳤다.

***

클로드 만하임이 두 달 동안 고생하다가 어제 세상을 떠났다. 젊은 나이에 남편을 잃는 것보다 더 깊고 위로하기 힘든 절망은 없을 것이다. 드니즈는 어린 딸아이 둘과 남겨졌다. 지금 그녀에게 삶이란 어떤 의미일까?

***

6월 18일 목요일

아르티자나, 메테.

점심을 먹은 뒤 15분 동안 낮잠을 잤다. 낮잠은 나에게 베르주라크를 연상시켰다.

2시 반에 피에르 드퇴푸가 왔다.

오후에는 장의 집에 갔다. 하지만 장을 보지는 못했다. 혹은 겨우 조금 봤다. 드니즈 시카르가 왔고, 클로딘은 나에게 연주를 시키고 싶어 했다. 나중에 시몽 부인이 도착했고, 나는 그녀와 함께 음악을 연주했다.

포크 양의 영어 수업 때문에 6시 반에 떠나야 했다.

브로카르 집안사람들과 레비 부인이 저녁을 먹으러 왔다.

목요일

지금까지 내가 미쳐 있었나? 그리고 이제야 내 눈이 밝아진 걸까?

이 순간에도 미쳐 있는 걸까?

저녁에 제라르의 엽서 네 장을 받았다. 내 마음속에서 무슨 일이 일어나고 있는지 그는 알지 못한다. 내 냉정함에도 불구하고 그는 자신감을 갖고 있다. 그 외의 것은 알지 못한다. 그는 우리의 만남을 기다린다. 3주 전이라면 나는 이 사실에서 행복의 가능성을 엿보았을까? 어쨌든 오늘 저녁 나는 고통스럽기만 할 뿐이다.

내가 옳은지 어떤지 잘 모르겠다.

한 달 전 나는 방향성을 잡지 못했다. 그러나 지금은 내 안의 뭔가가 다른 방향을 향하고 있다. 마치 아무 일도 없는 것처럼 평범하게 살려고 노력했기 때문이다. 그래서 이런 일이 일어난 것이다.

나는 그 일이 예정되어 있었다고 믿는다. 그 일은 일어나야 했다. 처음부터 나는 관련된 사람 말고는 아무도 그 일을 이해하지 못하는 것이 아닌지 궁금했다. 아무도, 심지어 엄마까지도 내 불안을 이해하지 못했다. 이본 언니는 이해하겠지만 너무 멀리 있다.

나는 한 주 동안 투쟁을 시도했다. 하지만 그것이 무슨 쓸모가 있겠는가? 그런 상황이 또 발생한다 해도 어쩔 수 없다. 나는 막지 못할 것이다.

다른 것은 잘 모르겠다. 다만 처음에는 내가 전혀 사로잡히지 않았다는 것을 갑자기 깨달았다.

혹은 머리만 사로잡혔다. 사람은 머리와 이성으로 사랑할 수 없다.

아니면 내가 그를 보지 않고 사랑하지 않기 때문일까? 이것이 내 의문의 전부다.

줄곧 나는 나에게 부족한 뭔가가 제라르에게는 있다고 생각했다.

내 생각이 틀린 걸까, 옳은 걸까?

그가 여기에 있다면, 그리고 우리 사이에 아무 일도 없다면, 나는 자유롭게 선택할 수 있었을 것이다. 하지만 이 간단한 사실이 나를 몹시 근심하게 하고 내가 상황을 뚜렷이 보지 못하도록 막는 것 같다.

내가 끌렸다는 것은 부인할 수 없다. 하지만 어떻게 그렇게 되었는지 모르겠다. 모든 것은 내가 편지 쓰기를 지나치게 좋아한다는 사실에서 비롯되었다.

다시 시작해야 할 것이다. 지금 내 눈에는 미래가 전혀 보이지 않는다.

간밤에 울면서 잠이 들었다. 엄마와 이야기를 했다. 엄마가 와서 나에게 말을 건넸고 내 방에 오래 계셨다. 엄마가 내 이야기를 기다리시는 걸 나는 알고 있었다. 그래서 엄마에게 이야기했다. 그러고는 후회했다. 내가 생각을 왜곡했기 때문에, 내가 한 말이 정말로 내 생각인지 알지 못했기 때문에, 거짓을 말하는 건 성실하지 못한 일이기 때문에, 누군가가 나를 걱정하는 것을 원치 않았기 때문에, 그 사실이 나를 울게 만들었기 때문에.

그리고 오늘 아침 잠에서 깨면서 머릿속에 할 말이 완전히 준비되었음을 깨달았다. 그러나 눈물을 쏟아낸 뒤처럼 몸이 노곤했다.

어제 저녁에 받은 엽서들을 다시 읽었다. 엽서들의 내용이 내 의사와 상관없이 마음을 건드린다. 하지만 그것이 이제는 잃어버린, 끝나버린 일인 것처럼 고통스럽다.

어떻게 나는 그를 사랑하지도 않으면서 그가 나에게 이렇게 편지를 쓰도록 내버려두었을까? 그의 편지를 읽으면 멋진 어떤 것을 잃어버린 느낌이 든다. 곰곰이 생각해보면 오래된 이원론이 다시 모습을 드러낸다.

답장을 썼다.

지리멸렬하고, 기대에 어긋나고, 그를 의기소침하게 만드는 엽서 한 장.

답장을 쓰기 시작했을 때, 갑자기 예전에 편지를 쓰며 느끼던 기쁨이 떠올랐다. 뭔가가 깨어지고 나는 마비된 것 같았다.

전에 내 눈이 멀었던 것 같다. 내 느낌을 확신하지도 못하면서 그런 식으로 편지를 써서는 안 되는 것이었다.

하지만 모든 것이 명확해졌다는 것이 진실일까? 아니면 여전히 내 눈이 멀어 있는 걸까? 정말로 모든 것이 명확해졌다면, 나는 사막 앞에 서 있는 게 아닐까?

Singleness of mind(고독의 느낌).

***

부아스리 씨와 점심.

리옹 캉 집안에서 오케스트라 연주. 끔찍이도 신경질이 나고 완전히 바보 같았다. 프랑수아즈가 그것을 눈치챘다.

리옹 캉 씨는 외출했지만 나는 계속 그 집에 머무르며 프랑수아즈와 수다를 떨었다. 그러고 나니 기분이 좀 나아졌다. 엄마를 만나러 외할머니 댁에 갔다.

깜박하고 롱샹 거리의 그 집에 가방을 놓고 왔다.

20일 토요일

가방을 찾으러 갔다. 프랑수아즈는 가방을 관리인실에 맡겨두는 것을 잊어버렸다. 나는 계단을 올라갔고, 세 번 초인종을 눌렀다. 그 문은 익숙해졌고 거의 적대적이 되었다. 나는 그를 더 이상 사랑하지 않았다. 집 안엔 아무도 없었다. 다시 내려오다가 집에 돌아오는 리옹 캉 씨를 만났다. 나는 다시 올라갔고, 그가 프랑수아즈의 방을 뒤졌지만 가방을 찾지 못했다. 나는 그 상황의 우스운 면을 어렴풋이 의식했다. 아파트 안에 그와 단둘이 있는 것에 거의 익숙해졌던 것이다. 하지만 웃고 싶은 마음은 없었다.

나는 가방 없이 지하철을 타고 다시 생 오귀스탱에 갔다. 거기서 갈리냐니 서점까지 걸어가 W. 드 라 마르의 시집들을 샀다.

음악을 연주해도 기분이 좋지 않았다. 하지만 나를 구원하기 위한 노력조차 할 수 없었다.

드니즈 언니의 고통 때문에 절망스럽다. 언니 역시 고통스러워한다. 하지만 언니는 그것에 대해 이야기하지 않는다. 그래도 나는 그걸 안다.

6월 24일 수요일

어젯밤, 일기를 쓰고 싶었다. 하지만 내가 너무나 바보 같았고, 노력조차 할 수 없었다.

오늘 아침, 나는 일기를 써야만 한다. 모든 것을 기억해두고 싶기 때문이다.

***

처음 잠에서 깨어 겉창을 통해 들어오는 아침 햇빛을 보았을 때, 갑자기 아빠가 오늘 아침에 정상적인 아침 식사를 하지 않으셨을 거라는 생각이, 아빠가 아침 식탁에 오셔서 구운 빵을 드시고 잔에 커피를 따르시지 않았을 거라는 생각이 들었다. 그런 생각을 하자 무척 힘들었다.

그런 일은 처음이었다. 차츰 다른 생각들이 들었다(나는 깨었다가 다시 반쯤 잠드는 일이 자주 있다). 그 생각들 덕분에 밖에서 일어나는 일들을, 아버지의 호주머니에서 열쇠들이 짤그랑거리는 소리를, 아버지의 방 겉창이 열리는 소리를 감지할 수 있었다. 나는 침대에서 일어나기 전에 늘 그 소리를 기다린다. 곧 아버지가 가스에 불을 붙이실 테니까. 그 시점에서 나는 깨닫는다. 지금도 나는 그것을 잘하지 못한다.

***

어제, 얼추 이 시간이었다. 나는 아침나절에 두 번 외출했다. 처음에는 집 근처 거리로 점심에 먹을 크림치즈가 있는지 보러 갔고(시몬이 왔다), 두 번째는 아르티자나에 가기 위해 에투알 광장까지 92호선을 탔다. 그리고 거기서 미국 도서관에 갔다. 아빠와 함께 집에 돌아가기로 했는데 시간이 너무 일러서 테에랑 거리에서 시간을 끌었다.

  라 봄 거리[16]에 도착하니 카르팡티에 씨 가족들이 휴게실 앞에 서 있었다. 나는 그들에게 인사를 했고, 그들도 나에게 간신히 답례를 했다. 그들은 뭔가 근심하는 기색이었고, 그래서 나도 더는 말을 붙이지 않았다. 내가 조금 아양을 떨었지만 카르팡티에 부인은 반응이 없었고, 나는 아무 말 없이 로비로 들어갔다. 아로 씨가 나를 따라왔고, 나는 그와 함께 들어가는 것이 조금 우스꽝스럽다고 생각했다. 하지만 그가 해야 할 일이 있을 거라는 생각에 마음을 바꾸었다. 의심 또한 날려버렸다. 내가 그에게 말했다. "여기 쾌적하네요." 그가 대답했다. "그래, 시원하지." 세상에서 가장 자연스러운 태도로. 하지만 내가 계단을 오르기 시작하자 그가 나를 따라왔다. 나는 다시 호기심이 일었다. 아빠가 여기에 계시느냐고 묻자, 그는 아니라고 대답했다. 나중에 나는 그의 대답이 퍽 혼란스러웠던 것을 떠올렸다. 그가 나에게 사장님을 뵈러 가라고 말했다. 내가 대답했다. "아빠가 곧 돌아오시겠죠." 그가 그렇다고 대꾸했다. 하지만 그가 자신이 무슨 말을 하는지 알고 있었는지는 잘 모르겠다. 계단 위에서 나는 카르팡티에 씨가 경비를 서고 있는 것을 보았다. 나는 아빠가 여기 계시느냐고 다시 물었다. 그가 대답했다. "안 계셔. 하지만 사장님

---

16 쿨만 주식회사의 본사가 있던 곳. 엘렌의 아버지 레몽 베르는 이 회사의 부사장이었다.

을 만나고 싶다면." 내 호기심은 두려움으로 바뀌었다. 카르팡티에 씨와 아로 씨가 서로를 바라보았다. 그 이상한 상황이 나를 짜증 나게 했다. 하지만 나는 억측하고 싶지 않았기 때문에 비범한 능력으로 마음속의 의혹을 억눌렀다. 카르팡티에 씨가 사장인 뒤슈맹 씨의 집무실 문을 열어주었을 때, 나는 속으로 생각했다. '이제는 저기에 들어갈 수밖에 없어.' 그러자 억누를 것이 아무것도 없었다. 뒤슈맹 씨가 자리에서 일어났다. 나는 뒤슈맹 씨에게 물었다. "무슨 일이라도 일어났나요?"

그가 입을 열었다. "아, 엘렌이구나. 오늘 아침에 네 아빠를 봤다. 네 아빠가 나에게 이 메모를 남겼어." 이후 나는 그가 한 말을, 그가 계속 하는 말을 한 마디도 이해하지 못했다(나중에 모든 것을 다시 물어야 했다). 하지만 사람들이 와서 아빠를 체포해갔다는 것은 알 수 있었다. 불현듯 내가 뒤슈맹 씨의 말을 전혀 듣지 않고 있다는 것을 깨달았다. 방에 들어가면서 나는 그의 얼굴에 나타난 경악의 표정에 충격을 받았다. 그가 습진으로 고생한다는 것은 알고 있었다. 하지만 그는 얼굴이 새파랗게 질려 있었고, 턱수염은 이틀은 자란 듯했다. 그가 콧속 가득 코담배를 들이마셨다. 나는 그가 나를 자동차로 집까지 데려다 줄 거라는 것을, 그가 엄마에게 그 소식을 전하기를 원한다는 것을 눈치챘다. 서류도. 나는 그것을 잘 챙겼다. 쿨만 회사의 서류였다. 거기에 6월 23일 9시 30분이라고 적혀 있던 것, 그리고 아빠의 깔끔한 글씨들이 적혀 있던 것도 기억난다. "사복형사 한 명이 나를 그르퓔 거리로, 거기서 다시 독일 군대로 데려간답니다." 그다음 한 줄 띄고 이렇게 적혀 있었다. "이유는 모르겠습니다."

그 아래에는 또 이렇게 적혀 있었다. "체포나 강제수용과 관련된 일이 아닐 수도 있어요." "시청에 알렸습니다." 그리고 맨 마지막. "내 아내는 모르고 있습니다. 내가 이 일의 해결책을 알지 못하는 것처럼요. 애정과 존경을 담아."

그 메모가 지금도 눈앞에 보이는 것 같다.

뒤슈맹 씨가 잉크병을 닫고 종이 몇 장을 접었다. 그리고 나와 함께 길을 나섰다. 나는 자동차 안에서 사건을 재구성해보았다. 특히 아빠가 엄마에게 남긴 말을 통해. 9시 반에, 아빠가 사무실에 도착했을 때, 아빠를 데려갈 사복형사가 와 있었다고 한다. 아빠는 그 사람이 와 있을 거라고 예상하지 못했고, 메모에도 그렇게 썼다.

나는 일종의 멍한 상태에 빠져 있었고, 말을 할 수 없었다. 뒤슈맹 씨는 이본 언니의 소식을 묻고 내 학위 취득을 축하하면서 두 번이나 침묵을 깨뜨리려고 했다. 날씨가 기막히게 좋았다. 그러나 나는 찬란한 6월 아침 파리의 그 아름다움을 이해할 수가 없었다. 재앙이 일어나는 날은 언제나 날씨가 좋다.

올라가야 할 네 층을 앞에 두고 엄마에게 어떻게 알려야 할지 고민이 되었다. 처음 세 층은 한 계단 한 계단 올라갔지만, 마지막 층은 일단 빨리 집에 들어가려고 두 계단씩 올라갔다. 뒤슈맹 씨가 숨을 조금 몰아쉬었다. 루이즈가 문을 열어주었다. 내가 아무 말도 하지 않는데 뒤슈맹 씨가 뒤에 따라오는 모습을 보고 루이즈는 매우 놀라는 것 같았다. 엄마는 작은 응접실에서 비서에게 편지를 쓰고 있었다. 나는 응접실 안으로 들어가 말했다. "엄마, 뒤슈맹 씨가 오셨어요. 그리고…… 아빠가 체포되셨어요……." 그와 동시에 뒤슈맹 씨가 들어왔고, 나는 더 이상 할 말이 없었다. 엄마가 벌떡 일어났다. 잠시 후 두 분은 다시 자리에 앉았다. 뒤슈맹 씨가 전후 사정을 전부 들려주었다. 내가 들은 것과 같은 이야기였다. 머릿속에서 모든 것이 명확해졌을 때, 나는 드니즈 언니에게 알리러 갔다. 드니즈 언니는 피아노 연습을 하고 있었다. 내가 드니즈 언니에게 한 말의 효과는 폭탄과도 같았다. 언니는 벌떡 일어섰다. 나는 가능한 한 빨리 이야기를 마치고 싶었고, 거의 단음절로 말했다. 언니가 한숨을 쉬었던 것이, 혹은 신음했던 것이, 그리고 내가 언니를 와락 껴안았던 것이 기억난다. 잠시 후 우리는 작은 응접실로 들어갔다.

뒤슈맹 씨가 떠나려고 자리에서 일어섰다. 엄마는 안락의자에 그대로 앉아 있었다. 엄마가 손으로 이마를 훔치며 되뇌었다.

"실감이 나지 않아. 전혀 실감이 나질 않아." 나는 그 느낌이 어떤 것인지 알고 있었다. 엄마는 사실을 깨달았던 것이다. 하지만 나는 여전히 깨닫지 못하고 있었다. 엄마가 앤티 제르에게 전화를 했다.

낮 12시 반경에 전화벨이 울렸다. 모르는 남자의 목소리였다. 우리는 즉시 깨달았다. 아버지를 체포해 간 사복형사였다. 나는 다른 전화기를 들었다. 낯선 목소리가 이야기하는 것을 들으니 기분이 이상했다. 그 목소리가 전후 사정을 확인해주었고, 이 사건에 실제성을 부여했다. 그때까지만 해도 그 일은 우리가 들어 보긴 했지만 실제로는 일어나지 않은 어떤 일이었다. 하지만 그때부터 우리는 그 일이 실제로 일어났음을 깨달았다. 돌이킬 수 없는 일이었다.

형사는 별이 제대로 꿰매져 있다면 아빠가 곧 풀려날 거라고 말했다. 포슈 가에서 신문이 잘 진행되었기 때문이다. 나는 항의했다. 엄마 역시 그랬다. 엄마는 모든 옷에 바꿔 달 수 있도록 그것을 침으로 부착하고 잘 눌렀다고 설명했다. 그러자 형사는 그렇게 하면 강제수용소에 가게 된다고 말했다. "드랑시 수용소에서 별을 꿰매줍니다." 그 말에 우리는 아빠가 드랑시[17]로 가실지도 모른다고 짐작했다.

---

17 1942년 여름부터 체포된 유대인은 거의 모두 드랑시로 보내졌고, 그 뒤 다시 아우슈비츠로 이송되었다.

***

 나는 오랫동안 그 점심 식사를 기억할 것이다. 시몬이 그 자리에 있었다. 우리는 말이 없었다. 이상한 것은 내가 배가 고팠고 맛있게 식사를 했다는 것이다. 엄마가 레비 부인에게 전화해 올라오라고 했다. 그녀가 와서 식탁에 앉았을 때, 그리고 엄마가 그녀에게 아빠의 소식을 전했을 때, 나는 그녀를 바라보지 않았다. 그녀가 내 눈길을 거북해할 거라 생각했기 때문이다. 그녀는 내 옆자리에 앉아 있었다. 하지만 드니즈 언니의 표정을 볼 때 레비 부인의 얼굴이 무척 창백해진 것을 알 수 있었다. 언니가 말했다. "저러다 저 아주머니 기절하겠어." 우리는 엄마가 레비 부인을 배려하지 않은 것을 조용히 비난했다. 하지만 우리 역시 레비 부인을 배려하는 것을 대수롭지 않은 일로 여겼을 것이다.
 점심 식사 후 집 안이 부산해지고 동요되었던 것도 기억난다. 마치 곧 여행을 떠나는 것처럼. 점심을 먹는 동안 앙드레가 빵 두 개를 가지고 급히 왔다. 미스 차일드(영국인 가정부)의 방에 온갖 물건들이 벌려져 있었고, 레비 부인은 안락의자에 앉아 있었다. 커피 쟁반이 거기에 있었다. 엄마는 방에서 앙드레와 함께 속옷을 분류하고 있었다. 시몬은 자기 집에서 햄을 가져오려고 쏜살같이 달려 나갔다. 나는 집 안에 오래 머무르지 않았다. 티프로 상점에 가서 물건들을 사와야 했기 때문이다. 몽트쉬 거리에서 10분 동안 기다렸다. 햇빛이 보도 한복판에 내리쬐었다. 차양을 내렸는데도 땀에 흠뻑 젖었다. 나는 초조하게 발을 굴렀다. 한 시간 동안 평화가 거리를 지배했다. 마침내 티프로 상점에 도착했을 때, 나는 처음에는 그를 알아보지 못했다. 그에게 모든 것을 이야기했다. 잠깐의 침묵 뒤 그가 나에게 말했다. "아, 아가씨의 이름이 잘 기억나지 않네요. 누구시더라?" "베르예요." "아, 나도 그럴 거라 생각했어요." 우리는 가게 안으로 들어갔고, 그는 천천히, 체계적으로 응대했다. 나는 초조함을 억눌렀다. 그리고 그가 뚜껑을 바꿔준 보온병, 칫솔 하나, 치약, 민트 술로 양손을 가득 채운 채 가게를 떠났다, 집에 도착하니 준비가 거의 끝나 있었다. 앤티 제르가 도착했고, 니콜도 도착했다. 하지만 나는 나중에야 그것을 깨달았다.

아로 씨가 우리 셋을 모두 데려갔다. 파리가 그렇게 아름답게 보인 적이 없었다. 강변 도로, 루브르와 센 강. 비극적인 상황과 대비를 이루는 그 모든 아름다움이 나에게 충격을 주었던 것이 떠오른다. 1940년 5월 16일이었다. 그때 우리는 서둘러 르지외르 양을 만나러 갔다. 랑[18]이 돌파된 날이었다. 그러나 그 일은 이미 끝났다. 지나갔다. 미래는 아직 해독 불가능했다. 지금 그 일이 알려졌고, 펼쳐졌다. 그리고 우리는 다시 미지의 미래 앞에

---
18 프랑스 북동부의 도시. 제2차세계대전 시 독일의 공격을 받았다.

있었다. 12일 후, 미래의 한쪽 끝은 미지라는 특권을 잃었고, 치사스럽고 슬픈 것으로 드러났다.

자동차가 꽃 시장 가까이에 멈춰 섰다. 우리는 짐을 가지고 차에서 내렸다. 일종의 순례가 시작되었다. 나는 rucksack(배낭)과 담요를 들고 있었다. 드니즈 언니는 바구니를 들었다. 도청 문 앞에서 경찰 한 명이 우리를 멈춰 세웠다. 엄마가 이야기를 시작했다. 그런 일은 처음이었고, 그래서 나는 몸에 전율이 일었다. "드랑시로 떠날 수용자를 보려고 왔어요. 사람들이 이것을 가져오라고 하더군요……." 나는 당분간 내가 해야 할 역할을 온전히 받아들였다. 우리는 수없이 많은 계단, 휑한 복도, 작은 문을 이리저리 지나갔다. 나는 그곳이 독방인지, 아빠가 그 안에 계신지 궁금했다. 사람들이 우리를 다른 층으로 보냈다. 복도에 흉악한 얼굴의 남자들이 있었다. 혹은 그렇다고 상상했다. 직원들이 작은 탁자 앞에 앉아 있었다. 모두 무척 양심적으로 보였다. 배낭이 무거웠다. 마지막 층에서 엄마는 계단 오르기를 힘들어하셨다. 나는 스스로에게 말했다. '올라가. 곧 끝나.' 그것은 약간의 시련이었다.

유리창을 끼운 문들이 있는 긴 복도를 몇 번 왔다 갔다 한 뒤, 사람들이 우리를 ○호실로 들여보냈다. 아무튼 외국인 방이었다. 경찰이 전화로 이렇게 말했기 때문이다. "6층입니다. 아니,

그는 프랑스 사람이지요. 그러면 4층이에요." 하지만 아빠는 4층에 없었다. 그곳은 번호도 없는 방이었다. 봉棒 같은 것이 있었고, 그 뒤에 직원 여러 명이 서 있었다. 반격벽半隔壁에 작은 나무문이 있었다. 오른쪽에 다른 문이 있었고, 그 앞에 경찰 한 명이 서 있었다. 머리가 갈색이고 안색이 노랗고 키가 작은 경찰이었다. 그는 상황을 이해한 듯했다. 직원이 문으로 들어와 베르라는 이름을 말했고, 우리는 방문 목적을 밝혔다.

그리고 아빠가 들어오신 순간부터 그 오후가 우리 모두 함께였던 최근의 과거에 자동적으로 연결된 것처럼, 나머지는 모두 악몽인 것처럼 느껴졌다. 어떻게 보면 그것은 일시적인 소강상태, 비바람이 불기 전 잠시 갠 날씨와도 같았다. 지금 곰곰이 생각해보면 그것은 은총이었다. 아빠가 체포되신 뒤, 비극의 첫 양상 이후 우리는 아빠를 다시 만났다. 아빠는 우리와 이야기하셨고, 우리는 아빠의 미소를 보았다.

아빠는 미소 띤 얼굴로 우리와 헤어졌다. 그리고 우리는 모든 것을 알게 되었다. 그 일로 인해 우리가 훨씬 더 단단히 결합된 것 같은 느낌이 든다. 아빠가 우리와 훨씬 더 견고하게 연결된 채 드랑시로 떠나셨다는 느낌이 든다.

***

아빠는 상황을 재미있게 여기며 환한 미소를 띤 채 들어오셨다. 넥타이를 매지 않고 계셨고, 처음에는 그것 때문에 충격을 받았다. 두 시간 만에 아빠가 벌거벗은 모습을 본 것이나 다름없었다. 넥타이를 매지 않은 아빠는 이미 '수감자'처럼 보였다. 하지만 그런 느낌은 일시적이었다. 직원 한 명이 변명을 하면서, 넥타이, 멜빵, 그리고 구두끈을 곧 아빠에게 돌려줄 거라고 말했다. 모두들 웃었다. 경찰은 우리를 안심시키기 위해 그것이 명령에 따른 조치일 뿐이라고, 어제 수감자 한 명이 목을 매려 했기 때문이라고 설명했다.

아빠가 홀 안에서 침착하게 옷을 입으시던 모습이 눈앞에 떠오른다. 사람들이 아빠에게 우선 로젠베르크 씨의 넥타이를 주었다. 아빠는 함께 수감된 사람들의 이름을 알고 계셨다. 벌써 그들과 안면을 트신 것이다. 나는 아빠에게 그들에 관한 것을 상세히 물었다. 이윽고 나는 말로 설명하기 힘든 어떤 것 덕분에 퍽 쾌활해졌다. 아빠가 웃음을 머금게 하는 초연한 태도로 그들을 연구했다는 느낌이, 그리고 그것을 매우 재미있어하신다는 느낌이 들었다. 다시 말해 아빠는 평정을 유지했을 뿐만 아니라, sense of humour(유머 감각)까지 유지하신 것이다. 그런 생각이 들자 내 마음은 감사로 가득 찼다. 그러나 모든 것을 말로 설명하기는 힘들다.

그 두 시간 동안 있었던 몇몇 에피소드만 기억날 뿐이다. 처음에 나는 아빠와 엄마 맞은편의 나무 의자에 앉아 있었다. 엄마가 아빠의 옷에 별을 다시 꿰맸다. 드니즈 언니가 경찰에게 격분을 터뜨렸고, 경찰은 동정에 찬 표정으로 드니즈 언니를 붙잡고 있었다. 나는 입을 다물고 가만히 있었다. 그때껏 상황을 파악하려고 무척 노력했지만 그 순간 단번에 상황을 완전히 깨달았다. 내 정신은 현재에 집중되어 있었다.

그때 우리의 모습은 마치 기차를 기다리는 것 같았을 것이다. 하지만 우리는 기차를 기다리는 것보다 훨씬 더 침착했다. 거의 즐거운 분위기였다. 아빠의 태도 덕분이었다. 이따금 나는 가까운 미래에 대한, 이 두 시간 이후 이어질 일에 대한 희미한 전조를 느꼈다. 하지만 그것은 별로 의미가 없었다.

우리는 그곳 직원들과, 경찰과 수다를 떨었다. 콧수염을 기르고 concerned한(염려하는) 표정을 한, 외모를 공들여 꾸민 키 작은 남자 한 명이 다가왔다. 그는 마치 디킨스의 책에서 튀어나온 것 같았고, 칠립 씨와 조금 비슷했다. 그가 우리에게, 드니즈 언니와 나에게 신중히 행동하라고 말했다. 그는 우리에게 일어난 일을 진심으로 안타까워했고 내노도 무척 정중했다. 직원들 중 제일 젊은 사람이 쪽문 옆에서 몸을 좌우로 흔들고 있었다. 지루해하는 표정은 아니었다. 그 모습에는 어딘지 우스운 데가 있었다. 아빠는 수감자였고, 담당자들은 존중심과 연민을 갖고 있었다. 사람들은 우리가 거기서 뭘 하는 건지 궁금해했다.

독일인들이 없었기 때문이다. 이 모든 일이 지닌 의미, 그 불길한 의미는 우리에게 모습을 드러내지 않고 있었다. 주변 사람들이 모두 프랑스 사람들이었으니까.

나는 아빠가 체포와 관련해 이야기해주신 세부 사항을 기록해두는 것을 잊었다. 그것은 내가 알게 된 모든 것, 내가 아빠를 만나기 전에는 알지 못했던 것들이었다. 사실 아빠는 그르퓔 거리로 끌려왔고, 그다음에는 포슈 가로 갔다. 거기서 보슈 장교 한 명이(나는 그가 군인이라고 이해했다) 욕설(schwein(더러운 돼지) 등의)을 퍼부으며 아빠를 거칠게 다루었고, '드랑시, 드랑시'라고 말하며 아빠 옷에서 별을 뜯어냈다. 이것이 내가 들은 전부였다. 아빠는 우리가 하는 온갖 질문에 단속적으로 대답하셨다.

어느 순간 나는 주변에 들끓는 꽤나 큰 생동감에 주목했다. 복도로 난 문이 끊임없이 열리고 닫혔다. 그러더니 경찰 한 명이 높은 목소리로 말했다. "이 여자들이 벽 틈으로 수감자와 의사소통을 시도하고 있군." 그러자 직원 한 명이 말했다. "그 여자들이 들어가도록 내버려두세요. 어머니와 약혼녀예요." 나는 감옥이라는 곳에 발을 들인 적이 한 번도 없었지만, 그 한두 마디를 통해 표현된 상황을 깨닫고 갑자기 『죄와 벌』의 경찰서 장면들을 떠올렸다. 혹은 전반적인 장면 하나가 떠올랐다. 『죄와 벌』의 이야기 전체가 경찰서 안에서 일어나는 것만 같았다.

문이 열리고, 여자 세 명이 들어왔다. 금발에 몸집이 뚱뚱하고 평범한 어머니와 약혼녀, 그리고 수감자의 누이인 듯한 또 다른 여자 한 명이었다. 사람들이 수감자를 들여보냈다. 피부가 새카맣게 그을린 젊은 남자였다. 그는 조금 야만적인 매력을 가지고 있었다. 이탈리아 유대인이었고, 불법 거래[19] 혐의를 받고 있었다. 내 짐작엔 그런 것 같았다. 그들은 모두 맞은편의 나무 의자에 앉았다. 그때부터 비극적인 분위기가 감돌았다. 그러나 우리는 네 명 모두 함께였고 그 가여운 사람들로부터 너무나 멀리 떨어져 있었다. 나는 아빠도 체포되었다는 사실을 더 이상 인지할 수 없었다.

6월 26일 금요일
아침. 도서관.

친구들은 유쾌했다. 나는 실비아 세바운의 처지 때문에 끔찍이도 마음이 아팠다. 하지만 그녀는 자존심이 너무 강해서 도와주겠다고 나서기도 힘들다. 그녀의 형편이 곤궁할 것이다. 나는 그런 사정을 많은 친구들에게 알렸고 교훈을 얻었다. 11시경에 세

---
19 암거래.

실 레만이 왔다. 검은 옷차림에 매우 예쁜 모습이었다. 그녀와 이야기를 나누었다. 나는 그런 일을 저지른 사람들은 반드시 대가를 치를 거라고 실언을 했다. 그러자 그녀가 대답했다. "그래, 하지만 그런다고 죽은 사람들이 다시 살아나지는 않을 거야." 나는 내가 한 말의 잔인함을 깨달았다. 스탈린이 왔고, 그와 이야기를 했다. 그는 자리에 앉아 끝까지 머물렀고, 나와 함께 자리를 떴다. 나는 그를 잘 모르지만 그는 정말이지 배려심이 넘쳤다.

오늘 엄마는 괜찮으시다. 잠을 푹 주무셔서 그런 것 같다. 나는 아빠가 하시던 소소한 일들이 아빠의 부재로 인해 우리에게 추억들을 지나치게 일깨우지 않도록 그 일들을 대신 하려고 애썼다. 아침에 엄마 방 겉창을 여는 일, 저녁에 다시 닫는 일, 아침에 가스 밸브를 여는 일 등.

오후 내내 선 채로 잠을 잤고, 드트로 양 집에 꾸러미 하나를 전달하러 갔다. 거기서 뤽상부르 공원을 통해 연구실로 돌아왔다. 아름답고 시원한 키 큰 나무들, 나무 그늘이 만든 얼룩의 어른거리는 유희가 마음을 고요히 진정시켰다. 그러나 슬픔을 지워주지는 못했다. 그것은 슬픔을 포함하고 있었다.

그다음엔 그 편지를 전달하러 열기로 들끓고 고약한 냄새가 나는 지하철을 타고 비앙페장스 거리에 갔다. 신경질이 나서 울 뻔했다. 번지수를 세 번이나 물어봐야 했기 때문이다.

그 후엔 레누아르 거리에 갔다. 지하철 안에서 사람들을 보면서 아빠를, 아빠의 우아함과 훌륭함을 불현듯 떠올렸다. 그리고 지금 내 기계적인 삶이 의미하는 모든 것을, 최근의 사건들이 의미하는 모든 것을 깨달았다. 바로 아빠가 이곳을 떠나셨다는 사실이었다.

레누아르 거리에 도착했고, 집에 아빠의 엽서 한 장이 와 있다는 소식을 들었다. 나는 그것을 읽으러 다시 길을 나섰다. 피곤함은 어느새 사라져 있었다. Suscription(기재 사항)('레몽 베르, 마트리퀼 11943, 드랑시 수용소')을 읽었을 때, 나는 상황을 이해하지 못했다(이따금 이해의 섬광이 번쩍였지만). 위층으로 올라가면서 나는 현실을 납득하기 위해 그것을 읽고 또 읽었다.

위층에 도착하니 엄마가 계셨다. 엄마는 엽서를 읽으면서 우셨다. 엄마와 함께 7시 반까지 방문객들을 접대했다.

브리아코스 해군 대장의 전화. 드니즈 언니가 귀 속에 체리 씨 넣는 방법을 찾아냈고, 우리는 모두 웃었다. 레비 부인이 왔다.

금요일 밤 11시 15분

오늘 밤 나는 깨닫기 시작했다. 지금 일어나고 있는 일들의 끔찍한 슬픔을 깨닫기 시작했다. 아빠를 위해 타르트를 만들면서 그렇게 된 것은 아니다. 하지만 타르트를 만들면서 아빠가 주방

안을 돌아다니시던 일, 우리가 만드는 케이크 냄새를 맡으시던 일 등 작은 추억들에 둘러싸였다. 그래서 괴롭지는 않았다. 오히려 그 추억들은 아빠의 존재감을 더욱 크게 만들었고, 현 상황에 대한 이해에서 나를 점점 더 벗어나게 했다.

'내 사랑하는 딸들'로 시작하는 아빠의 엽서를 다시 읽으면서, 스무 시간 동안 아빠가 하신 일에 대한 묘사를 읽으면서 더욱 그랬다. 처음에는 아빠가 거기서 무슨 일을 하시는지 알게 되었다는 기쁨 때문에 슬프지 않았다. 그러나 이내 이 새로운 실존의 공허함을, 실제적인 염려들의 의미를 깨달았다. 얼핏 보면 아빠가 새로운 생활을 설계하고 계신다고 생각할 수도 있었지만, 나중에는 그 생활이 무엇을 뜻하는지 깨달았다.

하지만 그 엽서를 들여다보면서 현실을 온전히 파악하지는 못했다. 엽서에 적힌 아빠의 글씨에서 아빠가 여행지에서 우리에게 보내셨던 편지들을 떠올렸을 뿐이다. 최근에 나는 아빠가 자크와 이본 언니에게 보낸 엽서들에서 그 글씨를 보았다. 그 엽서들에서 아빠는 특히 오베르장빌에 대해 말씀하셨다. 나는 그 글씨와 그것의 의미를, 그 단어들의 의미를 결합하지 못했다.

그리고 지금 나는 다시 한 번 실감하지 못한다.

실감했다. 갑자기, 어둠 속에서. 이곳의 아빠와 그곳의 아빠 그리고 이 엽서를 쓴 아빠 사이에 건널 수 없는 심연이 파이기 시작했다는 것을 감지했다.

6월 27일 토요일 아침

오늘 아침 레비 부인이 남편[20]으로부터 엽서 한 장을 받았다. 아빠는 그 엽서 뒷면에 글을 몇 줄 적으셨다.

아빠는 어제 우리가 받은 엽서에서보다 훨씬 덜 즐거워 보였다(아빠가 그 글을 쓰신 것은 어제였다). 아빠는 그곳의 단조로운 생활에 대해 이야기하셨다. 우리 모두 그것을 느꼈다. 하지만 엄마 말고는 아무도 그것에 대해 이야기하지 못했다. 우리는 그것이 당연하다는 것을 애써 부인하거나 그것이 당연하다고 말하려고 했다. 아빠는 엽서에서 모직 옷을 보내달라고 말씀하셨고, 엄마는 그 글을 베껴 쓰면서 울었다.

우리는 식탁 위에 첫 소포 꾸러미를 마련했다. 나는 엄마와 함께 집에 있어드리기 위해 오늘 아침에 해야 할 일들을 모두 포기했다. 피노 집안에 전화를 걸어 아빠가 거기서 고등사범학교 학생을 알게 되었다고 말했다. 드니즈 언니는 소포를 부치러 나갔다. 나는 어제 자크 앞으로 온 아빠의 엽서를 베껴 썼다. 자크를 힘들게 할 단락들은 건너뛸 수밖에 없었다.

소식을 전하려고 아가슈 부인에게 전화를 걸었다. 그녀는 간

---

20 당시 레비 부인의 남편 역시 드랑시에 수용되어 있었다.

호사인데, 상황이 매우 좋지 않으니 자기를 성가시게 하지 말아 줬으면 좋겠다고 말했다. 온 세상에 고통만 존재한다. 왜 누군가가 죽어가는 집에 전화벨을 울려야 했을까? 내가 전화 건 일이 지워졌으면 하고 바라며 얼른 전화를 끊었다.

사실 오늘 아침에 그 사람이 죽었다고 한다.

7시 30분

더 이상 아무것도 이해가 되지 않는다. 토요일 오후가 평소처럼 너무나 잘 흘러가서 나는 다시 정상적인 생활에 빠져들었고, 나머지는 모두 악몽이라고 믿었다. 우리 집에는 드퇴프와 그의 아내, 아니크와 그의 사촌 르그랑, 조브, 니콜, 그리고 브레나에에게 맛보일 간식거리가 있었다. 우편물이 도착했다. 내 앞으로 오딜의 엽서 두 장과 제라르의 엽서 두 장이 왔다. 모두 평범한 내용이었다. 뭐에 홀린 기분이 들었다. 뒤숭숭한 밤을 보낸 뒤 잠에서 깨어나 안도감을 주는 현실을 다시 발견한 기분이었다.

하지만 8시까지 악몽 한가운데에 있었다. 아침 상황은 좋지 않았다. 점심을 먹은 뒤엔 이본 언니 앞으로 온 아빠의 엽서를 베껴 썼다(그 엽서의 문장들은 나에게는 거의 의미가 없었다). 조브가 도착했다. 그는 드니즈 언니와 함께 서재에서 시간을 보냈다. 르가스트 집안사람들은 어머니와 함께 있었다. 나는 그들을 배웅했다. 르가스트 부인은 아무래도 운 것 같았다. 나에게 인사를 하지 않았기 때문이다.

그런 다음 다른 사람들과 자리를 함께했다. 조브와 조금씩 이야기를 나누는 동안 대화와 분위기가 다시 평소의 모습을 띠었다. 결국 우리는 트리오를 이루었다. 나는 아빠에게 보낼 엽서에 한 줄 남기게 해달라고 엄마에게 부탁했었다. 그러나 엄마가 엽서를 가지고 들어왔을 때 현실은 다시 나를 벗어났고, 더 이상 그 엽서의 가치를 인정할 수 없었다.

제라르의 엽서들에는 마음이 쓰였던 것 같다. 그러나 제라르의 일과 관련해 내 안의 뭔가가 죽어버렸다. 비유적 의미에서 나는 더 이상 답장을 하지 않는다. 그의 엽서들은 엽서를 받는다는 호기심이 주는 기쁨 말고는 거의 아무런 감정도 일으키지 않는다. 그러지 않기로 내가 결심했기 때문일까? 아니면 정말로 내 마음이 그에게서 멀어진 걸까? 이번 주 동안 자주 그것에 대해 생각해봤지만, 솔직히 다른 것 때문이라는 생각은 들지 않는다. 내 마음은 식어버렸다.

방금 엄마가 돌아오셨다. 주술에 대한 내 둔감함이 사라지려 한다.

6월 29일 월요일

이제는 아침에 일어날 때 그날 하루 동안 일어날 일들을 예측할 수 없다. 언제나 예기치 못했던 일들을 하게 되니까.

오늘 아침 제라르의 엽서 한 장을 받았다. 특급 우편은 아니고, 며칠 전 날짜의 엽서다. 나는 잠시 몸부림을 쳤고, 그런 다음에는 잊어버렸다.

뒤크 부인에게 편지 한 통을 전달하려고 테레즈의 집에 갔다. 가정부가 나를 맞아주었다. 가정부는 러시아 사람들이 내 원수를 갚아줄 거라고 단언했다!

돌아오면서, 부르도네 가를 걸으면서 내 신발에 대해 생각했다. 그러다가 웬 남자 한 명이 나에게 다가오는 것을 문득 알아차렸고, 생각에서 빠져나왔다. 그가 나에게 손을 내밀고는 큰 목소리로 말했다. "프랑스 가톨릭교는 당신 편입니다……. 우리는 복수할 겁니다!" 나는 일단 고맙다고 말한 뒤, 무슨 일이 일어난 건지 깨닫기 시작하며 자리를 떴다. 거리에, 퍽 멀리에 사람들이 있었다. 나는 거의 웃고 싶은 심정이었다. 그 남자의 몸짓은 근사했다. 아마 알자스 사람 같았다. 단춧구멍에는 리본 세 개가 꽂혀 있었다.

우리는 거리에서 끊임없이 뭔가를 경험한다. 그것은 극복해야 할 시련이다.

***

유제품 상점에서 우유를 사서 나오다가 방화 셔터에 이마를 세게 부딪쳤다. 아팠다. 점심을 먹은 뒤 12시 반쯤 집을 나섰더니 거리가 너무 고요하고 환하게 빛났다. 잠시 몸을 좌우로 흔들게 될 만큼 아름다웠다.

4시경에 J. M.이 도서관에 도착했다. 나는 그를 기다리고 있었다. 장 폴도 왔다. 돌아갈 때 우리는 세브르 바빌론까지 걸었다.

어제 프랑수아즈 마스에게 들은 바에 따르면, 지난 주 투렐[21]에 있던 여성 수용자 80명 중 한 명은 여섯 살 반 된 그녀의 아이 가슴에 별을 달아주지 않았다는 이유로 그곳에 수용되었다고 한다. 그곳의 여성 수용자 중에는 J. M.과 프랑수아즈가 모두 아는 여의사의 딸도 있다(그녀는 생 클루에 살았다). 그녀는 종신 강제 노역에 처해졌다고 한다. 다른 사람들은 크라쿠프 근처에 있는 것 같다.

***

일요일에 드니즈 언니, 니콜, 프랑수아즈와 함께 오베르장빌에 갔다. 엄마는 마지막 순간에 가지 못하게 되었다. 오브룅 씨가 엄마를 만나고 싶어 했기 때문이다. 엄마가 오지 않은 편이

---

21 파리 모르티에 거리의 투렐 막사.

더 나았다. 만약 오셨다면 엄마에게는 너무 가혹한 시련이었을 거라고 생각한다.

나는 생각을 하지 않는 데 성공했다. 처음에 우리는 길을 걸으며 많은 이야기를 했다. 그리고 나무딸기를 땄다. 나는 다른 것을, 내가 생각하지 않을 수 없는 것을 생각했다. 확실히 우리는 공허감을 느끼고 있었다. 나무딸기를 따는 작업을 지휘하기 위해, 드니즈 언니를 돕기 위해 여기저기서 내내 언니와 함께 있어야 했다. 하지만 우리는 우리가 느끼고 있는 것에 대해 이야기하지 않았다.

오후 내내 나무딸기 속에서 시간을 보냈다. 부모님 없이 보내는 단순한 주말 소풍이라고 생각할 수도 있었다. 그러나 우리의 의식 밑바닥에는 최근에 일어난 사건들에 대한 기억이 있었다. 지금 다시 생각해보니 그때 우리는 나무딸기 속에 완전히 고립되어 있었고 정원의 나머지 부분은 우리가 거기에 없을 때의 모습을 계속 유지하고 있었음을 깨닫는다. 이제 나는 그곳과 연대감을 느끼지 못한다. 그곳이 나를 사랑한다는 것을, 그곳이 나를 받아준다는 것을 느끼지 못한다. 그곳은 거의 무심해졌다. 내 잘못이다. 이제는 내가 그곳을 돌아다니지 않기 때문이다. 게다가 우리는 항상 그곳을 후다닥 방문한다.

장미 나무들이 빨간색과 분홍색의 꽃을 활짝 피우고 있었다.

그 모습을 보니 가든파티가 연상되었다. 나는 아빠의 자리를 대신하려고 노력했다. 드니즈 언니가 아빠 생각을 하지 않도록. 나는 짐이 실린 트레일러를 끌었다.

떠나기 전 위프 부부에게 작별 인사를 했다. 그들은 우리 집에 일어난 일을 다 알고 있었다. 하지만 아이들에게는 아무 말도 하지 않은 듯했다. 위프 부인과 이야기하는데 그녀가 갑자기 얼굴을 일그러뜨리더니 울음을 터뜨렸다. 난감했다. 하지만 다행히도 잠깐뿐이었다. 위프 씨[22]가 와서 우리가 체리 따는 것을 도와주었다. 우리는 아빠를 위해 해야 할 일들을 이야기했다. 계획이라는 것에는 정신을 집중하게 하는 실제적 측면이 있다.

돌아오는 기차 안에서는 나무딸기 주스에 잠겼다. 그리고 실수로 날달걀 하나를 깨뜨렸다. 우리는 아기를 데리고 있는 여자들에게 자리를 내주었다. 앙드레와 그녀의 남편, 그리고 루이즈가 기차역에서 우리를 기다리고 있었다. 그것이 제법 위안이 되었다. 그런데 곰곰이 생각해보니 그것은 서글픈 어떤 것을 감추고 있는 것 같았다.

6월 30일 화요일

지난 밤 포격이 있었다. 경보가 발효된 동안 우리는 아무 소리

---

22 오베르장빌의 정원사.

도 듣지 못했다. 오후에 우리가 이제 영국인들이 오지 않을 거라고 말했던 것을 희미하게 떠올렸다. J. M.이 그들은 오지 않을 거라고 말했다. 엄마가 엄마 방에 대해 나에게 이야기했고, 나는 대답했다. 우리는 같은 견해를 갖고 있었다. 아빠 일에 대한 견해 말이다. 밤에 엄마가 나를 와락 끌어안았다. 마치 낮에는 나를 전혀 끌어안지 않는 것처럼. 낮 생활은 사고思考를 넘어 껍질을 만들어낸다.

오늘 아침, 아빠가 필요한 옷 목록을 보내오셨다. 엄마는 울면서 그 목록을 소리 내어 읽었다. 아빠가 털 스웨터와 두꺼운 옷들을 많이 부탁했기 때문이다. 목록 아래쪽으로 내려갈수록 엄마의 목소리는 좌절의 빛을 띠었다. 그 모습을 보니 비통했다. 엄마가 어떤 것을 소리 내어 말했는데, 나는 그게 뭔지 이해하지 못했다. 나중에야 살충제 가루라는 것을 알았다. 엄마가 손으로 머리카락을 가리켰다. 나는 무슨 뜻인지 이해했다.

나는 즉시 밖으로 나가 유제품 상점에 갔다. 하지만 거기에는 아무것도 없었다.

오늘 오후에 아빠가 부탁하신 회색 정장을 가지러 오베르장빌에 갈 것이다. 내가 이 여행의 의미를 이해하게 될까? 지금 당장은 그러지 못하고 있다. 하지만 내 잘못이 아니다. 나는 실감하지 못할 뿐이다. 물론 아빠가 드랑시에 계시다는 것을 안다.

지난주에 아빠가 여기에서 활기찬 모습으로 미소 지으셨다는 것도 안다. 그런데 이 두 가지 사실을 양립시킬 수가 없다.

7월 2일 목요일 밤
23시 15분

내 방 겉창을 닫을 때, 섬광 하나가 하늘을 가로질렀다. 하늘이 여전히 오늘 밤을 위협한다. 하루 종일 비바람이 불고, 소나기가 내리고, 멀리서 요란한 천둥소리가 나고, 불안한 긴장감이 흘렀다. 오늘 밤이라는 대단원을 위해 만들어진 듯한 하루. 나는 잠들기 전에 이 글을 쓰고 싶다. 어떤 일이 있어도 내가 잠들 거라는 것을 알기 때문이다. 그리고 언제나 그렇듯 육체가 정신을 이기리라는 것도.

무슨 일이 있었느냐고? 우선 우리가 식탁에 앉는 순간 뒤슈맹 씨로부터 전화가 왔다. 내가 전화를 받았고, 엄마에게 바꿔주었다. 엄마가 너무나도 상세하고 침착하게 이야기해서 나는 어리둥절했다. 엄마는 전화를 끊은 뒤 우리에게 '뒤슈맹 씨가 찾아가기만 하면 사람들이 아빠를 풀어줄 거야'라고 말했다. 그러나 나는 여전히 그 말의 의미를 받아들이지 못하고 있었다. 엄마가 그렇게 말씀하시는 것을 보고 나는 놀랐다. 엄마는 엄마 대신 해야 할 일들을 우리에게 부탁하셨다.

강제 이주. 나는 이번 주 내내 이것을 어렴풋이 상상해보았다. 그러자 갑자기 절멸이라는 개념이 느껴졌다. 저항이라는 개념도. 오늘 밤 그것에 대해 조금 숙고해보자 내 안에 이기심이 있다는 생각이, 내가 행복을 희생하기를 원치 않는다는 생각이 들었다. 내가 행복하게 느끼는 모든 것이 지금 이곳의 생활 속에 집중되어 있기 때문이다. 하지만 이런 생각도 했다. 나는 억지로라도 희생할 수 있다는 생각. 그러나 다른 문제들이 아직 남아 있다.

인간의 존엄성을 포기하는 문제가 남아 있고, 강제 이주된 사람들과 함께 사는 문제가 남아 있다.

영웅심을 버리는 문제가, 우리가 여기서 경험하는 투쟁심을 버리는 문제가 남아 있다.

저항 속에서 평등 의식을 버리는 문제가 남아 있고, 투쟁하는 다른 프랑스인들을 별도로 보는 문제가 남아 있다.

하지만 이 모든 것의 맞은편에 아빠가 계신다. 주저해서는 안 된다. 이번 주 초반부터 우리는 아빠가 더 먼 곳으로 이송될까 봐 매우 두려워했다. 그러나 두려워해서는 안 된다. 두말할 여지도 없다. 그것은 가증스러운 협박이다. 그리고 그것에 즐거워할 사람들이 많이 있다. 사람들은 자기들이 선한 마음과 자비심에서 그 일을 한다고 생각한다. 그러나 사실 그들은 우리를 염려하지 않아도 돼서 혹은 우리를 동정하지 않아도 돼서 자신들이 행복하다고 생각하지는 않을 것이다. 또 다른 사람들은 우리를 위해 꿈꾸던 해결책을 찾아냈다고 생각할 테고, 그것이 그들만큼이나 우리에게도 큰 아픔이라는 것을 이해하지 못할 것이다. 그들은 우리 입장이 되어보지 않았고, 우리가 유형流形에 처해진 것을 자연스럽게 간주하기 때문이다. 하지만 이 모든 것이 관념일 뿐이다. 나는 관념일 뿐이라고 생각하면서 그것들을 쫓아낼 수 있다. 하지만 이것이 다는 아니다. 이것에 따라오는, 그리고 우리들을 소스라치게 하는 불가능성이, 생각들이 있다. 그것들이 정말로 불가능하기 때문이다. 외할머니와, 앤티 제르와 헤어지는 것. 다른 수용자들에 대한 태도. 레비 부인과 헤어지는 것.

엄마는 전화 통화 직후 위층으로 올라갔다. 신경이 무척 날카로워져 있었다. 갑자기 엄마가 폭발했다. 엄마는 사람들이 엄마에게 해준 어떤 이야기를 우리에게 전하려고 했다. 엄마는 오열을 터뜨리기 직전이었지만 오열을 터뜨리지는 않고 말을, 신경질을 폭발시켰다. 유대인들을 모두 강제수용소에 가두려는 15호 명령[23]에 대한 이야기였다. 엄마는 고독 속에서, 오늘 하루 종일 분 폭풍우 속에서 그 소식을 검토했을 것이다. 저녁 식사 내내

---

23 우선 7월 13일과 14일로 예정되었다. 벨디브 대량 검거는 7월 16일과 17일에 일어났다. 프랑스 정부는 독일의 요구에 따라 점령 지역과 자유 지역에서 유대인 대량 검거에 나서기로 했다. 프랑스 경찰은 프랑스 유대인이 아니라 외국 유대인을 체포해야 했다. 행정기관과 관련된 도주는 파리에서만 일어났고, 유대인 협회는 대량 검거가 임박했다는 정보를 입수했다.

엄마는 그 생각을 했고, 그동안 우리 셋은 다른 것을 생각했다. 생각의 두 가지 흐름이 서로 교차하면서, 혹은 서로 나란히 진행되면서 우리를 공동의 운명에서 격리시킨다고 생각하자 등골이 오싹해졌다. 나는 자유 지역에서 사는 비참함을 생각하며 마음을 달랬다. 그리고 속죄에 대한 갈망을 느꼈다. 이유는 모르겠다.

저녁 식사 뒤 하늘이 다시 흐려졌다. 머리 위에서 요란한 소리와 함께 천둥이 쳤다. 하지만 레비 부인은 조금씩 편안해졌다. 우리 집을 나설 때 그녀는 침착했다. 오늘 밤 엄마는 이 거래를 행한 비열한 사람들에게 복수할 방법을 깊이 생각하고, 사람들에게 할 말을 준비했다. 하지만 나는 졸음이 끊임없이 몰려오는 바람에 관자놀이를 누르고 있다. 더 이상 생각을 할 수가 없다. 내일 아침이면 생각이 좀 더 뚜렷해지겠지. 나는 오늘 밤의 현실을 믿지 않는다. 사람들은 자기가 원하는 것을 우리에게 말할 뿐이다.

7월 3일
금요일 아침 7시

사람들이 우리에게 혐오스럽고 비열한 짓을 저지르게 한다는 명확한 생각과 함께 잠이 깼다. 독일인에게 달리 무엇을 기대할 수 있단 말인가? 그들은 아빠 대신 우리가 가장 소중히 여기는 것, 자부심, 존엄성, 저항 정신을 빼앗아가려 한다. 비열함만 남겨둔 채. 어떤 사람들은 우리가 그런 비열함을 즐긴다고 생각한다. 즐기다니, 세상에!

사실 그들은 더 이상 우리에게 감탄하지 않아도 되고 우리를 존경하지 않아도 되므로 만족스러워할 것이다.

이런 거래는 독일인에게도 이점이 있다. 아빠는 감옥에 계시고, 많은 사람들이 그 사실에 분개한다. 그것은 그들의 이미지에 좋지 않다. 하지만 아빠가 감옥에서 풀려나 삶을 되찾으면 그것은 그들에게 장애이고 위험이다. 아빠가 자유 지역으로 사라지면 사건은 잠잠해지고 수면 아래로 가라앉을 것이다. 그들에게는 그것이 이상적이다. 그들은 영웅을 원치 않는다. 그들은 비열해지기를 원하며, 희생자들에게 감탄을 불러일으키기를 원치 않는다.

하지만 그렇다면 나는 맹세컨대 온힘을 다해 그들을 방해할 것이다.

내 안에는 서로 종류가 다름에도 불구하고 점차로 똑같아지는 두 가지 느낌이 있다. 첫째는 떠나면서 저지르는 비겁함, 우리에게 강요되는 비겁함, 나쁜 수용자들과 가엾고 불행한 사람들을 마주한 비겁함에 대한 느낌이다. 둘째는 투쟁하는 기쁨을 희생하는 것에 대한 느낌이다. 다시 말해 행복의 희생. 영웅적 행위가 가져다주는 기쁨을 희생하는 것이다. 사실 저항 속에는 공동체의 우정 어린 보상이 존재한다.

사실 나는 이중의 관점을 갖고 있다. 그것이 엄청난 희생인 한, 떠나는 것은 나에게 비겁한 행위가 아니다. 거기서 나는 불행할 것이다. 하지만 다른 사람들에게 나처럼 생각하라고 요구할 수는 없다. 다른 사람들에게 그것은 비겁한 행위이기 때문이다.

금요일

아침 내내 이상했다. 우선 하늘이 계속 어둡고 무겁게 내려앉아 있었다. 집에서는 축축하고 숨 막히는 열기가 피어올랐다. 우편물을 기다리느라 늦게 집을 나섰다(나는 도서관 사서다). 제라르의 엽서 두 장을 받아 길에서 읽었다. 학교에 도착하니 학생들이 뜰에서 이미 작은 무리들을 이루고 있었다. 알뷔스가 구술 시험이 진행되는 동안에는 도서관 문을 열지 않는다고 나에게 말했다. 갑자기 아침 시간이 텅 비어버렸다. 나는 어렵게 길을 트며 계단에 밀집해 있는 학생들 사이를 통과해 도서관으로 올라갔다. 잠시 후, 그곳의 열기가 너무 심해 다시 내려왔다. 2층에서 들라트르 교수님이 문헌학과 학생들을 통과시키고 계셨다. 나는 문에 머리를 댔다. 그분이 나를 보았는지 못 보았는지 알 수 없었다. 어쨌든 나는 문짝 뒤에 몸을 숨겼다. 권위적인 발소리가 홀 안에 울려 퍼졌다. 들라트르 교수님이었다. 교수님이 나에게 인사를 건넸고, 내가 팔 밑에 낀 서류 파일 속에 내 학위논문이 들어 있다는 것을 즉시 눈치채셨다. 교수님이 잘되어가느냐고 나에게 물으셨다. 나는 대답했다. "할 수 있는 만큼요." 교수님은 홀로 돌아가시려다가 다시 와서 나에게 물으셨다. "아버지가 체포되셨다는 게 사실이야?" 나는 전후 사정을 자세히 이야기했고, 교수님는 염려스러운 표정으로 귀를 기울이셨다. 그런 다음 홀로 돌아가셨다.

  나는 다시 아래층으로 내려갔고, 거의 한 시간 동안 니콜을 기다리며 담벼락에 몸을 기대고 있었다. 학사 학위를 가진 낯모르는 학생들 한가운데서 나는 고립감을 느꼈다. 하지만 그중 몇몇은 내가 아는 학생들이었다. 그들이 나에게 다가와 말을 걸었다. 나는 모니크 뒤에르와 꽤 오래 수다를 떨었다. 10시경에 장폴이 도착했다. 마침내 친구를 만나자 몹시 기뻤다. 장 폴은 구술시험 때문에 고양이처럼 신경질적이었다. 나는 그를 진정시키기 위해 그와 함께 1번 홀 랑드레에 있었다. 그의 이름이 오후에 시험을 치를 학생들 명단에 기록되어 있었다. 계단을 여러 번 오르내리면서 매우 상냥한 실베트 보노와 매력적인 아니 디종을 보았다. 그녀는 뭔가에 분개할 때면 콧구멍 사이가 벌어진다. 무척 조그만 코가 분노로 부풀어 오른다. 내가 장 피노에게 그녀에 대해 이야기했더니, 장 피노가 나에게 말했다. "그녀는 무척 다정한 것 같아." 그건 사실이다. 마침내 나는 장 폴과 함께 위층에 있는 니콜을 찾아냈다. 그리고 그곳을 떠났다. 11시였다. 집에 돌아오니 엄마와 드니즈 언니가 있었다. 다른 소식은 없었다. 어젯밤의 이야기는 최후통첩은 아니었다. 우리 셋 모두 어제의 갈등과 고민 때문에 녹초 상태였다. 나는 간식으로 먹을 사블레(노르망디 지방 사블레가 원산지인 바삭바삭한 과자 – 옮긴이)를 만들러 주방으로 갔다. 루이즈는 갔고, 베르나데트가 모든 것을 했다. 우리는 전에 없이 단결되어 있었다.

부아스리 씨가 뒤슈맹 씨와 동시에 도착했다. 뒤슈맹 씨는(나는 문 뒤에서 잠시 엿들었다) 무척 낙관적이었고, 그 중요성이 무시되는 것처럼 보이는 만큼이나 큰 중요성을 부여하며 '체포된' 드 브리농[24] 등에 대해 이야기했다.

부아스리 씨는 그의 이야기에 망연자실해했다. 점심 식사는 퍽 조용했다. 식사를 마치자 드니즈 언니와 나는 졸음이 왔다. 하지만 나는 영웅적으로, 완강히 버텼다. 2시 반경에 마테 집에 갔다. 날씨가 끔찍이도 더웠다. 5시경에 프랑수아즈 마스가 왔다. 우리는 내 방에서 간식을 먹었다. 그 뒤 모차르트의 소나타 한 곡을 연주했다.

---

24 페르낭 드 브리농. 프랑스의 정치인. 대독 협력 정책 지지자. 1940년부터 1942년까지 비시 정부의 대표자로서 독일 당국 관련 업무를 보았다.

작업실 신고식 때문에 머리를 짧게 자른 올리비에 드브레[25]가 7시쯤 아니와 함께 방문했다.

저녁 식사 뒤 엄마가 내려오셨다. 드니즈 언니는 아빠의 서재에서 독일어를 공부했고, 나는 도스토예프스키의 삶을 다룬 책을 읽고 있었다. 10시경 엄마가 다시 돌아오셨다. 야회夜會는 끝나지 않았다. 강제수용소 문제가 다시 화제에 올랐다. 그런 시간이면 언제나 그렇듯이 우리는 결국엔 논점을 흐리고 문제의 심각성을 희석하는 농담들을 하면서 진지한 화제에 웃음을 섞었다. 이 모든 것이 주방에서 시작되었다. 처음에는 내가 무척 좋아하는 차가운 완두콩 요리를 먹었고, 그 뒤엔 드니즈 언니가 화장하는 방에서 언니가 좋아하지 않는 J. M.과 장 피노에 대해 각자가 생각하는 장점들을 말하며 토론을 벌였다.

이런 자잘한 사항들을 내가 모두 글로 적는 것은 요즘 우리의 삶이 다시 조여들고 있고, 우리가 더 단단히 결합되었기 때문일 것이다. 모든 세부 사항이 대단히 흥미로운 면을 지니고 있다. 우리는 주 단위가 아니라 시간 단위로 살고 있다.

토요일

---

25 당시 문과 대학과 미술 대학에서 공부하던 학생. 나중에 유명한 화가가 된다. 로베르 드브레 교수의 아들이며, 훗날 프랑스 총리가 되는 미셸 드브레의 동생이다. 형제가 둘 다 레지스탕스 대원이었다.

다네커[26]가 로스차일드 병원의 이전을 명령했다. 모든 환자들이, 어제 외과 수술을 받은 환자들까지 드랑시로 이송되었다. 어떤 상태에서? 어떤 치료를 받으면서? 잔혹한 일이다.

조브와 브레나에가 왔다. 조브는 아무 말도 들으려 하지 않고 떠났다. 우리는 무척 아름다운 〈송어 5중주〉를 연주했다.

일요일

바르디오 가족 모두와 함께 오베르장빌에 갔다. 하루 종일 과일을 땄다. 끔찍이도 더웠고, 밤새도록 폭풍우가 몰아쳤다.

7월 5일 월요일

아침에 아빠의 두 번째 엽서가 도착했다. 아빠는 자신의 생활을, 자신이 보내는 나날들 중 하루를 설명하셨다. 그것은 애처로울 정도로 공허했다. 아침이면 잠에서 깨어나 7시라는 숫자 옆에 의문부호를 놓는다. 잠을 많이 자지 못했기 때문이다. 8시에는 점호가 있다(요전 날 몸이 아픈 밀러 씨라는 사람이 미리 알리고 딱 한 번 누워 있었다. 그러자 다네커가 와서 그가 지나치게 훌륭한 잠옷 차림으로 누워 있는 것을 발견하고는 58년 강제수용 형을 내렸다). 8시부터 10시까지는 산책을 한다. 요동을 친다. 아빠

---

26 테오도르 다네커. 나치 친위대였으며 1942년 7월까지 프랑스에서 게슈타포의 유대인 담당 책임자를 지냈다.

가 보낸 엽서에는 유머러스한 표현이 몇 개 있었다. 하지만 이런 상황에서 그런 표현들은 내 가슴을 에었다. 조금 지나자 아빠는 potato(감자)에 대해 이야기하셨다. 오베르장빌에서 그 단어를 발음하던 아빠의 목소리가 지금도 들리는 것 같다. 한편으로는 위안이 된다. 덕분에 우리가 아주 가깝게 느껴지고 마음이 아파 오기 때문이다. 11시 반에는 수프를 먹는다. 17시 30분에도. 그런 다음엔 점심 메뉴에 골몰한다. 오후는 더 길게 느껴진다. 아빠가 밤에 잘 주무시기 위해 낮잠을 청하지 않기 때문이다. 아빠는 체커, 디아미노, 브리지 게임을 하신다. 그런 게임을 전혀 하지 않으시던, 장과 다른 사람들이 오베르의 작은 응접실에서 디아미노를 몇 판 하는 동안 탁자에서 태연하게 일을 하시던 아빠가. 밤 시간은 이야기를 하며 보낸다. 아빠는 바슈 씨, 모리스, 장 블로크의 소식을 전하셨다. 같은 방 동료인 치과 의사를 방문했던 이야기도 하셨다. 아빠는 사람들이 코 고는 소리를 들으며 겉창 없이 주무시는 데 익숙해져야 했다. 아빠는 달빛 때문에 눈부셔하신다. 아빠의 엽서에는 나를 몹시 마음 아프게 한 한 가지가 있었다. 아빠는 이렇게 쓰셨다. "나에게 까치밥나무 열매를 보내도 돼. 여기 도착한 소포들 속에서 그걸 봤거든." 왜 나는 이 문장을 읽은 뒤 걸음아 날 살려라 하고 도망치고 싶은 욕구를 느꼈을까? 이 문장 속엔 어쩐지 어린아이 같은 면이 있다.

하루하루가 그렇게 지나가는 듯하다. 아빠는 벌써 한 주가 지났다는 것을 실감하지 못한다고 말씀하셨다. 반면 나는 자유롭고, 내가 원하는 대로 여기저기 뛰어다니며, 매일 매시간 해야 할 다양한 활동들이 있고, 생각할 여유조차 없다.

일상적인 담화, 사업상의 편지, 혹은 여행 소식을 전하는 아빠의 글씨들이 여전히 집에 남아 있다. 정확하고 명료하고 간결하고 지성적인, 제한되고 폐쇄적인 삶, 관습법을 위반한 죄수의 삶을 묘사하기 위한 글씨.

사람들은 이 엄청난 부당함을, 이런 대우의 파렴치함을 깨닫지 못한다. 그것이 너무나 거대하기 때문에, 모든 것을 기다리는 데 익숙하기 때문에.

아빠는 바슈 씨의 사기가 많이 떨어졌다고 말씀하셨다. 그분은 여섯 달 전부터 갇혀 있다. 여섯 달. 이제는 사태가 해결되리라는 희망이 모두 사그라졌을 것이다. 그런 상황에서 어떻게 더 살려는 욕구를 가질 수 있겠는가?

아빠는 우리를 위해 살고 계신다. 밤낮으로 우리를 생각하실 것이다. 나에게 아빠는 거의 미지의 사람이다. 이상한 일이지만 이것을 말로 하는 것은 힘든 일이다. 엄마가 알고 있는 아빠는 몹시 유폐되어 계신다. 아빠가 보내신 엽서의 몇몇 문장에서 그것을 슬쩍 엿볼 수 있다. 오늘 아침 엽서를 읽었을 때, 내 안의 뭔가가 우리 둘 사이에는 파기할 수 없는 협정이 존재한다고 말했다.

7월 6일
화요일 아침

걱정이 조금씩 되살아나 먹구름처럼 쌓여간다. 놀랍다. 내가 잊어버린, 그리고 생각하지 않았던 그 기능.

아침에 제라르의 엽서 한 장을 받았다. 시간이 갈수록 점점 고통스러운 오해라는 느낌이 든다. 나는 그가 알지 못하는, 그리고 그에게 말해주고 싶지 않은 어떤 것을 이미 알고 있다. 내가 내 역할을 연기한 기분이 든다. 나는 글 쓰는 것을 좋아하기 때문이다. 하지만 결코 고의는 아니었다.

나는 내가 늘 사물의 표면에 머무른다고 믿었다. 그런데 내가 계속 편지를 썼다는 단순한 사실이 그로 하여금 상황을 과장해서 받아들이게 한 것이다.

그가 '나의 사랑스러운 엘렌'이라고 쓴 것이 나는 참 좋았다. 지금은 그것을 잊어야 한다는 것이 난처하다. 그가 내 내면을 좌지우지한다는 기분이 들기 때문이다. 혹은 내가 그 표현을 좋아했다는 것, 그렇게 써달라고 그에게 부탁까지 했다는 것을 생각할 때 나에게는 그것이 의미 없는 표현, 별것 아닌 표현으로 보이기 때문이다.

***

테니슨(Alfred Tennyson, 1809~1892, 빅토리아조朝의 영국 시단을 대표하는 시인 - 옮긴이)의 「공주」에서 왕자는 기묘한 신체장애 때문에 몹시 상심한다. 갑자기 세상이 유령처럼 보이고 실체를 잃는다.

나도 그와 같다. 모든 것이 사실이고 생생한데, 나는 방금 제라르에게 보내는 엽서에 셰익스피어에 대한 이야기를 썼다. 우리의 친밀함에 관한 화제는 거의 건드리지 않았다. 나는 그가 나를 잘 안다고, 그의 지성은 내가 쓰는 글을 이해하기 위해 만들어졌다고 생각했다. 그런데 갑자기 거기에 무엇이 underlie해(숨겨져) 있는지를 감지했다. 그러자 모든 것이 공허하고 무서워졌다.

마음이 아니고 머리로만 참여할 때 아마도 이런 일이 일어날 것이다.

***

드니즈 언니, 니콜과 함께 테에랑 거리[27] 청소년 회관에 등록하러 갔다. 우리는 모두 웃음을 그치지 못했다. 내 생각에 그것은 일종의 들뜬 기분, 흥분이었다. 카츠 씨가 우리에게 말했다. "당신들이 여기서 할 일은 아무것도 없어요! 당신들한테 해줄 수 있는 조언이 있다면 떠나라는 것뿐이에요." 나는 그가 말을 끝맺기도 전

---

27 UGIF(프랑스 유대교도 연합) 본부의 소재지. 미셸 라피트, 『독일 점령기 프랑스의 유대인』, 아네트 비비오르카 서문, 탈랑디에, 2006 참고.

에 대답했다. "그렇다면 기필코 당신의 시간을 뺏어야겠네요."

우리는 무척 기분 나쁜 증명서를 만들었다.[28] 니콜이 이런 일은 독일에 대한 굴복이라고 말하며 계속 화를 냈다. 하지만 나는 그것을 이곳에 남기 위해 지불해야 할 대가로 여긴다. 그것은 희생이다. 나는 크든 작든 시온주의적인 움직임을 싫어하기 때문이다. 그런 움직임은 본의 아니게 독일인에게 득이 된다. 게다가 그것은 우리의 시간을 많이 빼앗을 것이다. 사는 것이 매우 이상해졌다.

***

점심 식사(레비 부인이 있었다) 후 프랑수아즈 피노가 전화를 걸어와 토요일에 우리를 초대했다. 3시 반쯤에는 친절하게도 클로드 르루아가 나를 보러 왔다.

오후 내내 세실 레만을 기다렸다. 그러나 세실은 오지 않았다. 니콜과 함께 간식을 먹었다. 니콜은 매우 신경질이 난 채 장의 집에서 돌아왔다. 잠시 후 나는 위들로의 집에 갔다. 드니즈 언니가 나 대신 잔 포크에게 영어 수업을 해주었다. 내가 그 시간에 약속이 있었기 때문이다. 상황이 저절로 정리될 거라고 생각

---

28 1941년 11월 점령군의 명령에 따라 비시 정부가 설립한 UGIF는 사전 탐지 목적으로 유대인 구제 단체들의 연맹을 결성했다. 아르망 카츠는 이 단체의 사무국장이었다. 엘렌 베르는 이 단체에 사회복지 자원봉사자로 지원했다. UGIF 회원들은 신분을 보장해준다는 증명서(소위 북부 지역에서 '통용되는')를 발급받았다.

했다. 나에게는 더 이상 추론 능력이 없다. 눈에 류머티즘이 걸렸나 보다. 낫기 힘든 병이다.

***

저녁 식사 후 자크를 위해 케이크를 만들었다.

쌍둥이들은 결국 떠났다. 마리안은 원하고 에블린은 원하지 않았다. 주목할 만할 일이다.

7월 9일 목요일

지난밤에는 잠을 잘 이루지 못했다. 그런 밤 시간을 보냈으니 놀랄 일도 아니다. 니콜 그리고 프랑수아즈와 함께 낮 시간을 보내러 오베르에 갔었다. 우리는 조용한 정원에서 나무딸기와 까치밥나무 열매를 땄다. 우리가 가진 생각들이 우리를 따라오긴 했지만, 평화롭고 피로가 누그러지는 시간이었다. 우리는 완벽하게 뜻이 맞는다. 프랑수아즈는 다음 주에 떠난다. 프랑수아즈가 돌아오지 않을 것 같은 기분이 든다. 되돌릴 수 없는 일이 일어날 것 같은 기분이 든다. 나와 헤어지는 사람들 중 한 명이라도 다시 만나게 될지 잘 모르겠다.

집에 돌아오니 지젤이 나를 기다리고 있었다. 고약한 혼돈이 있었던 것이다. 페릴루 부인이 작은 응접실에 있었다. 프랑수아즈와 니콜이 짐 옮기는 것을 도와주었다. 연이어 자콥송 부부, 레오테 부인, 마테 씨, 엄마가 귀여워하는 여자아이가 도착했다. 나는 니콜과 프랑수아즈에게 작별 인사를 한 뒤 과일을 분류하고, 지젤이 하는 말을 들어줘야 했다. 그녀도 떠난다고 했다. 그녀는 그것에 절망했다. '세상의 끝'이라는 느낌이 내 주위를 파닥파닥 날아다닌다. 동시에 밖에서는 제라르의 엽서 한 장이 나를 기다리고 있었다. 하지만 나는 그것을 읽지 못했다. 지젤과 함께 밖으로 나가 티프로에 갔다. 거기에 가는 도중에야 엽서를 읽을 수 있었다. 지젤은 무척 슬퍼했다. 하지만 나는 깊이 생각할 여유가 없었다.

마테 씨가 떠났을 때(원문대로), 나는 깊이 생각하기 시작했다. 어젯밤 저울이 다시 수평을 이루었다. 잠들기 전, 왜 내가 나에게 제공된 것들을 모두 받아들이지 않았는지, 왜 내가 자제했는지 갑자기 궁금해졌다. 반半의식 속에서 나는 거의 굴복했다. 낮 동안엔 이성을 발휘하지 못했다. 그런데 오늘 아침 이성의 작용이 다시 활발해졌다. 문제가 점점 첨예해지고, 나는 반대의 것에 설득되고 싶다. 제라르는 자신의 계획은 나에게 달려 있다고 썼다. 그런데 나는 그것을 원하지 않는다. 나는 자유롭고 싶다. 다른 사람이 나에게 의지하는 것을 원치 않는다.

***

사진을 찾으러 간 뒤 그것을 카츠 씨에게 갖다주었다.

오후에는 자크를 위해 뷔데 서점에 갔다. 수에토니우스와 워즈워스의 책도 샀다(나를 위해). 연구실에 들렀다. 연구실에는 아무도 없었다. 생기가 없었다. 이제는 추억들로 가득한 뤽상부르 공원을 가로질렀다.

외할머니 댁에서 다시 포크 양 집으로 갔다. 거기서 드니즈 언니를 다시 만났다.

22일 날짜로 된 제라르의 엽서를 발견했다. 그 엽서는 나를 그와 많이 가깝게 해주었다. 이것은 진짜일까, 아닐까?

7월 10일 금요일

도서관에서 할 일이 아무것도 없었다. 『가자에서 눈이 멀어』(영국 소설가 올더스 헉슬리가 1936년에 발표한 반半자서전적 소설 – 옮긴이)를 거의 다 읽었다. 훌륭한 책이다.

니콜이 나를 데리러 왔다.

드트로 양이 점심을 먹으러 왔다.

오늘 지하철에 관한 새로운 행정명령이 떨어졌다. 아침에 에콜 밀리테르 역에서 첫 번째 객차에 올라타려고 하는데 검표원이 나를 향해 거칠게 말했다. "거기 당신, 다른 객차에 타요." 나는 지하철을 놓치지 않기 위해 미친 여자처럼 달렸다. 끝에서 두 번째 객차에 겨우 올라탔을 때, 내 눈에서는 눈물이 솟구쳤다. 분노의 눈물이었다. 난폭함에 반응하는 눈물이었다.

이제 유대인은 샹젤리제를 걸을 권리마저 빼앗길 것이다. 극장과 식당에서도 따로 앉아야 할 것이다.[29] 새로운 행정명령은 중립적이고 위선적인 어조로 발표되었다. 마치 프랑스에서 유대인을 박해하는 것이 기정사실인 것처럼. 인간이 가진 최소한의 필요나 권리와 같이 이미 인정된 사실인 것처럼.

이런 생각을 하니 속이 부글부글 끓어올라서 마음을 진정시키기 위해 내 방으로 돌아왔다.

베르나르, 니콜과 함께 샤르팡티에 화랑에 갔다. 베르나르가 간식을 먹자며 우리를 자기 집으로 데려갔다.

7월 11일 토요일

음악 연주. 나중에 피노 집안사람들과 프랑수아즈 마스, 르그랑이 왔다. 〈송어 5중주〉를 함께 연주했다. 내가 원했던 대로 손님 접대를 할 수가 없었다. 6시 반쯤 코르셋 판매인과 몽생종 양이 도착했다. 응접실에 다시 돌아갔을 때는 너무 늦은 시각이었

---

29 1942년 7월 9일, 독일의 제9차 행정명령에 따라 극장, 영화관, 미술관 등에 유대인의 출입이 금지되었다. 도서관, 스포츠 경기장, 수영장, 공원, 식당, 찻집도 마찬가지였다. 15시에서 16시 사이에만 상점이나 상업 시설에 들어갈 수 있었다.

다. 모두들 가고 없었다. 저녁 식사 후엔 시몽 집안사람들이 왔다.

7월 12일 일요일
레비 부인과 함께 오베르에 갔다.

7월 13일 월요일
도서관에서 J. M.을 만났다. 그는 자신의 교수 자격시험 결과를 기다리지 않고 나와 함께 걸어서 우리 집까지 왔다.

7월 14일 화요일
하늘이 잿빛이고 무겁다. 뭐에 홀린 기분이다. 방금 심술궂은 내용의 엽서 세 장을 썼다. 내가 느끼는 '불안감'이 모두 진짜인지, 그것이 내 행복을 망치고 있는 것은 아닌지 궁금하다.

다른 것이 나를 심술궂게 만드는 것은 아닌지도 궁금하다. 나는 그 어느 때보다 분열되어 있다. 오늘 아침 엽서 세 장을 또 받았다. 지금 나에게는 그 엽서들이 모두 고민거리이다. 각각의 엽서들이 모두 날카롭게 질문을 제기하기 때문이다. 나는 그가 난폭하게 굴 권리와 나를 원망할 권리를 인정한다. 그가 더 자주 그러지 않는 것이 오히려 놀랍다.

어느 날 아침 이 모든 것이 한낱 공상이었음을, 그리고 내가 행복의 기회를 잃어버렸음을 깨달으며 잠에서 깨어날 수도 있지 않을까?

7월 15일 수요일
23시

뭔가가 준비되었다. 비극이 될 뭔가. 아마도 그 비극이.

밤 10시에 시몽 씨가 와서 모레 유대인 2만 명이 대량 검거될 거라는 이야기를 들었다고 알려주었다. 나는 사람의 인격과 재앙을 연결 짓는 법을 배웠다.

구두 수선 가게에서 새로운 행정명령을 읽는 것과 함께 하루가 시작되었고, 이렇게 끝이 났다.

며칠 전부터 흐릿한 공포가 모든 사람들을 사로잡았다. 나치 친위대가 프랑스에서 지휘권을 행사한 듯하다. 그리고 그 결과 공포가 뒤따르는 것 같다.

모두들 우리가 여기에 남는 것을 말없이 반대한다. 하지만 우리가 먼저 질문하면 큰 목소리로 반대를 표명한다. 어제는 리옹캉 부인이, 오늘 마르고, 로베르, 시몽 씨가.

7월 18일 토요일

일기를 다시 집어 들었다. 목요일에 나는 삶이 멈출 거라고 믿었다. 하지만 삶은 계속되었다. 재개되었다. 어제 저녁 도서관에서 일과를 마친 후엔 삶이 너무나 정상적인 상태가 되어서 그저께 일어난 일을 믿을 수 없을 지경이었다. 어제부터 삶이 다시 바뀌었다. 방금 전 집에 돌아왔을 때, 엄마가 우리에게 아빠 일은 희망이 많이 보인다고 말씀하셨다. 아빠가 돌아오실 수도 있고, 다른 한편으로는 자유 지역으로 떠나는 방법이 있다.[30] 모든 것이 시련을 내포하고 있다. 떠남, 그것은 나에게 거의 절망의 느낌을 주지만 나는 그 이유를 설명할 수 없다. 나는 투쟁 때문에 긴장한 채로, 악인들에 맞서는 선인들과 단결한 채로 돌아왔다. 비에데 부인 집에 갔다. 이 불행한 어머니는 아이 여덟을 두었고 남편이 강제수용소에 끌려갔다. 그녀는 생 드니 교외에 살고 있다. 드니즈 언니와 나는 15분 정도 그녀의 집에 머물렀다. 그 집을 나서면서 나는 진짜 고통에 몰두했던 것이 거의 기분 좋게 느껴졌다. 내가 유죄라는 것을, 내가 보지 못한 뭔가가 존재한다는 것을 느낄 수 있었다. 그것이 바로 현실이다. 아이 넷을 둔 그녀의 여동생이 끌려갔다. 대량 검거가 있던 날 밤이었다. 그녀는 몸을 숨겼지만, 불행은 경찰이 그녀를 데리러 온 순간 그녀가 관리인실로 내려가기를 원했다. 비에데 부인은 마치 쫓기는 짐승 같다. 그녀는 자신 때문에 두려워하는 게 아니다.

---

30 엘렌의 남동생 자크와, 남편이 자유 지역에 임용된 언니 이본 슈바르츠가 이미 경계선 남쪽 자유 지역에 있었다.

아이들을 빼앗길까 봐 두려워하는 것이다. 경찰은 겨우 바닥을 기어 다니는 아이들까지 데려갔다. 몽마르트르에서는 너무나 많은 사람이 체포되어서 길이 봉쇄되기까지 했다. 생 드니 교외는 거의 비었다. 엄마와 아이들이 생이별했다.[31]

나는 이 사실들을 잊지 않기 위해 서둘러 적어두었다. 잊어서는 안 되니까.

몽생종 양이 사는 구역에서는 한 가족 전체가, 아버지, 어머니, 그리고 아이들 다섯이 대량 검거를 피하기 위해 가스를 틀어놓고 자살했다.

여자 하나는 창밖으로 몸을 던졌다.

또 도망치라고 알려줬다는 이유로 경찰 여럿이 총살된 것 같다. 그들은 복종하지 않으면 강제수용소에 보내겠다고 경찰들을 위협했다. 아내들이 체포된 지금, 드랑시에 수용된 사람들은 누가 먹여 살릴까? 어린아이들은 부모를 다시 만나지 못할 것이다. 그저께 밤 그리고 다음 날 새벽에 일어난 이 일의 결과는 훗날 어떠할까?

지난주에 떠난 마르고의 여자 사촌이 경계선에서 붙잡혀 감옥에 수감되었다. 도주에 실패한 것이다. 그들은 그녀가 유대인

---

31 1942년 7월 16일과 17일 이틀 동안 유대인 12884명이 프랑스 경찰에 체포되었다. 남자 3031명, 여자 5802명, 아이 4051명이었다. 독신자나 아이가 없는 부부들은 드랑시로 이송되었고, 가족들은 15구의 벨로드롬 디베르로 이송되었다.

이라는 자백을 받아내기 위해 열한 살 난 그녀의 아들을 오랫동안 신문했다. 그녀는 당뇨병을 앓고 있었고, 나흘 뒤에 죽었다. 그게 끝이었다. 그녀가 혼수상태에 빠졌을 때, 그녀의 언니가 그녀를 감옥에서 병원으로 옮겼다. 그러나 너무 늦었다.

지하철 안에서 언제나 멋진 보르 부인을 만났다. 하지만 그녀는 몹시 낙심해 있었다. 그녀는 나를 한눈에 알아보지 못했고, 우리가 아직 여기에 있다는 사실에 놀라는 눈치였다. 나는 언제나 자부심을 갖고 그 이유를 말하고 싶다. 그녀는 테에랑 거리에서 우리가 할 일이 많을 거라고 말했다. 프랑스 유대인의 차례가 올 거라는 예측도 감추지 않았다. 그녀가 오딜에 대해 이야기할 때, 그 이야기가 한없이 멀게 느껴졌다.

하지만 정말 떠나야 한다면, 투쟁과 이별하고 떠나야 한다면, 영웅적 행위는 진부함을, 의기소침을 발견하기 위한 것으로 전락할 것이다. 안 된다. 나는 뭔가를 할 것이다.

민중은 감탄스럽다. 유대인 남편과 살고 있는 보잘것없는 여성 노동자들이 많이 있다. 그녀들은 모두 결혼 생활이 계속되기를 원한다. 남편이 강제 이주를 피할 수 있도록.

***

거리에서, 지하철에서 사람들의 공감이 느껴졌다. 남자들과 여자들의 선한 눈길이 있었다. 그들은 우리의 마음을 말로 표현할 수 없는 기분으로 채워주었다. 우리에게는 남에게 고통을 주는 야만적인 사람들보다 우리가 더 낫다는, 우리가 진정한 남자들, 진정한 여자들과 단결했다는 의식이 있다. 불행이 쌓여갈수록 이 유대는 더욱 견고해진다. 인종, 종교, 사회적 지위에 따른 차별(나는 이것을 결코 믿지 않는다)은 더 이상 문제가 될 수 없다. 악에 맞서는 단결이 있고, 고통 속의 교제가 있다.

***

나는 여전히 이곳에 머물고 싶다. 이번 주에 일어난 일들을 속속들이 알기 위해서. 나는 그것을 원한다. 무관심한 사람들을 독려하고 흔들 수 있도록.

이 글을 쓰면서 입센의 「브랑」(노르웨이의 극작가 헨리크 입센이 1866년 발표한 희곡. 이상을 찾아 헌신하다 쓰러지는 목사 브랑이 주인공이다 - 옮긴이)을 생각한다. 나는 이 책을 어젯밤에 읽기 시작했다. 이 생각을 하면서 나는 나에게 이 책을 빌려준 J. M.을 떠올렸다.

나는 J. M. 때문에 내가 떠나기 싫어한다는 것도 알고 있고, 그것을 나 자신에게 감추지 않는다. 제라르를 다시 만나고 싶은 마음이 나에게 없다는 것도 안다. 지난 월요일에 J. M.을 보았다. 목요일 아침에는 그가 아빠를 위한 자신의 심부름 결과를 알려주기 위해 나에게 편지 한 통을 써 보냈다.[32] 나는 즉시 그에게 답장을 썼다. 내가 편지를 봉했을 때, 드니즈 언니가 유제품 상점에서 돌아와 숨을 헐떡이며 나에게 말했다. "엘렌! 그들이 여자들과 아이들을 일제 검거했어. 엄마한테는 말하지 마." 하지만 나는 그것을 모두 상세히 이야기할 것이다. 그것을 말하기 위해 편지에 추신을 덧붙였다. 그것이 위고의 『사형수 최후의 날』과 같을지 궁금했다. 그 상상에는 흥분되는 뭔가가 있었다. 재앙의 가설이 뜻하는 것을 내가 완전히 깨닫지 못했기 때문이다.

게다가 어제, 끝이 없던 목요일 하루와 엉망진창이었던 어제 아침나절을 보낸 뒤 나는 연구실에 갔다. 그가 올지 어떨지 알지 못했다. 이따금 나는 그가 오지 않을 거라는 생각에 시무룩해졌다. 그러나 이 도서관이 바로 그라는 사실을 깨달았다. 다행히 나에게 위안이 되는 모니크 뒤크레가 있었다. 처음에 나는 기묘했던 지난밤 때문에 멍해져서 여전히 in a braze에(안개 속에) 있었다. 뭐가 뭔지 몰랐고 정상적인 생활에 잘 적응하지 못했다. 하지만 조용하고 친숙한 분위기가 조금씩 나를 사로잡았다. 4시쯤, J. M.은 거기에 없었다. 그런데 몽돌로니가 들어왔고, 이유는 알 수 없지만 나는 희망을 느꼈다. 누군가가 내 앞의 통

---

32 장 모라비에키의 여자 친구들 중 하나인 타마라 이세를리스는 유대인임에도 불구하고 지하철 마지막 객차에 타기를 거부했다는 이유로 체포되었다. 장 모라비에키는 그녀가 드랑시에 수용되었는지 알아내려고 애썼다. 그녀는 1942년 6월 22일 아우슈비츠에 수용되었다.

로를 막았다. 나는 뒤를 돌아보면서 그의 비옷과 머리카락을 알아보았다. 갑자기 진정이 되었다. 우리는 이야기를 나누지 않고 오래 있었다. 나는 일에 매여 있었고, 그 역시 마찬가지였다. 그리고 나는 그를 기다렸기 때문에 줄곧 매우 위축되어 있었다. 어제의 악몽이 어느새 모두 흩어져버린 것 같았다. 그가 오지 않았다면 내가 어떻게 되었을지 나도 모른다.

나는 이런 것을 글로 쓰는 것이 전혀 부끄럽지 않다. 진실이기 때문에 쓰는 것이다. 나는 제멋대로 상상하고 흥분하지 않는다. 내가 그와의 만남에 매달리는 것은 아마도 습관일 것이다. 그리고 삶에서 유일하게 아름다운 것은 내가 그와 함께 보내는 시간 같은 것일 테다. 나는 그것 없이 지내기를 원치 않는다. 화요일에 나는 완전히 분열되고 괴로워했다. 월요일 이후, 그리고 롱샹 거리를 방문하던 동안과 그 이후에. 수요일 아침, 나는 J. M.을 다시 만나는 것만 생각했다. 견고한 이념을 맛보기 위해서 투쟁하지 않았다.

저녁 8시

새로운 행정명령. 제9차. 오후 3시에서 4시 사이(상점들이 모두 문을 닫는 시간)를 제외하고는 상점 출입 금지.

방금 엄마가 카츠 부인에게 전화를 하셨다. 내일 아침 드랑시로 대규모의 이송이 이루어진다고 했다. 우리를 안심시키기 위한 것이다. 옛 프랑스 병사도 예외는 아니었고[33], 외국인(병사들을 포함해)과 여자만 제외되었다. 벨포르, 몽소 레 민 등 도처에서 불쌍한 아이들을 그들에게 보냈다.

저녁에 프랑수아가 와서 수천 명의 여자들과 아이들이 갇혀 있는 벨디브에서 여자들이 아이를 낳았고, 아이들이 울부짖고 있다고, 아이들이 모두 땅바닥에서 잠을 자고 독일인에게 감시를 받는다고 우리에게 말해주었다.[34]

우리는 평소처럼 음악을 연주했다. 프랑수아가 아직 여기에 있는 것이 믿을 수 없는 일로 느껴졌다. 프랑수아는 계속 웃으며 모든 것을 농담에 부쳤다. 사실 그는 모든 것을 의식하고 있었다. 하지만 그의 용기에는 무분별하고 비극적인 데가 있었다. 우리는 시시각각 더 팽팽해지는 줄 위에 서 있다.

7시쯤 프랑수아즈 피노가 자크가 부탁한 노르말[35]의 텍스트들을 가지고 왔다. 프랑수아즈는 평소와 똑같아 보였다. 하지만 나는 그녀가 스스로 원하는 것을 말할 수 없었을 거라고 생각했다. 그녀는 그들이 우리를 위해 무슨 일이든 할 거라고, 그녀의

---

33 비시 정부는 원칙적으로는 전쟁 포로의 아내들과 옛 프랑스 병사들의 강제 이주에 반대했다.
34 벨디브의 강제수용자들은 감시를 받았다. 그러나 엘렌 베르가 생각한 것처럼 독일인에게 감시받은 것이 아니라, 프랑스 경찰에게 감시받았다.
35 L'École Normale Supérieure(고등사범학교).

어머니가 보급을 담당할 거라고 아주 빠르게 말했다.

7월 19일 일요일 밤
또 다른 세부들.

어떤 미친 여자가 아이 넷을 창밖으로 던졌다. 경찰들이 손전등을 들고 여섯 명씩 수사를 했다.

부셰 씨가 벨디브 소식을 알려주었다. 1만 2000명이 거기에 갇혔다. 그곳은 지옥이다. 이미 많은 사람이 죽었고, 위생 시설 등도 막혔다.

어젯밤 아빠에게서 소식이 왔다.

이틀 전부터 1.5제곱미터의 공간 안에 갇혀 있다고 하신다. 끔찍한 장면들이 눈앞에 그려졌다. 외젠 B.는 류머티즘 때문에 비참하게 지낸다.

***

피노 집안사람들과 아침나절을 보냈다. 9시 15분에 프랑수아즈를 데리러 갔고, 우리는 함께 지하철을 탔다. 비가 억수같이 퍼부었다. 프랑수아즈가 너무 조용하고 가라앉아 있어서 나까지 서늘해질 정도였다.

장이 노르말에서 우리를 기다리고 있었다. 나는 역사, 프랑스어, 철학 시험을 쳤다. 처음에는 무척 위축되었다. 그러나 그것은 대학 입학 자격시험이나 마찬가지였다. 사실 장 피노는 그것의 어떤 부분이 나를 겁먹게 하는지 알아보라고 권유했다. 노르말 학생들 몇몇은 안경을 끼고 있었다. 하지만 교수 자격시험 지원자들과 상관없이 학교는 텅 비어 있었다. 그들이 하나둘 모습을 드러냈고, 우리는 걸어서 돌아왔다. 내가 좋아하는, 안개에 싸여 있고 축축하지만 여전히 무척 매력 있는 팡테옹 광장으로 통하는 길들을 모두 지나쳤다.

자전거를 탄 크뤼사르와 마주쳤다. 나중에야 그라는 것을 알아차렸다. 그는 자전거에서 내릴 수도 있었을 것이다.

이곳에서 느끼는 공포에 대해, 그리고 자유 지역에 대한 내 공포에 대해 이야기하면서 흥분하다니, 실수였다. 장이 아주 작은 소리로 '바로 그것 때문에 나 같은 스물한 살짜리 청년들은 아무것도 하지 않는 것을 견디기 힘들어하는 거야. 그게 나를 격분하게 해'라고 말했다. 나는 그의 견해를 잘 안다. 그가 젊은 나이에 명예로운 죽음을 맞이할까 봐 두렵다. 그의 견해는 본질적으로 기사도적이다. 그것은 훌륭하지만, 동시에 나를 슬픔으로 가득 채운다. 이런 내 느낌을 정확히 정의할 수가 없다.

***

올해 이곳에서 맺은 우정은 진실함과 깊이를 갖추고 있으며, 그 누구도 알지 못할 진지한 애정의 흔적을 지니고 있다. 그것은 투쟁과 시련 속에서 조인된 비밀 협정이다.

***

12시 반에 집으로 돌아왔다. 엄마와 드니즈 언니의 눈이 빨갰다. 나는 무슨 일이냐고 묻지 않았다. 그저 그 일이 닥쳐온 거라고 짐작했다. 언니는 하염없이 눈물을 흘렸다. 그럴 만도 했다. 그러나 간접적인 이유는 우리가 정말로 이곳을 떠나야 할 거라는 사실이었다. 엄마가 오늘 아침 뒤슈맹 씨를 만나러 갔다. 그는 여전히 매우 침착하고 낙관적이었다고 한다. 다만 이곳을 떠나는 것에 대해 깊이 생각해보는 게 좋을 것 같다고 말했다고 한다.

그것은 목요일에 일어난 일과 일맥상통하는 면이 있다.

프랑스 노동자들은 독일에 가기를 거부하고, 그래서 라발(Pierre Laval, 1883~1945. 프랑스의 정치가. 제2차세계대전 중 비시 정부의 부총리와 법무장관을 지냈으며 전후 전범으로 처형되었다 - 옮긴이)은 아무도 항의하지 않을 거라 생각하고 폴란드와 러시아 유대인들을 팔았다. 노동자들은 저항했고, 여전히 독일에 가기를 원하지 않고 있다. 강제 이주될 외국 유대인(터키, 그리스, 미국)이 세 번째로 지목되었다. 다음은 프랑스 유대인 차례가 될 것이다.

6시

완전히 지쳐버렸다. 이런 날엔 아무것도 이해가 되지 않는다.

우리는 점심을 먹은 뒤 클로드 베르나르 거리[36]에 갔고, 실망했다. 그곳을 나서면서 나는 이 일에 이점이 있는 만큼 내가 뭔가에 맞서 몸부림칠 권리도 없어지는 거라고 느꼈다. 길을 가면서 나는 이것에 대해 숙고해보았다. 우리는 나란히 걸었다. 그런 내 모습이 아마도 내성적으로 보였을 것이다. 내 숙고는 센터 소장인 레셰츠 씨에게 편지를 써야겠다는 결정에까지 이르렀다. 그 전에 우선 연구실에 들렀다. 연구실에서 무아티 양이 카자미앙 교수님이 떠나시는 것에 대해 내게 말하고 도서관에 내 웃옷을 가져오지 말라고 했다. 또한 드니즈 쾨헬리에비츠도 떠난다고[37] 말했다. 다른 상황이었다면 이 말을 듣고 조금 당황했을지도 모른다. 하지만 그저 악몽을 꾸는 기분이었고, 모든 것이, 친숙했던 카르티에 라탱과 연구실의 환경이 모조리 변한 느낌이 들었다. 하지만 나와는 상관없는 일이었다.

7월 21일 화요일 밤

이자벨을 통해 들은 자세한 이야기는 이렇다. 1만 5000명의 남자들, 여자들과 아이들이 벨디브에서 몹시 웅크린 채 빽빽이

---

36 파리 5구에 있는 거리. 청소년 및 수습 훈련 센터인 UGIF 19센터의 소재지.
37 자유 지역으로 떠나는 것.

붙어 지내고 있다. 사람들은 그들을 발로 밟고 다니며, 그곳엔 물 한 방울 없다고 한다. 독일인들이 물과 가스까지 끊어버렸다. 그들은 역겹고 끈적끈적한 늪 속을 걷고 있다. 거기에는 병원에서 끌어낸 환자들, '전염병'이라고 적힌 표시판을 목에 건 결핵 환자들이 있다. 여자들은 출산도 한다. 아무런 보살핌도, 약이나 치료 도구도 없이. 그러나 수많은 단계를 어렵게 거쳐야만 그곳에 접근할 수 있다. 게다가 내일 외부의 원조가 끊긴다. 아마도 그들 모두 강제 이주될 것이다.

카르팡티에 부인이 목요일에 드랑시에서 화물 기차[38] 두 대를 보았는데, 여자들과 남자들이 짚도 깔지 않은 객차에 짐승처럼 실려 강제 이주되고 있었다고 한다.

***

포크 양이 방금 다녀갔다. 그녀는 영어 수업을 받을 시간이 없다고 한다. 나도 그 편이 더 좋다. 사실 영어 수업은 보름 전부터 정상을 되찾아야 했다.

그녀도 모든 것을 알고 있었다. 나는 그녀에게서 어떤 여자가 생 미셸 거리 보도 가장자리에서 아기를 낳았다는 이야기를 들었다. 아내가 끌려가게 된 어떤 남자가 함께 가고 싶어 하자 독

---

38 기차는 곧장 드랑시에서 출발하지 않고 부르제 역에서 출발했다. 그 뒤 1943년 7월부터는 보비니 역에서 출발했다. 강제 이주자들은 버스에 실려 그곳으로 옮겨졌다.

일인들이 권총을 꺼내 들었고, 다른 사람들이 그를 네 발로 엎드리게 해 질질 끌고 갔다는 이야기를 또 한 번 들었다.

***

7월 22일 수요일 아침

아빠의 엽서를 받았다. 12, 13, 14일의 엽서다. 뒤슈맹 씨에게 전달하려고 방금 그것들을 베껴 적었다. 엄마는 눈물 없이는 그 엽서를 읽지 못할 것이다. 떠나는 것이 문제다. 엽서를 읽으면서 나는 아빠와 함께 하루를 지내는 기분을 맛보았다. 12일 저녁에 조금 떨리는 글씨로 쓴 마지막 반 페이지를 여기에 베껴 적는다. 그 전까지 아빠는 자신의 생활에 대해 말씀하셨었다.

"7월 12일 21시. 장기간 강제 이주 상태로 지낼 수도 있다는, 아마도 그럴 거라는 사실을 알았단다. 사랑하는 내 아내, 귀여운 두 딸 드니즈와 엘렌, 사랑하는 맏딸 이본과 이본의 아들 사랑스러운 막심, 믿음직한 다니엘과 귀여운 막내 자크, 너희들의 모습과 너희들 모두에 대한 생각이 언제나 내게서 떠나지 않을 거라는 사실을 알아주려무나. 무슨 일이 일어나든, 나는 그것을 견디기 위해 필요한 일을 할 거란다. 또한 선하신 하느님께서 너희들을 다시 만나도록 허락하시기를 기도한단다. 사랑하는 나의 앙투아네트, 당신이 이 시련을 견뎌낼 힘과 믿음을 갖고 있다는 것을, 우리 아이들을 잘 이끌고 격려할 거라는 것을 나는 잘 알고 있소. 그리고 너희들, 내 사랑하는 자녀들아, 무슨 일이 일어나도 너희들이 서로 의지하고 끝없이 단결하리라는 것을 나는 알고 있단다. 앙투아네트, 또한 당신이 당신 자신을 위해, 그리고 우리의 덴덴과 렌렌(드니즈와 엘렌)을 위해 상황이 요구하는 결정들을 내릴 거라 확신하오. 내가 몸 바쳐 일한 쿨만 주식회사가 우리들을 위해 필요한 일을 해줄 거라고, 내가 그렇게 궁지에 몰린 것은 아니라고 생각하고 있소. 모든 것이 도움이 될 거요. 나는 뒤슈맹 씨를, 경우에 따라서는 그의 동료들을 믿소.

7월 13일 19시. 가능하다면 그리고 시간이 아직 (??)다면, 다음번 소포 안에 안감을 댄 밤색 외투와 루미날(진정·수면제의 상표명 - 옮긴이) 두 통을 동봉하도록 해봐요.

7월 13일 20시. 11시 이후 상황이 달라졌소. 앙리가 새로운 명령이 떨어질 때까지 자신은 폴과 함께 남을 거라고 했소. 이것은 위프의 임무 성공이 얼마나 절박한 일인지 잘 보여주고 있소. 왜냐하면 앙리는 1이 빠진 숫자[39]로는 안심하지 못할 테니까.

7월 14일 11시. 새로운 소식은 아무것도 없소. 몹시 지독했던 그저께 밤 이후 어제는 경계 상황이긴 하지만 멋진 밤을 보냈다오. 아침에

---

39 드랑시를 떠나 아우슈비츠로 향하는 이주단에는 우선 외국 유대인 중에서 선별한 수용자 1000명이 포함되었다. 그 인원이 1000명에 조금 못 미칠 경우, 나치 친위대가 무작위로 고른, 특히 프랑스 유대인 이주자들 중에서 고른 몇 명을 덧붙였다. 레몽 베르는 이 두려운 상황을 '1이 빠진 숫자'라고 표현한 것이다.

는 가벼운 노역을 했소. 멀리 있는 가족들보다 특히 당신들 셋에게 내 마음과 영혼을 다해 입맞춤을 보내오. 아빠가."

아침에 엄마와 함께 불쌍한 사람들에게 줄 물건들을 가지고 비앙페장스 거리에 갔다. 알마 다리에서 장 피노를 만나고, 미로메닐 거리에서 에셍 씨를 만났다. 카츠 부인과 오르빌뢰르 부인이 오늘 오후에 그리고 매일 아침 그들을 도우러 와달라고 나에게 말했다.

결국 나는 지나치게 이기적이 되지 않도록 나를 막아줄 뭔가를 찾아냈다. 기분이 좋았다.

지난 수요일 이후 1년은 지나간 기분이다.

***

7월 23일 목요일

어제 5시 30분부터 두 시간을 일했다. 그리고 오늘 아침 9시부터 12시까지 비앙페장스 거리에 가서 일했다. 번거로운 서류 작업들이었다. 하지만 가혹한 현실에 몰입하는 것이 차라리 행복했다. 어제 저녁 니콜 집에 도착할 때, 그리고 내가 들은 것들을 이야기할 때 나는 flop해(녹초가 되어) 있었다. 사람들은 평범한 것을 이야기하듯 강제 이주에 대해 이야기한다. 내가 이해한 바에 따르면, 드랑시에는 여자들과 아이들이 있다. 그리고 매일 사람들이 강제수용소로 이송된다. 벨디브는 비었고, 그곳에 있던 사람들은 모두 본 라 롤랑드로 이주되었다.

센터에서 일하는 여자들은 경탄스럽다. 오르빌뢰르 부인, 카츠 부인 그리고 다른 여자들. 그녀들은 기진맥진해 있다. 하지만 잘 견디고 있다. 아이를 잃어버린 여자들, 아내를 잃어버린 남자들, 부모를 잃어버린 아이들, 아이들과 아내의 소식을 물으러 온 사람들, 그 사람들을 수용하겠다며 찾아온 사람들의 행렬이 하루 종일 끊이지 않는다. 여자들은 슬픔에 겨워 운다. 어제는 여자 한 명이 정신을 잃었다. 나는 옆방에 있었기 때문에 알지 못했지만 나중에 단편적인 정보들을 파악했다.

어제 저녁, 보르도와 벨포르의 아이들을 실은 기차가 도착했다. 기차는 여름방학 하기학교에 아이들을 실어다주는 기차와 비슷했지만 무척 끔찍했다.

드랑시에는 잠옷 차림의 여자들이 있다.

소녀 하나가 와서 사람들이 자기 아버지와 어머니를 데려갔다고 말했다. 그 소녀에게는 이제 아무도 없다.

내 옆에서는 프랑수아즈 베른하임이 계속 병원들에 전화를 걸어 부모와 형제자매가 체포된 아이들을 데려가달라고 부탁했다.

비앙페장스 거리를 나서 보르 부인을 만나러 갔다. 그녀는 매력적이고 젊음이 넘친다.

7월 24일 금요일

아침. 비앙페장스 거리. 프랑수아즈 베른하임과 함께 많이 일했다. 그 불행한 사람들이 돌려보낸 물건들[40], 반지, 열쇠, 가위들을 분류했다. 심지어 재단용 가위도 있었다. 아마도 수용소에서 전문 분야의 일을 하게 해줄 거라 믿었던 어느 재단사의 가위인 듯하다. 다소 어설프게 꾸린 짐 꾸러미들 중 무척 말끔한 흰색의 작은 상자가 하나 있었다. 이유는 모르겠지만 아빠의 짐 꾸러미라는 직감이 들었다. 정말로 그 안에는 아빠가 수리해달라고 보내신 코안경이 들어 있었다.

드트로 양.

오후에는 도서관. 덕분에 정상 상태를 되찾았다. J. M.이 왔다. 장 폴과 니콜도. J. M.이 나에게 『카라마조프의 형제들』을 선물했다. 아이러니다.

5시에 니콜 집에 가려고 도서관을 나섰다. 피노 집안사람들이 니콜 집에 왔다. 나는 일요일에 만나자고 J. M.에게 말했다. 세브르 바빌론까지 가면서 마지막 객차에 탈 것인지 고민했다. 그러지 않기로 결심했을 때 열차가 도착했고, 나는 과감하게 올라탔

---

40 드랑시에 도착하면 수용자들은 몸수색을 당하고 소지한 물건들을 빼앗겼다. 돈, 주식, 보석을 압수했고, 목록을 철저히 작성했으며, 압수한 물건들은 수용소의 금고에 옮겼다.

다. 돌이킬 수 없는 일이 일어난 것이 만족스러웠다. 그는 즉시 수긍했다.

7월 26일 일요일, 밤

삶이란 놀랍다. 이것은 단순한 경구가 아니다. 오늘 밤 나는 기묘한 흥분을 느낀다. 마치 소설 속에서 사는 기분인데, 설명은 못 하겠다. 몸에 날개가 돋아난 기분이랄까. 어제 드니즈 언니와 함께 생 클루 J. M.의 집에 갔다. 도서관에서 음반을 들으며 멋진 오후를 보낸 뒤였다. 집의 창문은 햇빛이 수런거리지만 한없이 고요한 정원을 향해 열려 있었다. 드니즈 언니가 연주를 했다. 그 자리에는 몰리니에가 있었고 매우 상냥한 다른 남학생도 있었다.

저녁 식사 후 9시에 J. M.이 오늘은 못 간다는 말을 하려고 자기 부모님에게 전화를 했다. 이유는 잘 모르지만 그의 부모님이 화를 내신 것 같았다.

나는 너무나 실망했다. 그런 화제에 속수무책인 것이 더욱 힘들었다. 지난밤 나는 잠을 이루지 못했다. 내 슬픔은 자발적이고 나는 그것에 저항할 수 없었다. 오늘 하루는 아무래도 망칠 것 같았고, 그래서 슬퍼하기로 작정했었다.

그러나 장 피노 덕분에 하루가 변한 것 없이 아름다웠다. 그

덕분에 스스로 밖에 나갈 수 있었다. 그는 무척 섬세하고 기사답다. 우리는 간식을 먹은 뒤 계단에서 오랫동안 대화를 나누었다. 나는 그게 좋은 일이 아니라는 것을 염려하지 않고 거침없이 행동했다. 그와 함께 있으면 모든 것이 정상적이고 수월하다. 머릿속이 혼미해지거나 분열되지도 않는다. 매우 기쁘다. 지금 내 삶 속에는 매우 기쁜 뭔가가 있다. 그것이 진심으로 감사하다.

7월 27일 월요일

아침에 비앙페장스 거리에서 일했다.

아빠의 소식이 왔다. 아빠는 비통하고 환각마저 일으키는 광경들에 대해 이야기하셨다. 16일부터는 외출이 금지되었고, 폴은 단테의 지옥에 대해 이야기한다고 하신다. 콩피에뉴는 거기 있는 사람들에게는 가까운 천국처럼 보인다고 한다! 센터에서 처음 수습 강의를 들은 직후부터 나는 어렴풋이 투쟁 중이었다. 레셰츠[41] 씨가 유대인 문제에 관해 강의했는데, 그 내용이 나를 점점 격분하게 한다. 그는 유대인 국가에 대해 이야기했고, 사실 우리는 왜 우리가 박해받는지도 알지 못한다고 말했다. 왜냐

---

41 엠마뉘엘 레셰츠. 클로드 베르나르 거리에 있는 UGIF 센터 소장이었다. 벨디브 대량 검거 후에는 청소년을 위한 조직을 만들어 파리 전역에서 부모가 강제 이주되었거나 그런 위협을 받고 있는 아이들을 데려오고 보호했다.

하면 게토(중세 이후 유럽 각 지역에서 유대인을 강제 격리하기 위해 만든 유대인 거주 지역-옮긴이)를 권장하면서 우리의 전통을 잃어버렸기 때문이란다. 아니다. 나는 유대인종에 속하지 않는다. 만약 우리가 그리스도의 시대에 살았다면……. 그 시대에는 유대인과 우상숭배자, 신자와 무지한 사람만 있었다. 여기서 모든 추론이 출발한다. 그들은 시야가 좁고 과격하다. 그리고 지금 이 순간 중요한 것은 그들이 나치즘을 합리화한다는 것이다. 게토에서 그들의 관계가 밀착될수록 사람들은 그들을 박해할 것이다. 왜 국가 속에 또 국가를 만들어야 하는가? 레셰츠 씨가 프랑스 혁명의 원칙을 상기시켰다. 그 원칙은 개인으로서의 유대인만 인정했고, 인종으로서의 유대인은 인정하지 않았다. 이것은 지켜지는 유일한 원칙이다. 유대주의는 종교이지 인종을 뜻하는 것이 아니다. 그러니 유대인을 구별하려면 종교 원칙에 대해 이야기해야 한다.

이런 것들에 대한 토론 때문에 머리가 돌 지경이었다. 토론을 따라갈 만큼 머릿속이 충분히 맑지 못했다. 다만 내가 그의 견해에 동의하지 않는다는 것을, 그의 추론이 기초적인 수준에서 낚시질하고 있다는 것을 느꼈을 뿐이다.

우리는 그곳을 나서 위르쉴린 거리의 레오테 집에 갔다. 무척 즐거웠다. 집 안이 너무 멋져서 불편했지만 '레오테 집의 분위기'에 적응하기로 했다. 옛날 같은 분위기였다.

오딜, 프랑수아즈 마스, 그리고 제라르의 엽서를 받았다. 답장을 보내고 싶은 유일한 엽서는 프랑수아즈의 엽서였다. 이해되는 유일한 엽서였다.

제라르는 빈정거리는 말들로 나를 당황하게 했다. 나는 그에게 그리고 나에게도 일종의 적의를 느꼈다. 이 일은 나쁘게 끝날 것이다.

7월 28일 화요일

오늘 아침 UGIF에서 일하는 여자들의 남편과 아버지들이 풀려날 거라는 소문이 돌았다. 내가 반색하지 않자 모두들 깜짝 놀라는 듯했다. 거기에는 카츠 부인도 포함되었다.

클로드 베르나르 거리의 호감 가는 아이들은 야외 놀이를 배웠다. 그곳을 떠나 주르당 부인 댁에 들렀다. 주르당 부인은 막 외출했다고 했다. 집으로 돌아왔다. 『카라마조프의 형제들』을 읽으려고 애썼다. 그러나 너무 피곤해서 잠이 들었고, 그 뒤엔 완전히 뻗어버렸다.

저녁 식사 후 드니즈 언니와 함께 슈만의 〈소나타 2번〉을 초견初見으로 연주했다.

7월 29일 수요일 14시

비앙페장스 거리에서 이렇다 하게 말할 수 있는 일은 아무것도 하지 못하고 아침나절을 보냈다. 12시에서 12시 15분까지 나는 미친 여자처럼 이리 뛰고 저리 뛰었다. UGIF 여자들의 남편들 중 네 명이 풀려났다. 그중에는 레 씨도 있었다. 그러나 나는 그 여자들이 느끼는 열광에 휩쓸릴 수가 없다. 그 일이 부당하다고 생각하기 때문이다. 그들만큼, 혹은 그들보다 더 큰 자유의 권리를 가진 다른 사람들이 마음에 걸리기 때문이다. 하지만 기쁜 표정을 할 수밖에 없었다. 그러지 않으면 그 여자들이 나를 배은망덕하게 여길 테니까. 나는 앙드레 보르[42] 이름의 증명서를 만들고 서명을 받기 위해 테에랑 거리, 리스본 거리를 뛰어다녔다. 날씨가 끔찍하게 더웠다. 나는 길들을 날아다녔다. 카츠 부인과 프랑크 부인이 모든 일을 도모한 것 같다.

집으로 돌아와 엄마를 만났다. 엄마는 지독한 아침나절을 보냈다. 아까는 아빠 밑에서 일하던, 그리고 르메르 씨가 개처럼 취급한 가여운 여자 한 명을 집에 맞아들였다. 엄마는 아빠를 풀려나게 하려고 시도했지만 수포로 돌아간 일들을 생각하며 오열을 터뜨렸다.

나는 의무적으로 레비 부인 집에 가서 레 부인에게서 들은 얼

---

42 UGIF의 부회장.

마 안 되는 소식들을 전했다. 레비 부인의 반응은 내가 예상한 대로였다. 예상한 것보다 더 쓰라렸다. 나는 그 반응을 합리화했고, 그것을 개인적 비난으로 간주했다.

7월 30일 목요일
아침에 클로드 베르나르 거리.
마테, 외할머니.
오후에 조브와 함께 음악 연주.

7월 31일 금요일
아침에 비앙페장스 거리.
오후에 도서관.
J. M.이 왔다. 그가 일요일의 초대를 수락했다. 즉시. 처음에 나는 감히 그를 초대하지 못했다. 그러나 시간이 흐르자 갑자기 그래야만 하게 되었다. 그 말은 내 의사와 상관없이 튀어나왔다. 나는 말했다. "말해봐. 일요일에 오고 싶어?" 그는 즉시 대답했다. "그야 물론이지." 그가 나를 세브르 바빌론까지 바래다주었다.

8월 1일 토요일
오후에 조브 집에 감. 극심한 열기. 내일만을 기다림.

집에 돌아와 장 폴의 속달우편을 받았다. 장 폴은 오지 않는 다. 유감스럽다. 상황이 잘 돌아가지 않고 있다. 기압이 내려가 고, 타자기는 잘 작동하지 않고, 내 치마도 완성되지 않았다. 나 는 치마를 망칠 거라고 확신한다.

8월 3일 월요일 밤

어떻게 된 건지 정말로 모르지만, 나는 머리부터 발끝까지 변 했다. 나는 어제의 기억과 오늘의 기억이 기묘하게 뒤섞인 가운 데 살고 있다. 금요일 이후 낮도 없고 밤도 없다. 밤에는 잠을 자 지 못한다. 아니, 사흘 밤 동안 처음에 조금 잠을 자고 내내 깨어 있다. 나는 그를 생각한다. 그러면 더 이상 잠들 수가 없다. 피곤 하지는 않다. 심지어 그 기묘한 밤들 동안 매우 행복했다.

오늘 오후 다시 만났을 때, 그가 나에게 잘 잤느냐고 물었다. 나는 대답했다. "아니, 잠을 거의 이루지 못했어. 너는?" 그 역시 마찬가지라는 걸 나는 이미 알고 있었다. 우리는 헤어지지 않았 던 것 같고, 그도 그것을 아는 것 같다. 모든 것이 자연스러워 보 였다. 그가 나에게 내가 유스타시아의 모습을 한 꿈을 꾸었다고 말했다. 유스타시아, 에이든 히스, 어세 오베르장빌에서 쟁반에 담겨 있던 변질된 음식, 오늘 연구실 건물 둥근 지붕 위에 떠 있 던 검은 하늘, 젖어서 반질반질한 도로들, 그리고 안심되고 한결

같고 멋진 내 매일의 행복. 마치 몸에 날개가 돋아난 기분이다. 심지어 나는 그를 별개의 사람으로 생각하지 않는다. 그는 하나의 흐릿한 관념이, 내 행복의 이유가 되었다.

어제는 오베르장빌에서 내 평생 가장 아름다운 하루를 보냈다. 하루가 꿈같이 지나갔다. 하지만 너무 행복하고, 너무 투명하고, 너무 순수하고, 너무 unmixed한(불순물 없는) 꿈이라서 후회도, 그가 사라지는 모습을 보는 두려움도 느끼지 못했다.

***

8월 5일 수요일 밤

방금 제라르에게 엽서를 썼다. 월요일에 받은 그의 엽서 두 장에 대한 답장으로. 지독히도 힘들었다. 나는 매일, 매시간 답장 쓰기를 미루었다. 이유 중 하나는 정신이 충분히 맑지 못했기 때문이다. 어젯밤 나는 수면병에 걸렸다. 8시 30분에 침대에 누웠고, 깨지도 않고 내처 잤다. 다른 이유는 훨씬 더 진지하다. 뭐라고 답장해야 할지 알지 못했기 때문에 답장 쓰기를 회피했다. 깊이 생각해보지 않았기 때문에, 그리고 내가 아주아주 진지한 어떤 것과 대면하고 있다는 것을 알았기 때문에 뭐라고 답장해야 할지 알지 못했다. 첫째, 상황이 이 정도까지 진행되었다는 것을 내가 실감하지 못하기 때문에. 둘째, 다른 일 때문에 위선자가 되는 것이 두려워서. 하지만 오늘 밤 둘째 이유를 완전히 제쳐놓는 데 성공했다. 나는 자신을 거짓되고 위선적인 사람으로 보지 않는다. 다른 일을 잊는 데 일시적으로 성공했기 때문이다.

어떤 때, 이제 결별이라고 생각할 때, 내 의사와 상관없이 내가 그에게 무척 집착한다는 것을 깨닫는다. 이런 관계는 지난겨울 내내 그와 주고받은 서신 교환에 기초를 두고 있다.

또 어떤 때는 정반대로 그가 낯선 사람으로 보인다. 모든 것이 나에게 전혀 영향을 끼치지 않는 것처럼 보인다. 그리고 지난번의 결정은 내 밖에서 행해졌음을 거의 공포스러운 심정으로 깨닫는다.

그리고 평소의 내 무의식 속에 다시 빠져든다.

목요일 아침

아침에 편지 두 통이 왔다. 은행에서 보낸 편지 한 통, 그리고 봉투가 조금 부푼, 내 앞으로 온 편지 한 통. 그럴 거라고 짐작했었다.

절반은 영어로 절반은 프랑스어이로 된, 매력적이고 웃긴, 메러디스(Gerage Meredith, 1828~1909. 영국의 소설가·시인. 진지한 심리묘사와 진보적인 사회성, 아름답고 목가적인 서정성이 특징이다 – 옮긴이)

의 시 한 편으로 끝나는 편지. 하지만 그것을 읽은 뒤 나는 팔다리를 벌벌 떨었다. 점심을 먹은 뒤 클로드 베르나르 거리로 떠나기 전에 엄마와 이야기를 했다. 엄마는 내가 난처해질 거라고, 엄마는 그것을 예감한다고, 나는 지금 내 생각에 겨워 제멋대로 날뛰고 있다고 끊임없이 되풀이해 말했다. 집에 돌아가는 것이 두려웠다. 하지만 밤에 엄마와 내 침대 속에서 다시 침착하게 이야기를 했다. 결국 giggle(낄낄거리는 웃음소리)로 이야기가 끝났다. 나는 그의 편지와 내 답장을 엄마에게 보여드렸고, 갑자기 경쾌하고 다정한 분위기, 엄마가 나를 격려해주는 분위기가 되었다. 이후 나는 나 자신하고만 이야기했다. 일요일의 완벽한 행복을 발견하지 못했다. 나에게는 그날에 대한 추억이 없다. 그것을 다시 생각하지 않았기 때문이다. 하지만 일요일에 상황이 다시 어려워질까 봐 두렵다.

8월 7일 금요일

클로드 베르나르 거리에서 마지막 수습 강의.

조브 집안사람들과 함께 니콜 집에 간식을 먹으러 감.

아침에 아빠의 편지가 옴. 편지는 지독히도 슬펐다. 그 편지의 구절들을 옮겨 적고 싶었다. 하지만 엄마가 편지를 도로 가져갔다. 아빠는 변함없이 오베르장빌을 생각하신다. 아빠는 그곳을 사랑하시고, 그곳에서 보내온 여러 가지 과일들이 어느 나무에서 났는지까지 속속들이 아시기 때문이다. 편지 끝부분에서 아빠는 이곳에 머무르기로 한 것이 잘한 일인가 하는 문제로 괴로워하고 계셨다. 아빠는 해결책 없는 문제로 괴로워하고 계신다. 그럴 때 사람들은 도덕 원칙의 타당성에, 이를테면 이곳에 머무르는 것의 타당성에 이의를 제기한다. 왜 우리가 떠나지 않고 머무르는지 사람들은 이해하지 못할 것이다. 우리는 도망갈 권리가 없다. 하지만 그것이 정말 도망가는 것일까? 피할 수 없는 운명에서 달아나는 것이? 나는 그렇다고 믿어 의심치 않는다. 사람들은 스스로를 칭찬하는 양심만을 갖고 있을 뿐이다.

8월 8일 토요일

예외적으로 텅 빈 오후. 『영원한 남편』(러시아 작가 도스토예프스키의 장편소설 – 옮긴이)을 읽었다. 그런 다음 질베르트의 집에 갔다.

넷이서 외출했다. 아빠 없이. 예상했듯이 나는 별로 즐겁지 않았다. 하지만 아빠가 아시면 지독히 실망하실 것이다.

8월 11일 화요일

어제 아침에 편지 한 통을 더 받을 거라고는 정말로 기대하지 않았다. 이번에는 전부 영어로 된 편지였다. 에델바이스 한 송이

도 들어 있었다.

  아침 내내 내가 말해야 할 것도, 앞으로 일어날 일도 전혀 예상하지 않고 오후를 생각했다.

  그리고 그 일이 일어났다. 거의 즉각적으로, 침묵에도 불구하고. 우리는 에콜 드 메드신 거리에서 에콜 드 파르마시 쪽으로 올라갔다. 그런 다음에 다시 내려갔다. 어떤 길들을 통해서 갔는지 나는 알지 못한다. 그리고 걸어서 집으로 돌아왔다. 나는 침착했다. 생각이 거의 없이 텅 비어 있었다. 뭔가를 이야기한다는 것이 지독히도 힘들었다. 뭐라고 답장을 해야 할지 알지 못했다. 신기한 것은 생각을 표현하는 일의 어려움을 제외하고는 아무런 불편함도 없다는 것이다. 우리는 집에서 〈크로이처 소나타〉를 들으며 작은 탁자에 앉아 간식을 먹었다. 기묘한 분위기였다. 하지만 할 말이 아무것도 없었다. 나는 우리 사이에 일어난 일을 내 것으로 만들지 못했다. 그런 생각이 들자 기쁨과 자부심의 물결이 느껴졌다. 그가 자발적으로 피아노를 연주하기 시작했다. 쇼팽의 곡이었다. 그리고 나중에는 내가 바이올린을 연주했다. 모든 것이 무척 단순하고 무척 수월했다. 나는 금빛 저녁 햇살 속에서 그를 알마 다리까지 배웅했다. 돌아와서는 그렇게 한 것에 대해 엄마에게 심한 꾸지람을 들었다. 하지만 밤에, 몽생종 양, 그리고 11시까지 머물렀던 페레즈가 떠난 뒤 엄마가 매우 부드럽고 상냥하게 말을 걸어주어 크게 위안을 받았다.

잠을 거의 자지 못했다. 하지만 그런 건 아무래도 좋았다.

***

외할머니 댁에 갔다. 테레즈를 보았다.
집에 돌아와 편지 쓰기를 끝냈다.

***

8월 12일 수요일
레오테 집안사람들이 간식 먹으러 옴(질베르트, 아니).
페릴루 씨.
시몽 씨.

8월 13일 목요일
비앙페장스 거리에 가지 않고 집에 머무르며 편지를 몇 통 쓰고 독서를 함.

조브와 브레나에. 베토벤의 〈현악 3중주 1번〉으로 연주를 끝마침. 무척 아름다웠음.

8월 14일 금요일
그가 내일 일을 수락했다.
외할머니 댁에 갔다. 니콜의 친구 마리 루이즈 틸을 보았다.

8월 14일 금요일
나에게 온 편지를 받았다.

***

아빠가 보내신 가슴 아픈 편지 한 통. 아빠는 이렇게 말하며 편지를 끝마치셨다. "나는 영리한 렌렌이 이 구덩이에서 나를 꺼내줄 거라 믿는단다." 아빠는 확신하고 계셨다. 하지만 나는, 나는 그러지 못한다. 아빠는 나에게 의지하신다.

아빠는 그곳에서 본 광경들에 대해, 이별, 떠남, 짐을 버리는 일에 대해 말씀하셨다. 그리고 악취에 대해서도.

아빠를 거기서 끌어내야 한다. 아빠는 그런 것에 저항하실 분이 못 된다.

8월 15일 토요일
오베르장빌에서의 둘째 날.
모든 것이 망가졌을까 봐 두려웠다. 또한 지난 월요일 그 일이 일어난 뒤, 예전의 기적이 다시 일어나지 않을까 봐 두려웠다.

쾌청한 날씨에 레비 부인과 함께 길을 나섰다. 역까지 가는 동안 나는 무서웠다. 갑자기 두려움이 목구멍을 조여왔고 심장이 두근거렸다.

우리는 여행하는 내내 서 있었다. 지독한 수줍음은 차츰 사라졌다.

우리는 오베르장빌에 도착해 감자 껍질을 벗기기 시작했다. 그런 다음 나는 J. M.과 함께 과수원에 과일을 따러 갔다. 그 일을 다시 생각하면 희열이 느껴진다. 이슬에 젖은 풀, 파란 하늘, 이슬방울을 반짝이게 하던 햇빛, 그리고 나를 가득 채웠던 기쁨. 과수원은 나에게 늘 그런 기분을 안겨준다. 오늘 아침 나는 완벽하게 행복했다.

점심을 먹은 뒤 바즈몽 쪽 고원으로 산책을 갔다.

오후 내내 나는 오늘 하루가 끝나가고 있다는 기분에 사로잡혀 있었다. 떠나기 직전 나는 그에게 우리 집을 방문하게 했다.

돌아가는 길은 멋졌다. 기차역에서 그가 나에게 월요일에 다시 만날 거냐고 재빨리 물었다. 기습 공격이었고, 나는 그러자고 대답했다. 달리 생각하면 아주 가까운, 모래의 반짝이는 점 하나를 나에게 선사한 것이다.

8월 16일 일요일

아이들과 함께한 우리의 첫 데이트.[43] 로뱅송에 갔다.

피곤한 하루였지만 아이들이 사랑스러웠고 우리의 마음을 무척 사로잡았다.

8월 17일 월요일

3시 반, 연구실. 그는 온통 하얀색으로 차려입고 있었다. 함께 앙리 4세 거리를 산책했고 강변로를 통해 집으로 돌아왔다.

그가 떠나자, 모든 것이 매우 아름답고 비현실적이라서 두려운 기분이 들었다.

8월 18일 화요일

외할머니 댁에 갔다.

8월 19일 수요일

오후 내내 집에 혼자 있었다. 지난 두 달 동안 일어나지 않았던 일이다.

찌는 듯한 열기.

내 블라우스를 조금 만들었다. 하지만 생각들에 너무 붙들려

---

43 엘렌 베르는 UGIF의 청소년 선도 사업을 담당하고 있었다.

있어서 차라리 『카라마조프의 형제들』을, 그 뒤에 메러디스의 작품을 읽어보려고 애썼다. 결국 마지막에는 바이올린을 연주했다.

8월 20일 목요일

아빠의 편지. 아빠는 완전히 기가 꺾여 계신다.

어떻게 해야 할까?

세실 레만과 피노 집안사람들이 왔다. 장 피노가 떠났을 때, 나는 그를 다시 만나지 못할 거라고 생각했다. 그래도 시간은 흘러갔다.

8월 21일 금요일

비앙페장스 거리. 쉬잔이 사람들 맞이하는 것을 도왔다. 비통한 일이었다. 거의 모든 사람들이 줄을 섰다. 즉각적인 강제 이주 때문이었다. 이 사람들 각자의 고통의 합은 얼마일까. 강제 이주된 사람들이 돌려보낸 짐 꾸러미를 푸는 것, 어머니나 아버지의 반지 혹은 시계를 보는 것, 그것은 가슴 찢어지는 일이다.

본의 아이들이 모두 강제수용 때문에 드랑시로 보내졌다. 그 아이들은 역겨운 냄새를 풍기고, 상처와 이로 뒤덮인 채 뜰에서 논다. 불쌍한 어린 것들.

8월 22일 토요일

우리는 아빠를 위해 비열한 거래를 배웠다.[44]

브레나에 집에 갔다.

8월 23일 일요일

외출, 라 바렌.

외출을 망쳤다. 아이들이 말을 듣게 만들 방법이 없다.

점심 식사 후 아이들에게 「리키 티키 타비」(영국 소설가 러디어드 키플링의 『정글북』 속에 나오는 짧은 이야기 – 옮긴이) 이야기를 해주었다. 작은 동아리가 하나 있었다. 내가 좋아하는 아이들. 에르베르도 열심히 들었다. 처음에 나는 몹시 nervous했다(긴장했다). 하지만 이야기가 끝날 때는 아이들 중 하나가 매우 아련한 눈빛을 하고는 '이야기 하나 더 해줘요, 누나. 하나만 더!'라고 되뇌는 바람에 무척 행복했다.

***

8월 24일 월요일

니콜이 자기 집에 장 M.을 데려오라고 내게 말했었다. 그녀는 피노 집안사람들과 조브를 오게 했다. 집에서 출발할 때 나는

---

44 레몽 베르는 쿨만 주식회사를 보증인으로 세워 불입금을 내고 풀려나게 된다.

어떻게 할지 알지 못했다. 도서관에서 그를 만났다. 스파켄브로크도 보았다. 스파켄브로크가 오는 모습을 보자 야릇한 기분이 들었다. 스파켄브로크는 무척 잘생겨 보였다. 하지만 내가 그를 안 후로 여러 세기가 지난 것만 같았다. 어떻게 된 거냐고 묻자 그가 대답했다. "나 곧 아빠가 돼." 기묘한 거북함이 있었고, 내가 자리를 떠야 하는 것이 안심되었다.

우리는 걸어서 니콜의 집에 갔다. 그곳의 분위기는 무척 좋았다. 하지만 나는 오늘 하루가 행복하지 않았다.

8월 25일 화요일
레누아르 거리에 갔다.

8월 27일 목요일
조브, 음악 연주. 브레나에도 왔다. 야회 끝 무렵 페릴루 씨가 왔다.

8월 28일 금요일
레누아르 거리. 외할머니와 단둘이 시간을 보냈다.

그런 다음 세실 발랑시의 집. 영어로 수다를 떨고 음악을 연주하며 옛날의 분위기를 되찾았다. 하지만 거의 고통스러운 기분이었다. 지금은 그것이 먼 과거의 일로 여겨지기 때문이다. 그러나 겨우 6월의 일이다.

8월 29일 토요일

슈바르츠 부인 댁에 짐 꾸러미를 갖다주러 갔다. 라 투르 도베르뉴 거리, 정이 넘치고 마음을 따뜻하게 해주던 오래된 예쁜 길.

오후, 무겁고 습기 찬 열기 때문에 우리는 S의 집에 갔다. 그곳은 오베르장빌 같은 분위기였다. 앤티 제르와 쥘 이모부가 있었기 때문이다. 우리는, 드니즈 언니와 나는 연주를 했다. 낯설지만 기분 좋은 토요일이었다.

오예옹 씨가 저녁 8시까지 머물렀다. 그는 나에게 로조프스키가 체포된 이야기를 해주었다. 그 광경이, 그에 대한 기억이 내 머릿속을 떠나지 않았다. 체념하고 체포를 받아들인 그 남자 그리고 그 여자, 오예옹에게 남자아이 한 명을 맡긴 백러시아인들이 겪은 그 밤 시간의 광경이 눈앞에 선하다. 여자는 매혹적인 금발이지만 아프고 핏기 없는 모습으로 소파에 드러누워 먼 곳을 응시하고 있었다. 남자에 대해 이야기하자면, 사람들은 그가 생각을 바꾸도록 술을 마시게 했다. 그리고 그 후…… 드랑시, 강제 이주. 틀림없이 그 여자는 길을 가는 중에 죽었을 것이다.

엄마가 몹시 흥분해서 돌아왔다. '강제 이주될 수 없는 사람들'이 피티비에로 떠났다는 소식을 들었기 때문이다.

일주일 전부터 엄마는 많이 변했다. 야위고, 신경질적이고, 아이 같아졌다.

저녁 식사 후 노슬리가 왔다. 분위기가 조금 진정되었다.

8월 30일 일요일

나의 아름다운 일요일. 키플링의 「아름다운 영국의 어느 일요일」이 생각난다.

지난 2주 동안 오베르장빌에서 보내는 이런 하루를 갈망해왔다.

장 피노, 조브, 그리고 호수의 랜슬롯[45]이 있었다. 기적이 다시 일어났다. 그런데 기적은 왜 멈추려 할까? 바람 부는 고원에서 점심 식사를 한 뒤, 햇빛이 드는 과수원에서 시간을 보내고, 기차를 타고 귀가.

***

하지만 집에 돌아와서는 마법과도 같은 추억들에 휩싸였고 투쟁이 있었다. 그리고 다시 완전히 사기를 잃은 아빠가 보내오신 편지에 묻어나던 슬픔.

---

45 장 모라비에키.

8월 31일 월요일

앙드레 메 씨와 그의 아내가 다시 붙잡혔다. 아마도 고발을 당한 것 같다. 기차역에서.

전열을 넘기 위해 드랑시에 있는 사람들의 수. 아빠는 오베르의 결혼식에 왔던 슈바르츠 집안의 사촌 테비니 집안사람들이 도착하는 것을 보셨다고 한다. 아빠는 그들을 두 번째로 보신 것이다. 그것은 비극이다. 레비 여교구장.

그리고 셀 수 없이 많은 폴란드 남자와 여자의 가족들이 비앙페장스 거리에 왔다. 오늘 아침, 어떤 남자가 힘겹게 이야기를 했다. 그는 나에게 우리가 '어린아이 효과를 충분히 활용했느냐'고 물었다. 피티비에 수용소에서 죽은 네 살배기 어린아이 이야기였다.

9월 1일 화요일

한 주가 덜 길게 느껴지도록 오늘 J. M.을 만나고 싶었다. 오후는 근사했다. 우리는 카루젤개선문, 샹젤리제, 그리고 마르소가를 거쳐 파리를 크게 한 바퀴 돌았다. 그와 함께 샹젤리제를 산책할 때 나는 큰 환희를 느꼈다. 우리는 집으로 돌아와 나무딸기 시럽을 마시고 〈5번 교향곡〉의 마지막 악장을 들었다.

아침에는 이해하기 조금 두려운 장 피노의 편지를 받았다.

9월 2일 수요일

내가 두려워했던, 클로드 베르나르 거리의 아이들과 함께한 외출이 아주 잘 진행되었다. 호감 가는 카조아르가 인도를 했다. 우리는 모두 일곱 명이었다. 나는 무척 기분이 좋았다. 카조아르에게 운동복 반바지 한 벌을 주었다. 나는 조금 얼이 빠져 있었지만, 니콜은 그 모습이 나에게 아주 잘 어울린다고 했다. 우리는 몽모랑시에서 체조를 하고, 응급조치법을 배우고, 놀이와 마임을 하면서 하루를 보냈다.

9월 3일 목요일

조브가 왔다. 함께 〈3중 협주곡〉을 공부했다.

9월 4일 금요일

비앙페장스 거리에 가지 않았다. 『보이 스카우트 단원들의 책』을 읽기 위해 그러기로 계획했었다. 하지만 아침나절의 절반을 J. M.의 편지에 답장하는 데 써버렸다.

9월 5일 토요일

여덟 명의 보이 스카우트 팀장[46]들과 함께 외출. 로뱅송.

---

46 12세 이하의 보이 스카우트 단원 여섯 명으로 구성된 팀의 장長.

유쾌했다. 하지만 지쳐버렸다.

꼬마 베르나르가 어린아이다운 목소리로 더듬거리며 나에게 자기 이야기를 들려주었다. 베르나르의 어머니와 누나는 강제이주되었다. 베르나르는 자신의 아기 같은 입속에 너무나 오랫동안 맴돌고 있었던 듯한 말을 내게서 끌어냈다. "네 엄마와 누나는 살아서 돌아오지 못할 거야." 베르나르는 마치 천사처럼 보인다.

9월 6일 일요일
오베르장빌.
조브, 오디 따기.
아빠의 옆방에서 한 남자가 자살했다.

9월 7일 월요일
레 부인에게서 자세한 정보를 들었다. 자살한 남자는 메츠제라는 이름의 프랑스 남자였다. 라 볼을 떠나지 않았다는 이유로 아내와 딸과 함께 붙잡혀 왔다고 한다. 아내와 딸은 강제수용되었고, 그는 드랑시에 머물렀다(63세). 그는 회한으로 괴로워했고, 스스로 경동맥을 잘랐다.

오늘 아침 우리는 매우 젊은 여자 한 명을 맞이했다. 그녀의 아버지는 여섯 달 전에 강제수용되었고, 어머니는 한 달 전에 강제수용되었다. 7개월 된 그녀의 아기는 얼마 전에 죽었다. 그녀는 어머니를 풀려나게 할 수 있음에도 불구하고 독일인들을 위해 일하기를 거부했다. 나는 그녀에게 경탄했다. 하지만 사람들이 도덕 원칙의 절대적 가치를 왜곡하거나 죽음으로 그것에 응답하는 한, 이따금 도덕 원칙의 절대적 가치라는 것이 의심스럽다.

***

J. M.과 도서관에서 3시에 약속이 있었다. 도서관은 사람들로 가득했다. 그는 안쪽 깊숙한 곳에, 몽돌로니 맞은편에 앉아 있었다. 내가 다른 세상에서 튀어나온 기분이 들었다. 앙드레 부텔로, 아일린 그리핀, 제니를 보았다. J. M.과 둘이서 도서관을 나와 오데옹 거리로, 그다음에는 클링크시에크로, 부데로 갔다. 그리고 우리 집으로 왔다. 집에서 드니즈 언니와 셋이서 슈만의 협주곡과 모차르트의 교향곡을 들으며 간식을 먹었다. 하지만 시간이 너무 빨리 지나갔다. 나는 발코니에서 몸을 숙였다. 이틀 전부터 매혹적인 가을 날씨다. 환하게 빛나는 하늘이 너무나 감미로워서 우리를 그리움으로 가득 채웠다. 나는 붙잡을 수 없는 것을 붙잡고 싶었다. 모든 것이 너무도 비현실적이고 우리가 현

실에 대해 너무 적게 이야기하기 때문에, 이따금 아무 일도 없다는 느낌이 든다.

지하철역까지 그를 배웅했다. 그러나 오늘은 마치 화요일처럼 뭔가 제대로 돌아가지 않는 것이 있었다. 그것을 말로 설명하기란 힘들다.

오예옹 씨가 왔다.

9월 8일 화요일

의심과 두려움의 발작에 사로잡혔다. 그러나 니콜 집에 들른 후, 조제트의 집(여기서 나는 약간 소르본 대학 같은 분위기를 느꼈다)에서 조제트와 함께, 그리고 갈리마르에서 일하는 그녀의 친구 마들렌 부도 라모트[47](그녀는 샤르동[48]과 앙드레 부텔로를 알고 있다)와 함께 돌아오면서 상태가 나아졌다. 또한 조제트는 항상 내 기운을 북돋워준다.

『대프니 아딘』(영국 작가 모리스 베어링이 1927년에 발표한 소설 - 옮긴이)을 다 읽었다. 그 책은 나에게 이상한 불편함을 유발했다. 내 이야기를 읽는 것 같아 두려웠기 때문이다. 나는 책을 지나치

---

47 갈리마르 출판사의 창업자 가스통 갈리마르의 비서였다.
48 자크 샤르동. 본명은 자크 부텔로이다. 제2차세계대전 발발 전 『감상적 운명들』이라는 소설로 성공을 거둔 작가이다. 1940년 대독 협력 정책에 참여했고, 이 일 때문에 종전 후 징역형을 선고받고 수감되었다.

게 신뢰한다. 어쨌든 훌륭한 책이지만 전개가 충분하지 않았다.

9월 9일 수요일

클라마르에서 하루를 보내고 돌아오니 드니즈 언니가 문을 열어주며 이브가 태어났다고 알렸다. 그 소식이 실감 나지 않는다. 지구 상에 꼬마 녀석 한 명이 더 태어났다는 사실, 이본 언니에게 아들이 생겼다는 사실을 마음속에 그려볼 수가 없다. 모든 일이 우리에게서 너무나 멀리 떨어진 곳에서 일어난다. 나는 상상할 수가 없다.

9월 10일 목요일

블루아에서 막심이 태어나던 일이 떠오른다. 그때 나는 15분 동안 막심을 보며 눈물을 흘렸다. 내 일기를 찾아보면 그 일에 대해 쓴 부분이 있을 것이다. 벌써 2년 전의 일이다. 믿을 수가 없다.

그것에 대해 깊이 생각할 시간이 없다. 나는 더 이상 생각하지 않는다. 현실의 연속일 뿐인 꿈들이 있고, 낮들이 있고, 밤들이 있다.

심지어 이 일기장조차 집어 들기 싫다. 의욕이 없고, 눈에 띄는 사실들에만 간신히 신경을 쓴다.

엄마가 피로노[49]의 처형에 관한 상세한 소식들을 입수하셨다. 성대한 행진이 있던 날이었다. 사람들이 7시에 그를 다른 죄수 한 명과 함께 그들의 관을 실은 독방식 죄수 호송차에 태워 데려갔다고 한다. 그런데 그들에게 총을 쏠 사람이 없었다. 그래서 그들은 그날 오후 3시까지 기다렸고, '자원자'가 와서 두 죄수가 서로의 죽음을 억지로 보게 하면서 그들에게 총을 쏘았다.

***

9월 11일
금요일 아침

어젯밤 이본 언니의 꿈을 꾸었다. 잠자리에서 일어날 때는 이본 언니를 정말로 본 것 같은 기분이 들었다. 마치 언니와 함께 하루를 보낸 것 같은. 지금 언니의 모습은 사라졌다. 하지만 그런 기분은 남아 있다.

나는 우편물을 기다리지 않았다. 이성이 그것은 불가능하다고 나에게 말했다. 하지만 초인종이 울렸을 때 wild flame of joy(미친 불꽃 같은 기쁨)가 내 안에서 일어났다. 나는 속으로 중얼거렸다. '아니야, 나는 바라지 않아.' 하지만 나는 바랐다. 나는 생각했다. '내가 바라지 않았다는 걸 기억해야만 해.' 사실 나에게

---

49 로제 피로노. 19세의 레지스탕스 요원. 1942년 7월 29일 발레리앵 산에서 총살되었다.

는 약간의 희망이 있었다. 그리고 편지 봉투를 보았을 때, 모든 것이 환하게 빛났다.

그것은 그가 지난 토요일에 쓴 편지였고, 그는 편지가 너무 길어서 처음엔 부치지 않으려고 했다.

편지를 다 읽자 옆구리가 근질근질하며 흥분되었다. 느끼고 사랑하는 기능이 열 배는 증가한 것 같았다.

그 뒤에는 매우 감미롭고 흥분되는 추억이 남았다. 그 추억은 나는 다르다고, 나는 미지의 뭔가가 내 안에서 타오르는 것처럼 상처받기를 바라지 않는다고 나를 설득한다.

그리고 이번 주 내내 그랬듯이 나 자신에 대한 의심과 불신 속으로 다시 빠져들었다.

***

오후 내내 방황한 뒤(생 제르맹 거리, 소르본 대학, 콩도르세 주택단지), 로시 하샤나(이스라엘의 새해. 유대력 1월 티슈리의 첫날로, 그레고리력으로는 9~10월에 해당한다 - 옮긴이)를 위해 교회당에 갔다. 도리오[50]파가 본당을 파괴해서 소예배당과 결혼식용 홀에서 예배를 드렸다. 비통한 일이었다. 젊은 남자는 한 명도 없고 노인들뿐이었다. 예전의 실행 위원도 한 명뿐이었다. 보르 부인

---
50 대독 협력 정책을 주도했던 과격론자. 1941년 10월 도리오파는 독일의 비호를 받아 파리 유대교 교회당들을 여러 차례 습격했다.

말이다.

9월 12일 토요일

니콜과 장 폴 그리고 J. M.과 함께 오베르장빌에 갔다. 출발할 때 느꼈던 기쁨을 엄마의 걱정 때문에 망칠 뻔했다.

기차 안에 서서 갔다. 날씨가 기막히게 좋았다. 도착해서 바로 산책을 갔다면 땅에서 안개가 피어오르는 모습이 보였을 것이다.

점심(거위 간, 샤르트뢰즈(샤르트르 수도원에서 만드는 약초 술 - 옮긴이), 그리고 미국 담배를 곁들인)을 먹은 뒤 산책을 했다.

이어서 폭풍우가 세게 몰아쳤고, 나는 비에 젖은 채 집으로 돌아왔다. 더는 자제력을 발휘하지 못해 이 일기를 더 이상 쓸 수 없다. 그래서 일어난 일을 기억해두기 위해 외적 사실들만 적어놓는다.

9월 13일 일요일

서른다섯 명의 아이들과 함께 생 퀴퀴파에서 덥고 피곤한 하루를 보냄. 로르는 거기에 없었다.

장 폴이 약속을 지켰다. 4시쯤 우리가 있던 숲 속 빈터에 놀랍게도 그가 불쑥 모습을 드러냈다.

9월 14일 월요일

상황이 아주 좋을 때는 이런 일을 전혀 예상하지 못했다. 몹시도 충만했던 오늘 오후를 나는 평생 잊지 못할 것이다. 그와 함께 생 세브랭에 갔다. 그런 다음 강둑을 헤매고 다녔다. 우리는 노트르담 뒤에 있는 작은 정원에 앉았다. 무한한 평화가 느껴졌다.

그러나 내가 가슴에 단 별 때문에 경비원에게 쫓겼다. 그와 함께 있을 때는 그 상처를 깨닫지 못했는데. 우리는 계속 강둑을 걸었다.

줄곧 우리를 위협하던 폭풍우가 마침내 쏟아져 내렸다. 나는 그 폭풍우를 기억할 것이다. 튈르리 정원의 계단들을 부서뜨릴 듯했던 억수 같은 빗소리, 시커먼 하늘, 그리고 분홍빛 섬광들. 나는 수백 년 동안 이것들 속에 머물 것이다.

9월 15일 화요일

앤티 제르의 다리가 부러졌다. 레누아르 거리의 외할머니 댁에 갔을 때 그것을 알았다. 우리는 르동 박사님을 기다렸다. 박사님은 오늘 밤 라 셰즈 거리에 안 계시다.

9월 16일 수요일

니콜 없이 카조아르와 함께 로뱅송에서 하루를 보냄.

체조를 많이 함.

우리와 함께한 여자아이들 중 하나인 조제는 체포될까 봐 무서워했다. 요즘 벨기에 유대인을 체포한다는 말이 돌고 있기 때문이다.

얼마 전 있었던 체포들 이후로 우리가 센 에 우아즈에 가도 되는지조차 확신할 수 없다.

아빠가 절망적인 편지 한 통을 보내오셨다. 아빠는 우리를 다시 만나지 못할 것 같다는 이야기를 하신다. 요전에 엄마가 아빠에게 J. M. 이야기를 하셨다. 아빠는 반대하진 않으시지만, 마치 모든 것이 끝난 것처럼, 그것이 아빠와는 거리가 먼 일인 것처럼 행동하신다.

9월 17일 목요일

비앙페장스 거리.
독일어를 약간 복습한 뒤 조브, 브레나에와 함께 음악 연주.
J. M.의 명찰을 받음.

9월 18일 금요일

오늘 아침 비앙페장스 거리(로제가 거기에 있었다)에 갔다가 돌아와보니 엄마가 울고 계셨다. 아빠가 보낸 속달우편을 받은 것이다. 내용은 이랬다. "긴급한 움직임이 감지됨. 엘리안 에베르(프랑스 유대인)들이 이송되기 시작했음." 나는 오전 내내 막연한 두려움을 느꼈다. 드랑시의 담당자들은 프랑스 유대인들이 그곳에 있는 것이 잘못된 일이라고, 강제 이주자들의 대열을 완성하기 위해 그들을 이주시켜야 한다고 말하고 있는 것이다.

이미 벨기에 유대인과 홀란드 유대인이 체포되었다. 조제는 어떻게 될까? 지난 6월과 같은 일이 되풀이될 것 같다.

샤를 마이어 박사가 별을 너무 높은 위치에 달았다는 이유로 체포되었다……. 센터 여자들 중 한 명이 울부짖었다. "그들이 얼마나 사악하면 그러겠어요!!!" 그들은 자기들이 제정한 법을 준수하려 한다. 그 법이 처음부터 끝까지 비합법적이고 그들 변덕의 소산일지라도. 그 법이 단지 유대인 체포를 위한 핑계일지라도. 그들의 유일한 목적이 법제나 규칙이 아니라 오직 유대인 체포일지라도.

9월 20일 일요일

나는 이제껏 한 번도 예감이라는 것을 느낀 적이 없다. 그런데 일주일 내내 어떤 예감이 내 머리 위를 어렴풋이 활공했다. 어제, 마침내 나는 그 이유를 알았다. 어제 아침 비앙페장스 거리의 분위기가 소란스러웠다. 할 일이 많았다. 나는 편지를 찾으러 11시 반까지 R. 가에 가야 했다. 내가 아빠의 속달우편에 대해 이야기하자, 그곳 여자들은 모두 이렇게 말했다. "그래요, 우리도 (그들이 드랑시에서 프랑스 유대인을 강제 이주시키기 시작한 것을) 알고 있어요." 편지에는 증명서나 따뜻한 옷 등 긴급한 물품을 요청하는 내용만 있었다. 12시 15분 전에 나는 아직도 집에 있었다. 카츠 씨가 왔다. 나는 그에게 물어볼 것이 있었다. 그는 자기 아내와 이야기하다가 뒤를 돌아보고는 나에게 말했다. "가족이 피티비에에 있는 사람들에게 내일 아침 10시까지 따뜻한 옷 등을 가져오라고 알려요." 그 순간 나는 공포를 느끼며 깨달았다. 그 말은 '피티비에에 있는 유대인이 대량으로 강제 이주될 것임'을 뜻했다.

오늘 아침 집을 나설 때 건물 관리인이 '습격'에 뒤이어 그곳 사람들이 모두 처벌을 받을 것이고 오늘 3시부터 밤까지 외출하지 못할 거라고, 116명의 인질이 총살을 당했다고, 그리고 '대규모 강제 이주'가 있을 거라고 나에게 알려주었었다.

그 말이 맞았던 것이다.

저녁 6시

나도 모르게 오늘 하루가 어서 끝나기를, 시간이 빨리 흘러가기를 바라고 있는 것을 깨닫는다. 그리고 사실 바랄 만한 것은 아무것도 없다는 것을, 앞으로 다가올 하루하루의 모든 것이 불안할 거라는 것을 갑자기 감지한다.

이따금 임박한 불행에 대한 감각이 약해질 때가 있다. '다른 데 가서 얘기해. 난 믿지 못하겠어.' 내 의식은 매우 날카롭다.

R. 씨는 강제 이주가 어떤 식으로 이루어지는지 드니즈 언니에게 말해주었다. 머리를 박박 밀고, 철조망 사이에 몰아넣고, 밀짚도 깔지 않은 기차 가축 칸에 차곡차곡 집어넣은 뒤 문을 봉해버린다고 한다.

***

연극의 마지막 막처럼 모두 준비하고 기다린다. 금요일에 피에르 마스[51]가 보건성에서 드랑시로 이송되었다. 그것이 무엇을 의미하는지 안다고 그가 말했다(그런 것 같다). 그리하여 모두 이 소름 끼치는 일에, 몹시 고통스러운 침묵을 통해 해석될 이 사건에 무리를 지어 준비한다. 먼 곳으로의 유배. 그리고 그 일이 일어나는 순간부터 겪게 될 시시각각의 고통.

***

---

51 변호사. 1941년 8월 20일 모두 유대인이며 파리에서 매우 유명한 변호사들인 동료 여섯 명(장 베유, 테오도르 발랑시, 모리스 아줄레, 알베르 울모, 가스통 크레미외, 에두아르 블로크)과 함께 체포되었다.

이상한 하루. 사람들이 모두 각자의 집에 갇혔다. 맨 위층 하인들 방에서는 사람들이 창밖을 내다보고 있다. 큰 바람이 일어 파란 하늘 너머로 구름들을 날려 보냈다.

***

점심을 먹고 있는데 웬 여자가 왔다. 그녀는 어제 드랑시에서 나왔으며, 레비 씨의 소식을 전하러 왔다고 했다. 레비 씨는 희생정신이 넘치는 사람이다. 수용소에 있는 아이들을 돌보고 그 아이들과 함께 산책도 한다고 했다. 드랑시 수용소는 수요일에 비워질 예정이다. 이제 무엇이 그곳을 채울까?[52]

그 여자는 일주일 동안 아무것도 먹지 못하고 밀짚 위에서 잠을 잤으며, 끔찍한 장면들을 목격했다. 그녀와 함께 체포된 두 아가씨는 글씨가 새겨진 옷과 캔버스 신발 차림으로 지난 수요일에 강제 이주되었다.

***

아침 9시 30분에 콘 부인 집에 편지를 가지러 가려고 프랑수아즈 피노를 데리러 집을 나섰다. 우리는 세브르 거리를 가로질러 걸었다.

---

[52] 1942년 7월 17일부터 9월 30일 사이에 3만 4000명의 유대인이 드랑시에서 아우슈비츠로 이주되었다.

집으로 돌아왔다가 다시 나가 우체국에 가서 엄마의 엽서를 자크에게 부쳤다. 거기서 드니즈 언니를 만났다. 나는 언니가 운 것을 눈치챘다. R. 부인의 편지에 동봉된 아빠의 쪽지를 읽었기 때문이다. 자이스만 씨는 모두 이주될 거라고 말했다.

나는 아빠의 쪽지를 잘 읽을 수 없었다. 엄마가 너무 큰 소리로 울어서 집중할 수가 없었다. 나는 지금으로서는 울 수가 없다. 하지만 정말로 불행이 찾아오면 몹시 슬플 것이고, 그 슬픔은 영원할 것이다.

그것은 일종의 작별 인사였다. 우리의 삶을 행복하게 만들어 준 모든 것과의 고통스러운 작별.

어제 아침 잠에서 깨어나면서 결코 몸이 개운한 적이 없다는 것을 확인했다. 나는 그런 느낌에 놀랐다.

하지만 갑자기 모든 것이 변했다. 그것은 착각이었다. J. M.이 오후에 올 예정이었다. 말로 표현하기 힘든 압력이 오후 시간을 지배했다. 그러나 만약 행복했다면 나는 후회했을 것이다. 시간이 흘러갔고, 나는 그들이 도망치는 것을 보고 있었다. 오예옹 씨가 와서 45분 정도 머물렀다. 우리 사이에는 일종의 장벽이 있고, 파란 식탁보를 깐 탁자에서 둘이 간식을 먹을 때조차 그 장벽은 무너지지 않았다. 할 일이 아무것도 없었다. 하지만 그런 것은 중요하지 않다. 나는 즐거워할 권리가 없다.

***

내일은 키푸르(유대교의 속죄의 날 - 옮긴이)이다. 오늘 우리는 마치 금식을 한 것처럼 힘이 없었다.

9월 21일

월요일 밤 11시

아빠가 내일 정오에 돌아오신다.

밤 9시에 뒤슈맹 씨[53] 부부가 왔다. 나는 응접실로 들어갔다. 그들이 나를 포옹하면서 말했다. "내일 정오란다."

나는 비참함 속에 깊이 파묻혀 있고 화요일에서 수요일로 넘어가는 밤에 일어날 일과 그들의 지독한 기다림에 대한 생각에 끈질기게 사로잡혀 있어서, 희미한 기쁨의 빛조차 느끼지 못했다. 나는 다른 사람들을 생각했다. 부당하다는 느낌이 들었다. 나는 결코 이것을 기쁨이라고 부를 수 없다.

9월 22일

화요일 아침

밤사이 나는 그 일에 익숙해졌다. 이제 나는 아빠의 귀환이 의미하는 것을 생각하고 엄마에게 그것이 무엇을 뜻할지를 생각

---

53 르네 폴 뒤슈맹. 쿨만 주식회사의 사장이었으며, 레몽 베르가 풀려나도록 도움을 주었다.

한다. 이걸 알면 아빠는 뭐라고 말씀하실까? 지난밤까지만 해도 아빠는 아무것도 모르셨다. 아빠는 마지막 불안과 절망의 시간을 보내셨을 것이다.

어제 저녁 6시 집에 돌아왔을 때 나 역시 절망했다. 아무런 느낌이 없었다. 침울했던 지난 이틀에 대한 왜곡 없는 기억만 있을 뿐이었다. 나는 금식을 하지 않았다. 금식을 하기로 결심했었지만, 몸을 씻을 때 알 수 없는 어떤 충동이 금식을 포기하고 비앙페장스 거리로 구호 활동을 하러 가도록 나를 밀어댔다. 순식간에 결정된 일이었다. 그때 내 정신 상태가 어땠는지 나는 기억하지 못한다. 그러나 지하철 안에서 이 모든 비참함을 생각하고는 여러 번 울 뻔했다. 우리는 마치 오늘이 최후의 심판 이후인 것처럼 하루 종일 일했다. 돌이킬 수 없는 어떤 일이 일어난 느낌이었다. 슈바르츠 부인이 센터에 있었다. 그녀는 금식 중이었다. 카츠 부인과 오르빌뢰르 부인도. 센터는 텅 비고 쓸쓸했다. 나는 정오에 오르빌뢰르 부인과 함께 지하철로 돌아왔다. 집에 엄마가 계셨다. 그리고 마침내 나는 뒤슈맹 씨가 취한 매우 훌륭한 마지막 조치를 눈으로 확인했다. 레비 부인이 우리와 함께 점심을 먹었다.

9월 22일

화요일 저녁

 아빠가 여기에, 집에 계신다. 집에 오신 지 여섯 시간쯤 되었다. 아빠는 집에서 주무실 것이다. 우리는 아빠와 함께 밤 시간을 보낼 것이다. 아빠가 여기에 계신다. 아빠는 공허한 표정으로 응접실 안을 이리저리 서성이신다. 아빠는 육체적으로는 변한 게 별로 없어서, 그런 아빠의 모습을 보는 것이 위안이 된다.

 아빠가 집에 오시니 두 개로 쪼개졌던 삶의 조각이 갑자기 정확하게 연결되는 느낌이, 그 나머지는 존재하지 않는 느낌이 들었다. 그 느낌은 나에게 기묘한 불편함을 안겨주었지만, 나는 그 느낌을 잊기 싫었다. 천만다행으로 그 느낌이 오래 지속되지는 않았다. 그곳에서 아빠가 어떤 광경들을 보셨는지 내가 알기 때문에, 다른 사람들이 겪고 있는 고통에 내가 신경을 썼기 때문에, 이미 일어난 일들 그리고 오늘 밤과 내일 일어날 일을 아무도 잊지 못할 것이기 때문에 그 느낌은 오래 지속될 수 없었다.

***

 방금 전 장 블로크의 부인이 집에 다녀갔다. 우리는 그녀의 남편과 바슈 씨, 그리고 일요일에 피티비에서 출발하지 않은 300명이 내일 수송단에 섞여 떠나기 위해 오늘 아침 드랑시에 도착했다는 것을 그녀에게 말하고 싶지 않았다. 오늘 아침, 그들은 철조망 속에 있다. 그 사실을 알면 그녀는 미쳐버릴 것이다. 그녀는 기계적이고 단조로운 목소리로 이야기했다. 그런 신경 질적인 상태가 어디까지 다다를 수 있는지 나는 경험을 통해 알고 있다(그걸 여기에 쓰겠다. 아무도 그것을 알지 못할 것이다). 그녀는 광기를 향해 나아갈 것이다. 그녀의 이야기를 들으면서 우리는 돌이킬 수 없고, 바닥이 없고, 이름도 없고, 위로도 없는 불행의 느낌을 맛보았다. 그녀에게 우리가 더 이상 살아 있지 않다는 것을, 그녀의 세상에서 우리는 유령일 뿐이라는 것을, 그녀와 우리가 거대한 장벽으로 분리되어 있다는 것을 나는 느꼈다. 그녀가 떠났을 때, 나는 그녀가 차갑고 침울한 고통의 짐을, 더 이상 서광曙光이 없고 투쟁 가능성이 없는 절망을 함께 가지고 떠났다는 것을 알았다.

***

오늘 하루 동안 일어난 사건들을 돌아보니 정신이 번쩍 들고 의식이 또렷해졌다. 꿈속에서 의식이 또렷하다고 느껴지는 일이 자주 있다. 지금 나는 그런 꿈을 꾸고 있지 않지만, 그런 꿈을 꿀 때와 똑같은 상태디. 오늘 아침에도 나는 정상적인 진짜 의식을 갖고 있었다. 우선 프랑크 집에 달려갔고, 그다음에는 카엥 부인의 부탁으로 K.의 집에, 아마도 내일 떠나게 될 그의 조카들을 위한 모직 옷들을 가지러 가서 쇼몽 거리에 갖다주고, 일을 하러 UGIF로 갔다. 아빠의 귀환 이후, 메르 씨, 뒤슈맹 씨, L., 슈브리, 프로사르, 니콜, 조브 등의 방문 이후, UGIF의 심부름을 한 이후, 나는 비정상적으로 예민한 의식을 갖고 있다.

***

집에 돌아와 장이 보내온 차※ 빛깔의 장미를 발견했다. 그 꽃을 받았을 때 내 머릿속은 장으로 가득 찼다. 처음에 내가 한 생각은 이랬다. '그가 어떻게 알았지?' 곰곰이 생각해본 뒤, 나는 그가 알지 못한다고 결론 내렸다. 이 꽃은 생각의 우연한 일치일 뿐이라고. 나는 마음속 깊이 감동을 받았다. 그 생각을 할 때마다 감미로운 기분에 휩싸인다. 요즘 같은 상황에서 유일하게 감미로운 일이다. 또한 이상한 일이지만 나는 다른 생각 없이 그 감미로움을 즐긴다. 내 눈에 잘못된 일로 보이지 않기 때문이다. 그것은 오늘 하루 일어난 모든 비극 속에서 해로운 것으로 보이지 않는다.

***

9월 23일
수요일 밤

우리 모두 내일 아침으로 예정된 강제 이주 생각에 붙잡혀 있다. 바슈 씨와 장 블로크가 이주된다. 이제 끝났다.

이 강제 이주에는 첫 번째 이주보다 훨씬 더 끔찍한 데가 있다. 그것은 세상의 끝이다. 우리 주변에는 얼마나 많은 구멍들이 있는지!

오늘 나는 균형감을 잃을 뻔했다. 내가 무너지는 것을, 더 이상 스스로를 제어하지 못하게 된 것을 느꼈다. 나는 이런 기분을 조금씩 알아가고 있다. 하지만 될 대로 되라고 내버려둘 때가 아니다. 앙드레 보르의 집에서 돌아올 때 그런 기분이 나를 사로잡았다. 우리는 그 집에 아빠를 모시고 갔다. 아빠는 매우 비관적이시다. 그 후 파바르 부인 집과 교도소에 다녀왔다. 집에 돌아오니 드쿠르가 보낸 사람이 와 있었다. 그는 나를 미치기 직전으로 만들었다. 내가 정상적인 상태가 아닌데도 그는 나에게 미래에 대한 이야기를 하게 했다. 그가 나에게 말한 것들, 그가 나에게 물어본 것들은 모두 다시는 돌아가지 못할 다른 세상에 속한 것들로 여겨졌다. 학교에서 학생들이 책에 대해, 교수님들에 대해 이야기하는 것을 듣자 내 안에서 조종弔鐘이 울렸다.

***

편지를 읽으려고 하지만 편지가 항상 손에서 벗어나는 꿈속처럼 하루 종일 J. M.의 편지를 읽으려고 애썼다. 나는 그 내용을 아직도 제대로 이해하지 못했다.

***

오늘 밤 주방에서 이본 언니를 위해 케이크를 만들었다. 시간이 없었다. 사실 그건 아빠를 위한 것이었다. 이 집에 계신 아빠. 아빠가 체포되신 이후 삶이 너무나 정체되어 있어서, 그 일이 석 달 전에 일어났다는 것을 믿을 수 없다.

오늘 밤 나는 글을 쓰기에는 너무나 피곤하다.

그만 쓰련다.

9월 24일 목요일

늘 후퇴만 하는 듯했던 목적이 마침내 달성되었다. 우리는 연구실에서 만났다. 그러자 모든 악몽이 사라졌고, 지난 며칠 동안 나를 지배하던 우울한 기분도 자취를 감추었다.

집에 돌아와, 조브, 드니즈 언니와 함께 방에서 간식을 먹었다. 사람들이 도처에서 방문해 우리를 몰아대고 있다.

9월 26일 토요일

그가 집으로 나를 데리러 왔다. 우리는 음반을 하나 듣고 간식을 먹은 뒤, 앙리 마르탱 가로 산책하러 갔다. 벌써 날씨가 서늘하다.

9월 27일 일요일
루브토 집안사람들과 함께 라 바렌에 감. 하루 종일 비가 오고 우중충했다.

9월 28일 월요일
시몽이 와서 간식을 먹었다. 우리는 함께 연주했다.

9월 29일 화요일
마들렌 블레스와 조제트.

9월 30일 수요일
주르당 부인.
조브 집안사람들과 니콜 집에서 간식을 먹음. 그들이 〈베로니크〉를 노래했다.

10월 1일 목요일
우리는 두 시간 동안 걸었다. 그것은 기느메 거리에서 토론으로 시작되었고 알마 지하철역에서 끝났다. 앵발리드에서부터 나는 꿈속처럼 이야기했다. 거리가 활기찼지만 내 눈에는 아무도 보이지 않았다.

10월 2일 금요일
급성 화농염이 생긴 부위를 절개하기 위해 르동 박사님께 다녀왔다.

조브가 집에 왔다. 나는 바이올린을 연주하지 않고, 오후 내내 내일의 파리 산책을 준비하며 어슬렁거렸다.

10월 3일 토요일
니콜과 나는 9시부터 11시까지 각자 아이 네 명을 데리고 파리를 산책했다. 내 여정은 팔레 루아얄에서 클로드 베르나르 거리까지였다. 루브르의 모든 측면을 아이들에게 보여주었는데, 오히려 내가 열광했다. 아르 다리에서 햇살이 마치 환희의 약속처럼 잿빛 안개를 꿰뚫는 모습을 바라보았다.

센터 안에서 보낸 오후는 꽤나 길었다. 장 비게의 강의를 듣기 위해 일이 끝나기 전에 출발했다. 하지만 내가 도착했을 때 그는 떠나고 없었다.

4일 일요일

근사했다.

편지를 쓰며 아침나절을 보냈다.

오후에는 보클랭 거리[54]에서 비밀 모임을 가진 뒤 니콜과 함께 집으로 돌아왔다. 니콜과 함께 4중주곡을 듣고, 내 생 조르주 사전을 뒤적거렸다. 그리고 나보다 덜 열광한 니콜을 배웅했다.

10월 5일 월요일

도서관 사서 일을 다시 시작했다. 절대 그러지 못할 거라 생각했는데. 덕분에 균형감을 되찾았다.

모든 것이 석 달 전과 같다. 나는 J. M.이 오기를 바라기 시작했다. 심지어 우리 사이에 일어난 일을 더는 떠올리지 않았다. 그것을 상기하고 승리감을 느꼈다. 3시부터는 겁이 나고 몹시 실망스러웠다. 하지만 4시 15분 전에 그가 들어왔고, 기쁨과 평안이 나를 뒤덮었다. 다른 학생들이 알고 있는지 보려고 주변을 둘러보았다. 하지만 아무도 알지 못하는 것 같았다. 신기했다.

나중에는 큰길을 통해 그를 생 라자르 역까지 배웅했다. 날씨가 우중충했고 거리에는 사람들이 가득했다. 수증기가 우리를 뒤덮었다. 해가 기울자 노랗고 창백한 미광이 비쳤다. 기묘한 기

---

54 UGIF의 젊은 여성 회원들을 위한 집회소가 있던 곳.

억: 사람들이 넘쳐나던 거리, 너무나 낮고 너무나 잿빛이던 하늘.

그가 나에게 〈인생 그리고 어느 여인의 사랑〉이라는 음반을 주었다.

10월 6일 화요일

3시에 들라트르 교수님 댁에 갔다.

교수님은 내가 말한 것들을 전부 만류하셨다. 그 방문 이후 나는 그분에게 실망했다.

그 후에는 레오테 집안에서 니콜, 조브와 함께 시간을 보냈다. 조브가 자신이 연주할 음악을 잊어버렸다. 우리는 음악을 연주하는 대신 탁구를 몇 게임 쳤다.

저녁에는 드니즈 언니를 위해 석회 반죽을 많이 만들었다. 나는 언니 몰래 언니의 성명聖名 축일 티파티를 계획했다. 레오테 집안 사람들, 피노 집안사람들, 조브, 비게 집안사람들을 초대했다.

10월 7일 수요일

드니즈 언니를 위해 거리에서 쇼핑을 하면서 아침나절을 보냈다. 내 마음은 sing within했다(매우 기뻤다). 그를 다시 만난다는 생각에 이토록 즐거웠던 적은 한 번도 없었다. 예전에 느꼈던 기분들을 다시 경험했다. 마치 '무도회 전날' 같은 기분이었다. 정화된, 말로 표현할 수 없는 기쁨도 느꼈다.

집에서 이것저것 정리한 뒤 학교로 출발했다. 지하철역 계단을 올라가면서 나는 뒤를 돌아보았고, 그를 보았다. 우리는 오데옹 거리에 갔다. 그런 다음 독서 모임에 갔다. 거기서 나는 매우 hot and bothered했다(안절부절못했다).

우리가 집에 돌아오니 조브가 벌써 와 있었다.

드니즈 언니가 돌아왔을 때는 아니만 빼고 모두들 커튼과 가구 뒤에 숨어 있었다. '축하해!'라고 말하며 다 함께 뛰쳐나왔다.

10월 8일 목요일

레누아르 거리, 시몬과 간식. 나는 내일을 기다렸다.

10월 9일 금요일

팔레 루아얄 지하철역에서 그와 만나기로 했다. 나는 약속 장소에 너무 일찍 나갔다.

우리는 그의 책을 사러 달로즈에 갔다. 그런 다음 몽파르나스 역까지 걸었다. 그리고 거기서 집으로 돌아왔다. 많이 걸어서 피곤했다. 집에서 그가 슈만의 '리트'를 듣자고 했다. 히지만 음반은 쓸모없이 돌아가기만 했다. 그는 듣고 있지 않았다.

10일 토요일

하루 종일 마치 길을 잃은 것 같았다. 아침에 비앙페장스 거리에 가지 않았다. 그랬더니 신성모독 행위라도 저지른 느낌이었다. 아침 내내 어슬렁거렸다. 오후에 조브가 와서 트리오로 연주를 했다.

11일 일요일

랑블라르디[55]에서 모임. 베르트, 니콜, 그리고 나는 새로운 팀을 구성할 것이다. 하지만 정오에 우리는 아이들과 헤어졌다. 가여운 아이들은 서운해했다.

우리가 고아원을 떠날 때는 햇빛이 밝게 빛났다. 갑자기 어떤 생각이 떠올랐고, 나는 기쁨으로 가득 찼다. 그에게 전화를 걸어 오늘 오후에 시간이 있다고 말해야겠다는 생각이었다.

그러나 곰곰이 생각해본 뒤 내 기쁨은 사그라져버렸다. 집이 가까웠을 땐 비가 내리고 있었다. 나는 이유조차 알 수 없는 일종의 무감각 상태에 빠져들었다. 담배 두 대를 피우고, 베토벤의 협주곡을 공부했다. 그런 다음 레누아르 거리에 갔다. 거기서 니콜이 상기시킨 기억들에도 불구하고 니콜 방에서 추위에 떨었다.

---

55 파리 12구 랑블라르디 거리의 로스차일드 고아원.

10월 15일 목요일

이번 주 초반을 돌아보는 데 성공하지 못했다. 나에게는 날짜의 흐름에 대한 인식이 없었다. 그것은 내게 기다림의 연속일 뿐이었다. 일요일 밤에 나는 아직 이틀이나 기다려야 한다고 생각했다. 수요일에 오베르장빌에 가기로 했던 것이다. 그와 단둘이서. 엄마는 반대하지 않으셨다. 그래서 나는 엄마가 완전히 눈치채지는 못했다고 생각했다.

그리고 월요일 오후, 도서관 사서 일이 갑자기 힘들고 곤란하고 길게 느껴졌다. 그런데 그가 왔다. 원래 그는 다음 날 치를 법학 시험 때문에 오지 않기로 했었다. 내 마음은 기쁨으로 가득 찼다. 한동안 우리는 이야기를 나누지 못했다. 내가 도서관에 있는 동안 그는 조용히 위층으로 올라갔다가, 나중에 탁자 앞에 와서 앉았다. 그리고 마침내 나에게 다가와 나와 함께 책들을 정리했다. 도서관이 이토록 늦은 시간까지 닫히지 않은 적은 없었다. 도서관의 어두운 불빛 사이에서 나는 시간개념을 잃어버렸다.

집에 도착하니, 레비 씨가 돌아왔다고 루이즈가 나에게 알려주었다. 처음으로 나는 온전하고 순수한 환희의 순간을 경험했다.

화요일, 그의 시험이 끝나는 시간에 맞춰 그를 만나러 갔다. 한 시간 동안 연구실 뜰에 앉아 시간을 보냈다. 뜰은 외롭고 슬펐다. 다행히 5시쯤에 동료 한 명을 만났다. 덕분에 용기가 생겼다. 오데옹 거리에서 그와 만났다. 그 또한 한 시간 전부터 시간을 허비하고 있었다! 우리는 길을 걸었다. 기울어가는 해가 오래된 파리 전체를 금빛으로 물들였다. 무척 아름다운 10월의 저녁나절이었다. 우리는 아르 다리 근처의 강둑 난간에 팔꿈치를 괴었다. 모든 것이 전율했다. 포플러 이파리들, 심지어 공기까지. 나 혼자서 돌아올 때 쿠르 라 렌 산책로는 어두웠다. 하늘은 온통 분홍빛이었지만 벌써 어둠이 깃들어 있었다.

화요일에서 수요일로 넘어가는 밤은 끝없이 길었다.

수요일 하루는 멋졌다. 그러나 그날 밤 나는 갈피를 잡지 못했다. 그리고 오늘 아침, 나는 한층 새로운 존재가 되었다. 내가 그런 상태에 머물기를 바랐다. 하지만 다시 예전의 엘렌이 되었다. 그의 부재는 나에게 저주이다.

목요일

잠에서 깨면서 어제와 똑같이 아름다운 현실을 다시 발견했다. 아침나절은 낯설면서도 경이로웠다. 나는 UGIF에 머무를 수 없었다. 그래서 가방 속에 악마라도 든 것처럼 11시 30분에 그곳을 빠져나왔다. 그리고 그에게 편지를 쓰기 위해 집으로 돌아왔다.

오후에 카자미앙 교수님을 만나러 도서관에 갔다. 나는 키츠

(John Keats, 1795~1821, 영국의 시인. 셸리, 바이런과 더불어 18세기 영국 낭만주의의 3대 시인으로 꼽힌다 - 옮긴이)에 관한 논문을 제안했다.

10월 16일 금요일
니콜과 함께 신발과 스카프를 사러 갔다. 그런 다음 레누아르 거리를 방문했다.

10월 17일 토요일
3시 반쯤 J. M.이 집에 왔다. 우리는 아빠 엄마 그리고 조브와 함께 간식을 먹었다. 조금 짜증이 났다. 나중에 그는 내 방으로 왔고, 나는 그를 지하철역까지 배웅했다.

10월 18일 일요일
보클랭 거리에서 베르트 그리고 다른 사람들과 함께 모임에 참석함. 결국 나는 몹시 지루해졌다.
오후에 S. 집안에서 조브와 함께 음악을 연주했다. 쌍둥이들도 있었다.

10월 19일 월요일
도서관이 음울하고 추웠다. 고독의 느낌. 그는 오지 않았고,

나는 그가 여기에 없으면 어떻게 될 것인가 하는 것을 상상해보았다. 앙드레 부텔로의 짧은 방문과 니콜, 장 폴의 방문을 받았다. 지치고 기진맥진한 채 집에 돌아왔다. 저녁도 먹기 전에 잠들 뻔했다.

10월 20일 화요일

그의 시험 결과를 보러 법과 대학에서 만나기로 했다. 하지만 그가 날짜를 착각했다. 그는 당황했다. 그의 mind(기분)에는 오늘 하루를 망치는 뭔가가 있었다. 우리는 아르 다리 근처의 센 강 둑길 위, 두 명의 낚시꾼 옆으로 갔다. 그 후에는 오페라 가를 통해 그가 다니는 양복점에 갔다. 그다음에는 기차역으로 갔다. 기차역의 군중 속에서 갑자기 그를 잃을까 봐 두려워졌다. 그때 그가 내 팔을 붙잡았다. 그 단순한 몸짓에 내가 왜 그토록 고마워했는지 그에게 설명할 수 없었다.

10월 21일 수요일

내가 레누아르 거리에 있는 동안 그가 자신의 시험 결과를 알려주러 전화했고, 나는 저녁 식사 후 다시 그에게 전화를 걸었다.

10월 22일 목요일

정신없었던 간식 시간. 시몽, 레비 집안사람들, 로제 레비의 부인, 비에데 집안 여자아이, 레 집안사람들이 있었다. 나는 어찌할 바를 몰랐다.

10월 23일 금요일

우드, 데이와 함께 간식. 마지막 던디 마멀레이드 단지와 함께 한 영국식 간식. 꽤나 유쾌했다.

10월 24일 토요일

아침에 소르본에서 테에랑 거리까지 달려갔다. 거기서 니콜을, 그다음에는 베르트를 기다렸다.

3시에 기차역으로 J. M.을 데리러 갔다. 뭔가 문제가 있었다. 잿빛으로 낮게 내려앉은 하늘 때문이었을까? 나 때문이었을까? 맥 빠지는 울적함이 덮쳐와 나 자신을 돌아보게 한 걸까? 조브 때문에 그와 단둘이 있을 수 없다는 실망감 때문이었을까? 우리는 음악을 연주했다. 그를 만나지 않은 것 같은 기분이, 우리가 서로 1000리외(예전의 거리 단위. 1리외는 약 4킬로미터이다 - 옮긴이)는 떨어져 있는 듯한 기분이 들었다. 저녁 식사 전에 심한 발작을 일으켰다.

10월 25일 일요일

아이들과의 외출이 어긋났다. 보클랭 거리. 오늘 오후에 바쁠 거라고는 생각하지 않았다. 정오에 아이들과 헤어져야 했을 때, 나는 오늘 하루가 좋지 않게 끝나리라는 것을 확신했다. 아침 모임 이후 레흐트만이 복도에서 어슬렁거렸다.

나는 무척 낙심해서 집에 돌아왔다. 점심때 포메 집안사람들이 왔다. 조브와 브레나에가 음악을 연주하러 왔다. 에르보 양이 브리지 게임을 하러 왔다.

10월 26일 월요일

도서관. 그가 오지 않을 거라는 것을 알고 있었다. 하지만 오기를 바랐다. 그것은 하늘에서 내려온 희망이었다. 실제로 그가 왔기 때문이다. 그는 4시 반에 도착했고, 갑자기 모든 것이 환해졌다. 나는 다른 사서라도 있는 것처럼 5시에 도서관을 나섰다. 그는 다음 날 구술시험을 치를 예정이었다. 우리는 비를 맞으며 렌 거리를 걸었다. 그리고 내가 앵발리드 지하철역까지 그를 배웅했다. 어둠이 내렸고, 나는 내일을 생각했다. 법과 대학에서 만나기로 했다.

10월 27일 화요일

너무 놀았던 건 내 잘못이다. 나는 그 때문에 마음이 아팠다. 그가 시험에 떨어진 것이다. 그런 일은 예상하지 못했는데. 10시 반에 법과 대학에 갔더니, 그가 나에게 45분 후에 다시 오라고 말했다. 나는 그 시간을 이용해 등록을 하러 갔고[56], 다시 돌아왔다. 우리는 시험 결과를 기다렸다. 시험 결과가 발표되었지만 나는 믿을 수 없었다. 다시 그것을 생각하고 싶지 않았다. 홀에서 나오며 그의 얼굴을 다시 보았을 때 그의 고통이 느껴졌기 때문이다.

비가 내리는 가운데 우리는 손을 잡고 조용히 걸어서 돌아왔다. 그것이 내가 그를 위해 할 수 있는 전부였다. 1시의 거리는 빗속에 비어 있었고, 파리는 우리 것이었다.

우리의 슬픔에도 불구하고, 빗속의 그 조용한 산책은 멋진 추억이 되었다.

내일을 기다리며 하루 종일 어슬렁거렸다. 나를 그에게서 갈라놓는 일은 아무것도 하고 싶지 않았다. 나는 미용실에, 외할머니 댁에 갔다. 그리고 하루가 끝날 무렵 드니즈 언니와 함께 조제트의 집에 갔다.

---

[56] 1941년 12월 이후 프랑스 경찰은 유대인들을 정기적으로 관리했다. 유대인들은 도청에 가서 등록하고, 신분증에 JUIF(유대인 남자) 혹은 JUIVE(유대인 여자)라는 글씨가 붉은색으로 적힌 사증査證을 받아야 했다.

10월 28일 수요일

우리는 학교에서 집으로, 내 방으로 돌아왔다. 그리고 내가 원했던 대로 슈만의 음반들을 들었다.

10월 29일 목요일

갑자기 상황이 분열되었다. 그가 자신이 떠나는[57] 이야기를 너무 많이 해서, 나는 불안한 기분이 되었다. 내가 그와 함께 있는데 그가 그래야 한다고 믿는 한, 나도 그를 믿을 수밖에 없다. 그가 나에게 말했다. "아마도 이번이 우리의 마지막 만남일 거야." 그와 헤어져 혼자가 되자, 나는 상황을 이해하지 못함에도 불구하고 그렇게 되리라 믿었다. 비가 억수같이 퍼부었다. 우리는 학교 복도에서 한 시간을 보냈다. 그는 기분이 좋지 않았고 말도 별로 하지 않았다. 우리는 지하철에서, 세귀르 역에서 헤어졌다. 나는 집으로 돌아왔다. 집에서 시몽과 함께 퍼즐 놀이를 했다.

11월 5일 목요일

지난주 후반 내내 전화가 오기를 기다렸다. 토요일 저녁부터는 두려워하지 않기로 했다. 하지만 기분이 몹시 좋지 않았다.

---

57 장 모라비에키는 '자유 프랑스(France Libre)'에 가담하기로 결심했다. 그는 프랑스를 떠나 에스파냐로 가고, 거기서 다시 북아프리카에 가서 자유 프랑스 군대에 지원했다. 1944년 8월 15일 프로방스 상륙에 참여하고, 1945년 봄 독일 점령에도 참여했다.

상황이 정상적이라면 우리는 화요일에 다시 만나야 했다.

월요일, 죽은 자들의 날. 그래도 도서관에 갔다. 아무도 오지 않았다. 가슴 아픈 일이었다. 추위. 어둠이 내렸고, 그는 오지 않았다.

그리고 화요일이 되었다. 화요일 아침에 편지 한 통을 받았다. 내가 며칠 동안 매일 기다리던 편지였다. 기다리면서 기분이 꽤나 언짢았다. 그 편지는 무척 짧아서, 만약 오후에 내가 그를 보지 않았다면 there would have been room for deception(의심이 자리 잡을 수도 있었다).

수요일, 나는 편지 한 통을 썼다.

목요일

방크 거리[58]에 갔다.

목요일과 금요일, 나는 앙드레가 이해하지 못했다는 전화 통화 이야기 때문에 괴로웠다.

11월 8일 일요일

이상한 하루. 아무것도 이해가 안 된다.

어제 일은 놀라웠다. 그의 출발이 목요일로 확정된 것조차도

---

58 유대인 문제를 담당하는 사무국들 중 하나가 있던 곳.

어제 하루를 암울하게 만들지 못했다. 나는 그를 데리러 기차역에 갔고, 우리는 샹젤리제를 걸어서 돌아왔다. 처음으로 모피 외투를 입었다.

5시쯤에 조브가 왔다. 조브는 술을 많이 마셨고 무척 익살스러웠다. 그날 밤 계속 그의 꿈을 꾸었다. 그가 떠난다는 생각은 내가 잠에서 완전히 깨어남과 동시에 끝이 났다.

눈부신 날씨 속에 보클랭 거리로 출발했다. 햇살이 연약하게 반짝였으며, 하늘은 새파랗고 대기는 수정처럼 맑았다. 해는 내가 이 글을 쓰는 순간에도 타오르고, 오늘 하루를 이상하게 만드는 데 기여한다.

하루가 이상해진 데는 다른 이유도 있다. 다름 아닌 새로운 소식들이다. 사람들이 모두 흥분으로 들끓는 것 같다. 엄마 아빠도 무척 흥분하셨다. 나도 그랬어야 하리라. 하지만 나는 그러지 못했다. 내가 흥분하지 않는 것은 지나치게 회의적인 태도 때문이 아니고, 갑작스러운 소식들의 팡파르에 적응하지 못하는 무능력 때문이다. 나는 너무 오랫동안 그런 것에 익숙해지지 못했다. 하지만 아마도 이번 일을 계기로 그런 무능력이 종결될 것이다.

11월 9일 월요일

도서관을 닫으려고 하는데 장이 불쑥 나타났다. 마치 꿈같았다. 나는 그가 오기를 무척이나 바랐기 때문에 더 이상 기다릴 수 없었다. 우리는 마치 꿈속처럼 어둠이 내리는 카루젤과 오페라가를 가로질러 기차역까지 걸어갔다. 루브르는 한결 맑아진 하늘 위에 떠 있는 암흑의 배 같았다. 우리는 사흘 내내 만날 것이다.

11월 10일 화요일

부모님이 오베르에 가셨다. 드니즈 언니는 가지 않고 집에 있었다. 나는 2시 35분에 기차역에서 그를 다시 만났다. 쿠르 라 렌을 통해 걸어서 돌아왔다. 날씨는 화창했지만 무척 추웠다. 우리가 단둘이 만나는 것도 마지막이었다. 우리는 내일 몰리니에 집에 가기로 했다.

그가 베토벤의 〈라 음흡 콘체르토〉, 〈콘체르토 심포니〉를 가지고 왔다. 우리는 내 방에서, 침대 위에서 간식을 먹었다.

11월 11일 수요일

결국 그는 떠나지 않았다. 여러 가지 사건 때문에 그렇게 되었다. 그는 몰리니에, 주느비에브 로크, 그리고 나와 북역에서 다시 만났을 때 그것을 알려주었다.

몰리니에 집에서, 앙기앵에서, 매우 cosy한(기분 좋은) 하루였다. 바흐를 들었다.

11월 12일 목요일

소르본 대학의 첫 강의.

11시, 1호 강의실, 카자미앙 교수님. 질식할 것 같았다. 안팎으로 많은 사건이 일어난 탓인지 나는 도무지 헤어나지 못했고 깜짝 놀랐다.

2시, 들라트르 교수님. 계단식 강의실은 만원.

11월 14일 토요일

마들렌 성당에서 열리는 음악회에 함께 가기로 했다. 아빠는 마지막 순간에 가지 않겠다고 하셨다. 나는 2시 25분에 기차역으로 그를 데리러 갔다. 우리는 오랫동안 걸어 집으로 돌아왔다. 〈라 음 콘체르토〉를 들었다. 조브가 왔다. 작은 응접실에서 간식을 먹었다. 그 뒤엔 서재로 갔다.

11월 15일 일요일

아침에 보클랭 거리.

조브와 아니 부트빌.

11월 16일 월요일

도서관.

11월 17일 화요일

3시, 주르당 부인. 바이올린 수업은 한 시간 반 동안 계속되었다. 우리는 바흐의 〈1번 소나타〉와 〈13번 4중주〉의 한 악장을 초견으로 연주했다.

11월 18일 수요일

아침에 비앙페장스 거리.

오후에 생 클루. 거기에 가는 것이 몹시도 excited했다(흥분되었다). 그가 1시 반에 전화해 기차가 더 일찍 올 거라고 말했다. 나중에 레비 씨가 올라와 나에게 그것을 또 말해주었고, 나는 웃었다.

니콜, 드니즈 언니, 몰리니에, 사바리, 자크 베스와 막스 게티(두 명의 작곡가)가 있었다.

그는 월요일에 떠난다. 그가 사람들 앞에서 그렇게 말했다. 나 자신에 대해 말하자면, 불안에 사로잡혀 있다.

11월 20일 목요일

아무 이유 없이 학교에 갔다. 가자미앙 교수님은 강의를 하지 않으셨다. 3시에 기차역으로 J. M.을 만나러 갔고, 함께 그가 다니는 양복점에 갔다. 그리고 생 오귀스탱에서 다시 지하철을 탔다. 벌써 4시가 넘었다.

이것이 마지막에서 두 번째 만남이다.

그는 〈15번 4중주〉를 가져왔다.

그가 토요일에 점심 먹으러 오기로 했다.

11월 21일 금요일

뷔장발 거리로 달려갔다. 그런 다음 J.를 위해 책을 한 권 사러 갈리냐니 서점에 갔다.

투르 거리에 갔다. 그녀들은 라벨의 3중주를 공부하고 있었다.

11월 22일 토요일

마지막 날.

아침나절이 바람처럼 지나갔다. 세실 레만의 일 때문에, 그리고 꾸러미 하나를 전달하기 위해 카츠 씨를 만나러 테에랑 거리에 갔다가 집으로 돌아왔다. 그리고 오늘 저녁 장에게 줄 편지를 쓰기 시작했다. 내가 뭐라고 쓰는지 알 수 없었다. 그가 곧 집에 올 것이기 때문이었다. 정오에 나는 옷을 갖춰 입지 않은 상태였다.

나머지 일들은 꿈처럼 흘러갔다. 부모님은 점심 식사와 근사한 환대를 준비해두셨다. 나중에 우리는 음반을 들으러 갔다. 그는 잠시 몽트쉬 거리에 다녀왔다. 그가 시간을 잘못 보았다. 3시 15분 전이라고 생각했지만 실제로는 4시였고, 우리는 거의 한 시간을 도둑맞은 셈이었다. 장 폴과 니콜이 루이즈의 소개로 방에 침입했을 때 상황은 갑자기 종결되었다. 내가 피노 집안사람들, 프랑수아즈, 디종 집안사람들, 장 로제스, 조브 등 많은 사람들을 초대했기 때문이다. 내가 reckless(경솔)했다(외출 금지 때문에). 나는 그를 배웅하러 지하철역으로 갔다. 집에 돌아오니 초대한 손님들이 아직 있었다. 그래서 생각을 할 수 없었다.

11월 23일 일요일
아침에 보클랭 거리.
조브와 브레나에.

11월 24일 월요일
도서관.
사바리를 봄.
프랑수아즈 드 브룅호프.

11월 25일 화요일
Pot black Tuesday(칠흑같이 어두운 화요일). 오후 내내 집에 머무르며 J. M. 머리(John Middleton Murry, 1889~1957, 영국의 작가·문학평론가-옮긴이)의 책과 씨름했다. 우울해졌다.

11월 26일 수요일

장의 편지. 그는 오늘 아침에야 떠났다. 월요일에 나를 보러 올 수도 있었을 텐데.

UGIF에 다녀오니 그가 보낸 멋진 패랭이꽃 다발이 와 있었다. 생 오귀스탱 거리의 상점에서 온 것이었다. 햇살이 빛났고, 나는 기쁨에 사로잡혔다. 어제는 이 일이 악몽처럼 느껴졌는데.

등록하러 학교에 갔다.

11월 27일 목요일

니콜이 나를 만나러 들렀다.

점심때는 시몽. 그는 5시 반까지 머물렀다. 내가 주르당 부인 댁에서 돌아왔을 때도 그는 아직 집에 있었다.

11월 27일 금요일(11월 28일 금요일. 저자가 날짜를 착각한 듯함-옮긴이)

나딘 D.[59] 집에 갔다가 돌아오니 수요일에 기차 안에서 쓴 장

---

59 나딘 드투슈, 피아노 교수. 프랑스의 유명한 작곡가·지휘자·피아니스트인 나디아 불랑제의 제자이기도 하다.

의 엽서가 와 있었다.

11월 28일 토요일(11월 29일 토요일. 역시 저자가 날짜를 착각한 듯함-옮긴이)

자크를 위해 논문 한 편을 베껴 쓰려고 오후에 학교 도서관에 갔다. 혼자 집으로 돌아왔다. 공부를 조금 했다.

1943년

1943년 8월 25일 수요일

내가 이 일기를 중단한 것이 벌써 열 달 전이다. 오늘 밤 나는 엄마 말에 따라 이 일기장을 안전한 곳에 치우려고 서랍에서 꺼냈다. 사람들 때문에 주말에 집에 있는 것이 다시 싫어졌다.

거의 1년이 지났다. 드랑시, 강제 이주, 고통은 여전히 존재한다. 그동안 많은 사건들이 일어났다. 드니즈 언니가 결혼했다. 장은 에스파냐로 떠나서 만날 수 없다. 사무실의 여자 동료들이 모두 체포되었다. 그날 나는 특별한 우연에 의해 그곳에 가지 않았다. 니콜이 장 폴과 약혼했고, 오딜이 왔던 것이다. 벌써 1년 전의 일이다! 희망을 가질 이유는 아주 많다. 하지만 나는 무척 진지해졌고, 고통을 잊을 수 없다. 이 일기를 다시 쓰기 시작하면 무슨 일이 일어날까?

***

10월 10일

1년 동안 중단했던 일기를 오늘 밤 다시 시작한다. 왜일까?

오늘 조르주와 로베르의 집에서 돌아올 때, 갑자기 사실들을 기록해야 한다는 생각이 들었다. 마르그리트 거리에서부터 내 머릿속은 사실과 생각들, 이미지와 숙고들뿐이었다. 한 권의 책은 무엇으로 만들어질까. 갑자기 한 권의 책이 실은 얼마나 시시한 것인지를 깨달았다. 내 말은, 한 권의 책 속에 사실 말고 다른 것이 있느냐는 뜻이다. 글을 쓸 때 우리에게는 관찰 정신과 넓은 시각이 부족하다. 그런데도 많은 사람들이 책을 쓴다. 오늘 밤 나는 키츠의 「히페리온」 초반부의 시구들을 재발견했다. 아니, 애써 찾았다.

> *Since every man whose soul is not a clod*
>
> *Hath visions, and would speak, if he had loved*
>
> *And been well nurtured in his mother-tongue.*[60]

하지만 내가 글 쓰는 것을 막는, 그리고 이 시간에도 나를 고민하게 하는 수많은 이유들이 있다. 그것들은 내일도, 모레도 계

---

60 "영혼이 흙덩이가 아닌 사람들은 모두/시각視覺을 갖고 있으므로, 만일 그가 사랑했다면 이야기할 것이다/그리고 자신의 모국어에서 양분을 공급받았을 것이다." —존 키츠, 『히페리온의 추락. 꿈 1』(1819), pp. 13~15.

속 나를 속박할 것이다.

우선, 뿌리치기 힘든 일종의 게으름이 있다. 글을 쓰는 것, 내가 원하는 대로 글을 쓰는 것, 다른 사람들이 읽을 거라는 생각을 하지 않고, 자신의 태도를 왜곡하지 않고 온전한 진실성을 가지고 글을 쓰는 것, 우리가 경험하는 모든 현실과 비극적인 사건들을 단어를 통해 왜곡하지 않고 그것이 지닌 날것 그대로의 엄숙함을 보여주는 것은 매우 어렵고 지속적인 노력을 요하는 의무이다.

그러므로 나는 '글 쓰는 사람'으로 간주되는 것에 무척 큰 반감을 느낀다. 내가 생각할 땐, 혹시 잘못된 생각인지도 모르지만, 글을 쓴다는 것은 인격의 분열을, 자연스러움의 상실을, 포기를 전제로 하기 때문이다(물론 이것은 편견일지도 모른다).

그리고 오만함이 있다. 나는 이것에 대단한 애착을 갖고 있지는 않다. 다른 사람들 때문에, 다른 사람들에게 칭찬받기 위해 글을 쓴다는 것은 내가 볼 때는 혐오스러운 일이다.

아마도 '다른 사람들'이 나를 깊이 이해하지 못한다는, 그들이 내 명예를 더럽힌다는, 그들이 나를 훼손한다는, 그리고 마치 물건처럼 내 가치를 떨어뜨린다는 느낌도 들 것이다.

쓸데없는 생각이라고?

또한 이 모든 것이 무익하다는 느낌이 이따금 나를 마비시킨다. 물론 나는 의심하며, 모든 것이 무익하다는 느낌은 무기력과 게으름의 또 다른 형태일 뿐이라고 생각한다. 이 추론의 맞은편에 이성이라는 것이 우뚝 서 있기 때문이다. 내가 그 타당성을 납득한다면, 이런 생각은 결정적인 것이 될 것이다. 나에게는 글을 쓰면서 완수해야 할 의무가 하나 있다. 다른 사람들이 알게 하는 것 말이다. 나는 하루하루, 매시간, 다른 사람들은 알지 못한다는, 타인의 고통을 상상조차 하지 못한다는 사실을 감지하는 고통스러운 경험을 한다. 또 다른 사람들은 타인에게 악을 행한다. 그리고 나는 항상 그것을 이야기하는 힘든 노력을 한다. 그것이 의무이기 때문이다. 아마도 그것은 내가 완수할 수 있는 유일한 의무일 것이다. 알지만 눈을 감아버리는 사람들도 있다. 나는 그런 사람들을 설득하지 못할 것이다. 그들이 냉혹하고 이기적이기 때문이다. 그리고 나에게는 권위가 없기 때문이다. 하지만 또 다른 사람들이 있다. 사실을 알지는 못하지만 그것을 이해하기에 충분한 마음을 가진 사람들. 나는 이 사람들에게 영향을 미쳐야 한다.

  그 모든 부패를 폭로하는 것 말고 달리 어떻게 인간성을 회복시킬 수 있겠는가? 인간이 얼마나 폭넓은 악을 행하는지 이해시키는 것 말고 우리가 달리 어떻게 세상을 정화하겠는가? 모든 것이 이해의 문제이다. 이 진실이 나를 번민하게 하고 나를 괴롭힌다. 자신이 겪은 고통을 전쟁을 통해 보복할 수는 없다. 피는 피를 부르고, 인간은 자신이 지닌 악의와 무분별에 닻을 내린다. 악한 사람들이 자신이 행한 악을 깨닫게 할 수 있다면, 그들이 인간의 고귀한 특성인 편파성 없고 공정한 시각을 갖게 할 수 있다면 얼마나 좋을까! 나는 이 주제에 관해 주변 사람들과 자주 토론했다. 나보다 세상 경험이 더 많은 부모님과도 토론했다. 하지만 나와 의견을 같이한 사람은 프랑수아즈뿐이었다. 프랑수아즈를 생각하니 내 마음이 슬픔으로 부풀어 오른다.[61] 오늘 밤 집으로 돌아오면서 나는 그녀를, 우리가 서로를 이해했던 것을 떠올렸다. 그녀와 함께 있으면 살아 있다는 걸 느낄 수 있었다. 그녀가 나를 밖으로 끌어냈을 때, 멋진 가능성들이 가득한 세상이 내 앞에 열렸다. 그 전까지는 나에게 사람으로 보였던 사람들, 내가 발전할 수 있을 것 같았던 유일한 터전이 내가 가까이 하기도 전에 내게서 사라져버렸다. 이후 나는 스스로를 비난했다. 나는 곰곰이 생각해보았고, 아마도 내가 옆에 있는 사람들을 알지 못하기 때문이라고, 이미 떠나간 사람들을 그리워하기 때문이라고 생각했다. 최근의 슬픔 이후, 나는 부모님을 더 많이 살피고 부모님과 더 많이 이야기했다. 나는 그것도 의미 있는 활동이 될 수 있다고 믿는다. 오늘 저녁 집에 돌아오면서

---

61 프랑수아즈 베른하임은 1943년 7월 30일에 체포되어 강제 이주되었다.

계단에서 피아노 소리를 들었다. 처음에는 1층에 사는 여자가 피아노를 연주한다고 생각했다. 하지만 계단을 올라갈수록 피아노 소리가 점점 커졌다. 3층에 도착했을 때 퍼뜩 생각이 떠올랐다. 아마도 엄마가 앤티 제르와 함께 피아노를 치고 계신 거라는 생각이었다. 그러자 내 얼굴에 미소가 번졌다. 집 층계참에 도착했을 때, 그리고 피아노를 치는 사람이 엄마라는 것을 확신했을 때, 내 의사와 상관없이 미소가 더 크게 번지는 것을 느꼈다. 그런 내 모습을 봤다면, 엄마는 내가 어릴 때처럼, 자크와 함께 glorious mess(즐거운 시장놀이)를 했을 때처럼 beaming over 한다고(무척 기뻐한다고) 생각하셨을 것이다. 엄마가 피아노 연주를 다시 시작한 것을 알자, 가장 완전하고 예기치 못한, 그리고 가장 순수한 기쁨이 느껴졌다. 엄마는 나를 위해 나와 함께 음악을 연주하기로, 이 집의 침묵을 깨기로 결심한 것이다. 그러나 엄마가 나를 놀래주려 했다고 생각했기 때문에, 그런데 초인종을 누르면 내가 엄마의 피아노 소리를 들었다는 것을 엄마가 알게 되기 때문에 잠시 연민의 감정을 느꼈다. 나는 다른 사람의 즐거움을 망치는 것을 싫어한다. 그러나 연민은 좋은 감정이 아니다. 나는 엄마에게 연민을 느끼고 싶지 않다. 다른 한편으로 지금 나는 그것이 연민이 아니라 애정이었다는 것을, 순수한 고마움에서 나온 기쁘고 뒤죽박죽된 감정이 나로 하여금 기쁨 외의 모든 감정들을 날려 보낸 뒤 솔직하게 초인종을 누르고 엄마를 받아들이게 했다는 것을 알고 있다.

그렇다 해도, 프랑수아즈와 장을 몹시 그리워하는 내 마음이 사그라지는 것은 아니다.

나는 끌려가지만, 그것은 내가 의도한 것이 아니다.

그러므로 나는 이 시대가 어떠했는지를 후세 사람들에게 알리기 위해 글을 써야 한다. 폭로해야 할 끔찍한 사실들이 있고, 거기서 많은 사람들이 큰 교훈을 얻으리라는 것을 나는 알고 있다. 나는 강제 이주된 사람들, 감옥에서 신음하는 사람들, 자신이 살던 곳을 떠나는 큰 결심을 실행에 옮기는 사람들을 생각한다. 하지만 그것 때문에 내가 비열한 행동을 저지르지는 않을 것이다. 각자 자신의 작은 영역에서 뭔가를 할 수 있다. 할 수 있다면 그 일을 해야 한다.

다만 나는 한 권의 책을 쓸 시간이 없다. 나는 시간이 없다. 내게 요구되는 침착한 정신이 없다. 그리고 필요할 때 후퇴하지 못한다. 내가 할 수 있는 일은 사실들을 여기에 기록하는 것이다. 그것은 나중에 내가 이야기하고 싶을 때 혹은 글을 쓰고 싶을 때 기억을 떠올리는 데 도움이 될 것이다.

게다가 글을 쓰는 한 시간 동안 글 쓰는 것이 안도감을 준다는 것을 깨달았다. 그래서 이 일기장에 머릿속과 마음속에 있는 것들을 모두 쏟아놓기로 결심했다. 엄마와 함께 밤 시간을 보내야 해서 이제 그만 쓰련다.

10월 10일 일요일 21시
산책. 루브 그리고 별 여자들[62]. 장 O., 에드몽 B. 티보.

10월 11일
월요일 아침
아침 7시에 날카로운 초인종 소리가 울렸다. 나는 M. 부인의 속달우편일 거라고 생각했다. 엘렌이 그것을 가져왔고, 나에게 그것을 건네기 위해 불을 켰다. M. 부인은 안나와 합류할 수 없었다. 하지만 그녀의 편지에는 다른 내용이 담겨 있었다. 절박한 생각들의 흐름을 속박에서 해방시켜주는 소식이라서 나는 마음을 가라앉히기 위해 글을 써야 했다. 뢰브 부인의 남편과 딸이 남프랑스에서 체포되었다. 그녀는 그들을 위해 매우 침착한 태도를 유지하고 있었다. 또한 그녀는 자기 딸과 헤어지는 것을 너무나 괴로워하고 있었다. 지금 그녀는 그들의 괴로움에 무력하게 참여하고 있다.

그리하여 나는 이제는 내게 너무나 익숙해진 그 쓰라린 흐름

---

[62] 루브토 그리고 노란 별을 단 여자들.

속에 다시 빠져들었다. 거의 한 시간 동안 침대 속에 머물며 몹시 걱정스러운 문제들을 다각도로 검토해보았다. 남동생 자크를, 이본 언니와 다니엘 형부를, 드니즈 언니를, 그리고 아빠를 생각했다. 아빠 일도 걱정되기 때문이다. 불안 때문에 식은땀이 조금씩 흘러내렸다.

왜일까? 이 모든 것은 무익하다. 여자들과 어린아이들을 체포하는 것이 무슨 소용이 있겠는가? 전쟁 중인 나라에서 이런 일을 하는 것은 엄청나게 어리석은 짓이 아닌가? 하지만 지금 사람들은 이 일이 내포하는 간단한 문제점을 감지하지 못할 정도로 판단력이 마비되어 있다. 이것은 끔찍한 악순환이며, 우리는 그 결과들밖에 보지 못한다. 한쪽에는 깊이 생각한 조직적이고 논리적인 악의(B.가 어느 정도까지 광신자가 될지, 아니면 냉철한 의식을 회복할지 나는 알고 싶다)가 있고, 다른 한쪽에는 끔찍한 고통들이 있다. 이 엄청난 무익함에 대해 생각하는 사람은 이제 아무도 없다. 출발점을, 지독한 악순환의 첫 나사못을 보는 사람이 아무도 없다.

엄마는 아가슈 부인에게 격분하신다. 아가슈 부인 뒤에 있는 가톨릭교도들의 태만에 격분하신다. 엄마의 생각은 지극히 옳다. 가톨릭교도들은 양심에 따른 자유로운 판단을 하지 못하고 있다. 사제들이 말하는 대로 판단할 뿐이다. 그 사람들은 연약한 인간일 뿐이며, 비겁하고 편협할 때가 많다. 만약 기독교 세계가 유대인 박해에 맞서 대규모로 들고일어난다면 성공하지 않을까? 나는 그렇다고 확신한다. 기독교 세계는 전쟁에 맞서 들고일어났어야 한다. 하지만 그러지 않았다. 교황은 지상에서 신의 권한을 대행할 자격이 있을까? 그는 그리스도의 법에 대한 명백한 위반 행위 앞에 무기력할 뿐인데?

가톨릭교도들이 그리스도의 복음을 실천할 경우 크리스천이라는 이름에 합당할까? 그러면 '종교 차별, 인종 차별'이라고 불리는 행위들이 존재하지 않게 될까?

그들이 '당신들과 우리들의 차이'를 말하는 것은 그들은 메시아가 오신 것을 믿고, 우리는 계속 그것을 기다리기 때문이다. 그러나 그들은 메시아를 어떻게 했는가? 그들은 메시아가 오시기 전만큼이나 악하다. 그들은 매일 그리스도를 십자가에 못 박는다. 만약 그리스도가 다시 오신다면 똑같은 복음을 전하지 않을까? 그의 운명이 옛날과 똑같지 않을 거라고 누가 보장할까?

토요일에 『카라마조프의 형제들』에 나오는 최고 종교재판관에 관한 장(章)을 다시 읽었다. 아니다. 우리는 더 이상 그리스도를 원하지 않는다. 그가 인간에게 양심의 자유를 돌려주셨기 때문이다. 하지만 그건 그들에게 너무 가혹하다. "내일 나는 너를 불태울 것이다." 최고 종교재판관은 이렇게 대답했다.

토요일, 나는 성 마테오가 쓴 복음서도 읽었다. 나는 여기서 모든 진실을 말하고 싶다. 내가 왜 그것을 감추겠는가? 나는 그리스도의 복음 속에서 내가 본능적으로 따르고자 하는 양심의 규칙 말고 다른 것을 발견하지 못했다. 나는 몇몇 선한 가톨릭교도들보다도 그리스도를 더 중요한 존재로 여긴다. 이따금 내가 많은 크리스천들보다 그리스도와 더 가깝다고 생각한다. 나는 이것에 대한 증거를 갖고 있다.

놀라울 것이 뭐 있는가? 우리는 그리스도의 제자 말고 다른 것이 되어야 할까? 모든 사람이 크리스천이 되어야 한다. 그렇다. 반드시 어떤 명칭을 붙여야 한다면 말이다. 하지만 가톨릭교도들은 그렇지 못하다. 태초 이래 계속되는 유일한 흐름이 하나 존재한다. 그러나 불행하게도 사람들이 그것을 보지 못하도록 방해하는 불가사의한 편협함도 존재한다. 모든 사람을 위해 오신 그리스도를 거부한 사람들이 있다. 그런데 현재 모든 사람들이 유대인인 한 그들은 '유대인'이 아니라 짐승, 악독한 사람들이다(마찬가지로 오늘날 우리는 그들을 '가톨릭교도'라고 부를 수 있을 것이다). 그들의 후손은 좁은 길에서 유지되었고 인내를 영광으로 삼았다. 그리고 사람들이 '유대인'이라고 부르는 존재가 되었다. 그 반대쪽에는 그리스도를 독점한 사람들이 있다. 처음에 이 사람들은 신앙심이 깊었고 정화된 영혼을 갖고 있었다. 그러나 나중에는 다시 예전만큼이나 악해졌고, 그리스도를 자신들의 소유물로 삼았다.

다시 말해 모든 것에 일관성이 존재한다. 연속적인 흐름일 뿐이고, 진화일 뿐이다.

복음서를 읽으면서 나는 '변화되다'라는 단어에 깊은 인상을 받았다. 우리는 이 단어에 그것이 갖고 있지 않았던 정확한 의미를 부여했다. 복음서는 이렇게 말한다. "악한 자가 변화되었다." 사람이 바뀌었다는, 그리스도의 복음을 듣고 선해졌다는 뜻이다. 이제 우리에게 변화된다는 것은 다른 예배로, 다른 교회로 가는 것이다. 하지만 그리스도의 시대에 다른 예배가 있었던가? 신에 대한 예배 말고 다른 것이 있었던가?

인간들은 스스로 똑똑해졌다고 믿지만 실은 얼마나 인색해졌는지!

월요일 밤

아침에 뇌이에 갔다. 그리고 오후에는 도서관에서 책들을 정리했다.

크레미외 부인이 저녁을 먹으러 왔다. 그녀를 생각하면 얼마나 불안한지! 각각의 개인들이 모두 고통을 겪는 이 세상은 얼마나 고약한지! 그녀는 무척 젊고, 아파트 안에 아이들도 없이 혼자 있다. 벌써 18개월이나 되었다.

화요일

라마르크로 아이 다섯 명을 데려갔다. 무척 예쁘고 상냥한 아이들이다. 지하철에서 나를 도와준 사람들이 그 아이들이 누구인지 알았다면, 기차를 보면 항상 수용소로 그들을 데려가고 데려오던 기차를 연상하는 그 아이들은 거리에 있는 헌병을 가리키며 이렇게 말했을 것이다. "나도 푸아티에서 저런 식으로 돌아왔어요." "어린아이들을 내게 오게 하라, 그리스도께서 말씀하셨대요."

2시 15분에 로베르[63]를 몽파르나스 묘지에 매장했다. 잠깐 사이에 그곳에서 열리는 장례식에 두 번 참석했다. 관 위에 빨간 가운이 놓였다. 쥘리앵 바일[64]은 앞에서 기도문을 읽고 있었다. 내가 그분을 마지막으로 본 것은 드니즈 언니의 결혼식에서였다. 어떤 기쁨과 불행들이 인생을 구성하게 되었는지. 나는 '구성하게 되었'다고 말했다. 내 나이의 사람에게 생각의 각성은 전적으로 이런 파기 불가능성을 발견하는 데 있다고 믿기 때문이다. 나는 '키츠의 집'을 생각한다.

키츠는 시인, 작가이며, 내가 가장 즉각적으로, 가장 온전하게

---

63 로베르 드레퓌스, 엘렌 베르의 친척이며 사법관이었다.
64 쥘리앵 바일, 파리의 유대교 대제사장.

의사소통하는 인간이다. 나는 그를 아주 잘 이해할 수 있으리라 확신한다.

그날 아침(수요일), 나는 에세이에, 내 모든 것을 쏟아놓을 종이들에 그 주제에 쓰일 만한 키츠의 문장들을 베껴 적었다.

어젯밤 『티보 가家 사람들』을 거의 다 읽었다. 자크가 내 머릿속을 떠나지 않고 맴돈다. 그 결말은 너무나 슬프다. 하지만 너무나 불가피하다. 이 책은 아름답다. 셰익스피어의 작품처럼 현실의 아름다움을 지니고 있기 때문이다. 키츠의 다음 문장도 마찬가지다. "예술의 훌륭함은 바로 강력함이다."

10월 14일 목요일

아이들을 데려다 주었다. 안나가 로스차일드 병원에서 조직증식증 수술을 받았다. 2시에 집에 돌아와 프랑수아를 그리워하며 점심을 먹었다. 2시 반에 다시 집을 나섰다. 『공작 까치』(영국의 시인이자 소설가 월터 드 라 마르가 1913년 발표한 시집-옮긴이)를 돌려줄 테니 연구실에서 만나자는 스파켄브로크의 편지를 받았기 때문이다.

다시 대학 생활이 시작되었다. 그러나 지난 두 번의 여름을 보낸 지금은 삶이 끝나는 것 같았던 여름방학이 다 지나간 것이, 개강을 맞아 학생들이 돌아오는 모습을 보는 것이 매우 힘들다.

이제 나는 더 이상 공부하는 학생 입장이 아니다.

카자미앙 교수님과 함께 있는 스파크를 기다리며 새로 교수 자격을 딴 여학생 한 명과 이야기를 나누었다. 한순간 나는 그 마법의 왕국에 다시 빠져들었다. 하지만 나는 그 왕국에서 온전한 내 '자아'가 아니다. 내가 다른 사람들을, 신입생들을 배신하는 느낌이다.

14일 목요일. 이어서
레오테 집안사람들이 간식을 먹으러 왔다.

금요일
독일어 수업.
구제원. 시몽에게 영어 수업.

토요일
아침에 생 루이 병원. 아이 하나가 와서 치료를 받게 해주었다. 세 살배기 여자아이였다. 내가 병원에 데려가려고 하자 그 아이는 울었다. 하지만 아이는 내가 지하철 안에서 말을 걸 때마다 천사 같은 미소를 지어 보상해주었다.

블롱 집안사람들이 간식을 먹으러 왔다. 나와는 가깝지 않은 사람들이다. 그들과 함께 있으면 발자크 스타일 혹은 플로베르 스타일의 프티부르주아 계층 속에 있는 기분이 든다. 첫눈에 매우 주의를 끈다. 하지만 시간이 흐른 뒤엔 너무 지루하다.

10월 17일 일요일

점심 때 조르주.

레누아르 거리. 드니즈 언니 집에서 음악 연주. 브레나에가 지하철까지 배웅해주었다. 우리와 그는 얼마나 거리가 먼지! 그는 안시 호수에서 바캉스를 보내고 돌아왔다. 이제 나는 아무도 부러워하지 않는다. 또한 나는 그들이 자신의 무감각을 깨닫기를 바라기에는 자존심이 지나치게 강하다(한편으로 생각하면 이것은 매우 막중한 의무일 것이다). 그들의 연민을 원하지 않기 때문이다. 하지만 그들이 우리와 얼마나 거리가 먼지 느끼는 것은 고통스럽다. 미라보 다리에서 그가 나에게 말했다. "그래, 저녁에 외출하지 못하는 것이 아쉽지 않아요?" 세상에! 그는 우리의 상황이 겨우 그 정도라고 생각하고 있다. 나는 오래전에 저녁 외출을 관심사 밖으로 제쳐두었다. 사교 생활을 별로 좋아하지 않기 때문에, 또한 더 끔찍한 상황들이 있다는 것을 알기 때문에 저녁에 외출하지 못해서 아쉽다고 생각해본 적도 없다.

나는 그의 몰이해에 분개했다. 하지만 때때로 다른 사람의 입장에 서보려고 노력한다. 이 문제에 대해 그는 어떤 시각을 갖고 있을까? 브레나에라는 사람에게 이런 상황은 그저 사교의 즐거움을 박탈당했다는 의미일 뿐인 걸까? 그가 매주 우리와 만난 지도 벌써 2년째다! 그러므로 그 말은 그가 둔감하고 이기적이라는 증거라고 생각한다.

10월 19일 화요일 아침

사람들의 그런 몰이해를 근심하며 잠에서 깨어났다. 그리고 내가 원하는 것은 불가능한 일이 아닌가 자문하기에 이르렀다. 어제 학교에서 매우 상냥한 사람인 지블랭 부인과 이야기를 나누었다. 그런데 그녀와 나 사이에는 무지의 도랑이 있었다. 만약 그녀가 지금의 상황을 잘 안다면 그녀 역시 나만큼 근심할 거라고 생각한다. 그러니 내가 모든 것을 이야기하고, 그녀의 의식을 뒤흔들고, 그녀를 이해시키는 힘든 노력을 하지 않은 것은 정말로 잘못된 일이다.

내 안에는 그런 노력을 막는 장애물들이 너무나 많다. 우선 나는 타인에게 연민을 유발하는 일에 반감을 느낀다(하지만 그들의 이해를 끌어내려고, 그들이 조금 부끄러움을 느끼게 하려고 항상 노력한다). 그런데 이 대목에서 심각한 문제와 부딪친다. 다름 아니라 인간의 본성이 원래 즉각적이고 핵심적인 증거를 제시해야만 상대방의 말을 이해하게끔 만들어졌다는 사실이다. 대부분의 사람들은 상대방이 제3자의 이야기를 하면 감동하지 않고, 자신의 이야기를 해야 감동한다. 즉 자신이 직접 겪은 불행에 대해 이야기해야만 그들의 이해를 끌어낼 수 있다. 하지만 그게 어떻단 말인가? 나는 방법을 잘못 선택했음을 혐오감을 느끼며 깨닫는다. 중요한 것은 다른 사람들이 겪고 있는 참을 수 없는 고통인데 내가 관심의 중심이 되는 것이다. 이것은 원칙의 문제지만, 개인의 수천 가지 경험이 이 문제를 구성한다. 그리고 나는 그들이 나를 동정한다는 것(상대방의 동정을 얻어내는 것은 이해를 얻어내는 것보다 훨씬 더 쉽다. 동정과 달리 이해는 상대방에 대한 전적인 지지와 스스로에 대한 전적인 재검토를 전제로 하기 때문이다)을 공포스럽게 감지한다.

이 딜레마에서 어떻게 빠져나와야 할까?

이 문제를 개인적인 경험으로 한정하지 않고 그 자체로서 공정하게 숙고하는, 그것을 통해 다른 사람들의 고통까지 짐작하는 너그럽고 고귀한 정신을 가진 사람은 매우 적다.

그런 사람들은 위대한 지성과 감수성을 가졌을 것이다. 그것은 눈으로 보아서 할 수 있는 일이 아니다. 느낄 수 있어야 한다. 아이를 빼앗긴 어머니의 근심을, 남편과 이별한 여인의 극심한 고통을 느낄 수 있어야 한다. 강제수용소에 수용된 사람들이 매일 필요로 하는 용기들의 거대한 총합, 그들을 괴롭히는 육체적 고통과 비참함을 몸소 느낄 수 있어야 한다.

혹시 내가 세상 사람들을 두 부류로 나눠버리는 것은 아닌지 모르겠다. 이런 것을 이해하지 못하는 사람들(설령 그들이 안다 할지라도, 내가 그들에게 이야기한다 할지라도. 하지만 대개 실수는 나에게 있다. 내가 어떻게 하면 그들을 설득할 수 있는지 알지 못하기 때문이다) 그리고 이해하는 사람들로. 이제부터는 후자에게만 애정을 쏟아야겠다. 어떤 부류의 인간들은 포기해야 한다. 모든 인간이 개선될 수 있다고 믿는 것은 그만 포기해야 한다.

후자 속에는 순수한 사람들, 민중 계층의 사람들이 많을 것이고, 내가 '우리의 친구들'이라고 생각했던 사람들은 아주 적을 것이다.

내가 올해에 한 이 발견은 나에게는 고립이다. 나와 내 주변 사람들을 갈라놓고 있는 이 구덩이를 메우는 것이 큰 숙제다.

***

그들을 사랑하기 때문에, 혹은 단지 그들을 알기 때문에 애착을 가지면 괴로움이 더욱 커진다. 이것에 비하면 자신의 일 때문에 괴로워하는 것은 아무것도 아니다. 나는 내 문제에 대해서는 절대 불평하지 않을 것이다. 개인적인 고통은 지금으로서는 나 자신이 극복해야 할 문제이기 때문이다. 하지만 가족들로 인한, 친지들로 인한, 그리고 타인들로 인한 근심은 어떠한가.

나는 엄마의 고통을 이해한다. 엄마가 느끼는 고통은 열 배가 되었고, 엄마에게 달려 있는 많은 생명들 때문에 더욱 증대되었다.

"더할 나위 없는 건강과 환희는 이기주의자의 것일 수밖에 없습니다. 자신의 동포들을 많이 생각하는 사람은 결코 즐거울 수가 없어요."
—키츠, 베일리에게 보낸 편지

1943년 10월 25일 월요일
어젯밤 『티보 가 사람들』의 에필로그를 읽었다.

"(……) 벨기에의 침공 이후 그는 전쟁에 대한 다양한 문장들을 읽고 이해하는 일에 착수했다. 사건들은 명확하고 매우 깔끔한 도식으로 요약되어 인상적인 추론과 함께 연속되었다. 사람들은 실패들의 한 부분에 대해 이야기한다. 그 전쟁(앙투안이 매일 했던)은 시간의 후퇴 그리고 역사적 국면 속에서 그에게 갑작스러운 것으로 보였다. 외교관의 유창한 입에서 마른, 솜, 베르됭(이 지명들은 지금까지도 앙투안에게 구체적이고 개인적이고 비극적인 기억들을 환기한다)이 갑자기 사라지고, 그들의 현실이, 기술적 분석의 정확한 표지標識가 후세들을 위한 입문서의 모두冒頭가 되었다."

나도 늘 이런 문제 때문에 번민했다. 현재와 과거 사이의 이러한 차이, 현재에서 과거로의 이행, 살아 있는 수많은 것들의 죽음. 지금 이 순간 우리는 역사를 경험하고 있다. 뤼멜처럼 이 역사를 글로 요약하려는 사람들은 잘도 오만을 떨 것이다. 그들의 발제문 한 줄에 개인의 고통들이 숨겨져 있다는 것을 그들은 알까? 그 밑에 존재하는 것은 약동하는 생명, 눈물, 피, 근심이 아닐까?

미래를 생각하면 현기증이 난다. 아주 어렸을 때부터 나는 바깥세상에 대한 절망과 나 자신의 상실 문제 때문에 번민했다. 나는 내 생각을 잘 표현하지 못한다. 만약 내가 말로 한다면 매우 명확할 것이다(말은 그 순간 매우 생생했던 내 기분을 다시 느끼게 해주는 유일한 수단이다). '내가 죽어도 이 모든 것이 여전히 존재할까?' 이 질문은 즉시 끔찍한 고립감으로 이어진다. 어렸을 때 나는 그런 고립감을 매우 강렬하게 느꼈다. 하지만 이제는 타인과 함께 사는 데 익숙해졌고, 그런 강렬한 감성도 사라졌다.

나는 역사를, 미래를 생각한다. 우리는 언제든 모두 죽을 것이다. 삶은 너무 짧고 매우 소중하다. 그리고 내 주변에서는 삶이 부당하게, 범죄적으로, 혹은 무익하게 허비되고 있다. 무엇에 기초를 두어야 하는가? 시시각각 죽음을 대면하면 모든 것이 의미를 잃는다. 오늘 저녁 점령된 부르도네 가의 호텔 앞을 지나가면서 이런 생각을 했다. '누군가 저기에 폭탄을 던지면 스무 명은 족히 총살당할 거야. 스무 명의 무고한 사람들이 불시에 생명을 빼앗기겠지. 뇌이의 거리에서 대량 검거가 행해진 것도 그것과 비슷한 맥락이야……' 폭탄을 던진 사람은 그런 것을 생각하지 못했을 것이다. 정신이 순간의 열정으로 인해 몽롱해졌기 때문에, 사람이 모든 것을 생각할 수는 없기 때문에 생각하지 못했을 것이다.

장이 돌아왔을 때 내가 이곳에 없을까 봐 두렵다. 얼마 전부터 그런 생각이 든다. 아직도 나는 그의 귀환을 상상하고 미래를 생각해볼 때가 있다. 그러나 현실의 한복판에 있을 때, 현실을 뚜렷이 감지할 때는 불안이 나를 사로잡는다.

하지만 그 불안은 두려움에서 오는 것이 아니다. 나는 나에게 일어날 수 있는 일을 두려워하지 않는다. 내가 그것을 받아들일 거라 믿는다. 나는 힘든 일들을 많이 받아들였고, 시련 앞에서 발버둥 치는 성격이 아니니까. 오히려 나는 내 아름다운 꿈이 이루어질까 봐, 실현될까 봐 두렵다. 나 자신 때문에 두려운 게 아니라, 아름다운 어떤 것이 정말로 이루어질지도 몰라서 두려운 것이다.

이것에 대해 깊이 생각해보면, 내 두려움이 막연하고 비이성적인 두려움이 아니라는 것을, '꾸며낸 두려움', 소설 속에서 만들어진 것 같은 두려움이 아니라는 것을 잘 알 수 있다. 수많은 위험들이 나를 노렸다. 그런데 신기하게도 지금까지 그것들을 잘 모면했다. 프랑수아즈 생각이 난다. 그리고 대량 검거가 행해질 때면 늘 '왜 나는 아니지?' 하는 의문이 고개를 든다.

이상한 일이다. 내 두려움에 대한 이 확증이 내 불안을 가라앉히는 대신 증가시키고, 내 불안에 근거를, 이유를, 힘을 제공하고, 그 불가사의하고 끔찍한 성격을 제거하고, 쓰라리고 슬픈 확신을 부여하니 말이다.

10월 27일 수요일

월요일 아침에 스물다섯 가족이 아무런 '이유'도 없이 보마르셰 거리에서 체포되었다. 그 사건에는 즉시 봉인이 찍혔다. 만약 우리 집에 그런 일이 일어났다면, 나는 내 바이올린, 장의 편지들과 이 일기장, 그리고 내가 늘 가까이하는 책 몇 권을 넣어둔 빨간 상자를 지키려고 했을 것이다.

때때로 그것들을 집에 간수해두는 것이 바보 같은 짓이라는 생각이 든다. 하지만 즉각 부정하고 이렇게 중얼거린다. '그럴 만한 물건들이잖아.' 그것들은 한 가지 이유 혹은 또 다른 이유 때문에 나에게 모두 소중하다. 우선 『카라마조프의 형제들』이 있다. 그 책의 페이지 여백에 적힌 몇 줄의 글들은 값을 매길 수 없는 소중한 보물이다. 나는 그 글들이 살아 숨 쉬는 증인처럼 거기에 존재한다는 것을, 내가 그것들을 볼 수 있다는 것을 안다. 때때로 도서관에서 나는 그 글들의 존재를 불현듯 떠올린다. 그럴 때면 바깥은 춥지만 따뜻하고 환하게 빛나는 작은 난롯불을 쬐는 기분이 든다.

필요 불가결한 가치 때문에 애착을 갖는 책들도 몇 권 있다. 나는 중간문 앞에서 그 책들을 바라본다. 『부활』, 셸리의 『프로메테우스』, 『암흑의 유다』, 골즈워디(John Galsworthy, 1867~1933, 영국의 소설가·극작가. 인도주의적 입장에서 사회의 모순을 지적하는 작품들을 발표하고 미래의 가능성을 제시했다-옮긴이)의 『프리랜즈』, 그의 어린 시절 생활이 잘 묘사된 『아일랜드 매직』, 『버드나무에 부는 바람』, 모건의 책 두 권, 『무기여 잘 있거라』, 『귀향』, 푸르탈레스(Guy de Pourtalès, 1881~1941, 스위스 뇌샤텔 출신의 문인. 셰익스피어의 작품들을 많이 번역했으며, 전기 작가와 소설가로도 활동했다. 1937년 발표한 『기적적인 낚시』로 아카데미프랑세즈 소설 대상을 받았다-옮긴이)가 번역한 셰익스피어의 희곡 세 편, 호프만스탈의 산문들, 『체호프 단편선』, 도스토예프스키의 『미성년』, 릴케의 책들, 셰익스피어의 책들, 벽난로 위의 『이상한 나라의 앨리스』, 그리고 드니즈 언니와 프랑수아 형부가 약혼식 때 나에게 준 셰익스피어의 소네트들.

  나는 모건의 책 두 권이라고 썼다. 하지만 내가 슈바르츠 부인에게 빌려준 『스파켄브로크』가 아래층 복도 그녀의 서재에 있던 것이 충격과 함께 떠올랐다. 내 마음에 충격을 준 것은 책을 잃어버린 것이 아니라, 슈바르츠 부인에 대한 기억이다. 그 서재와 내 여자 친구들에 대한 기억은 내게서 영원히 떠나지 않을 것이다. 하지만 작은 세부 하나가 마치 내가 다른 통로를 통해 이 상황의 국면을 갑자기 보게 된 것처럼 나를 소스라치게 하고, 훨씬 더 강렬한 다른 방식으로 깨닫게 한다. 그리하여 요전 날 내가 손을 잡아주었던, 내가 무척 좋아하는 뇌이의 꼬마 친구들 중 하나인 앙드레 칸(이 꼬마는 검은 눈과 금빛 머리칼, 장밋빛 뺨을 갖고 있다)과 그 아이의 엄마를 동시에 생각하면서, 나는 슈바르츠 부인의 아이들도 똑같은 상황에 처해 있다는 것을, 지금 그 아이들의 아빠 엄마가 강제 이주되었다는 것을, 무승부라는 것을 불현듯 깨달았다. 나는 그들을 똑같은 차원으로 생각하기가 힘들었다.

  아마도 그것은 이런 식으로 과거가 될 것이다. 내 꼬마들의 불행은 사실, 현실로 받아들여진다. 그런데 피에르와 다니엘의 불행은 아직 그렇지 않다. 하지만 나중에는 그 차이를 구별하지 못할 것이다. 두 가지 모두 현실의 외양을 취할 것이다.

내가 프랑수아즈 생각을 멈추지 않음에도 불구하고, 그리고 내가 느끼는 슬픔 중 많은 부분이 그녀의 부재에 기인함에도 불구하고, 그녀에 대한 생각이 길에서 나를 덥석 붙드는 일이 자주 있다. 그녀는 체포될 준비가 되어 있지 않았고, 그것을 원하지 않았고, 이곳에 아주 큰 애착을 갖고 있었고, 삶을 몹시 사랑했다. 나는 나 자신과 상관없이, 내 슬픔과 상관없이 그녀를 생각한다. 그녀가 불행할 거라고, 그 가슴 찢어지는 이주 때문에 몹시 고통스러울 거라고 생각한다. 이유는 모르지만 그녀는 그런 일을 겪을 거라는 예상을 나보다 덜 했을 것 같고, 나보다 그 일에 더 반발할 것 같다.

언젠가 나도 내 운명에 반발할까? 나에게 운명이란 견뎌내야 하는 숙명이 아니라, 그 각각의 시련들이 의미를 지니는, 나에게 예정된 모호한 숙제 같은 것이다. 나는 더 정화될 것이고, 내 양심과 대면하여, 그리고 아마도 신과 대면하여 전보다 더 당당해질 것이다. 이것이 내가 줄곧 가져온 인상이다. 나는 항상 일종의 혼란을 느끼며 예전의, 1년 혹은 6개월 전의 나에게서 방향을 바꾸었다.

이상한 일이다. 프랑수아즈에 대한 생각이 우세한 두 요소로 나뉜다. 그녀의 육체적·정신적 고통에 대한 생각 그리고 나의 슬픔, 내가 무척 소중한 뭔가를 잃어버렸다는 느낌. 사실 나는 프랑수아즈에게 내 모든 우정을 주었으니까. 그녀도 나를 무척 좋아했고. 그 상호 교류는 매우 감미로웠고 빛과 생명력으로 가득 차 있었다.

그러나 지금 나는 사막에 있다.

지난여름과 가을이 나에게 어떠했는지는 결코 아무도 알지 못할 것이다. 내가 계속 살고 활동했으므로 아무도 그것을 알지 못할 것이다. 하지만 내 깊은 생각, 내가 정말로 나라고 느꼈을 때의 생각을 그들은 알지 못한다. 그것은 고통의 근원이 아니었다. 나는 육체의 고통을 아직 겪어보지 않았다. 그리고 그 시련이 나를 기다리고 있는지 어떤지는 오직 신만이 아신다. 하지만 나는 마음으로, 감정으로, 그리고 일반적인 관점에서 끝없는 고통을 느꼈고 지금도 느끼고 있다.

아무도 이것을 모를 것이다. 심지어 내 주변 사람들조차도. 내가 드니즈 언니에게도, 니콜에게도, 심지어 엄마에게도 말하지 않았으니까.

말할 수 없는 것들이 너무나 많다. 장 때문에 내가 느끼는 고통, 그 무엇도 나로 하여금 그것을 말하게 하지 못할 것이다. 나는 그 고통을 오로지 혼자서 간직하고 있고, 아무도 그것을 건드릴 권리가 없기 때문이다. 또한 일종의 수줍음이 그것에 대해 이야기하지 못하도록 나를 방해하기 때문이다. 나는 내 감정을 애써 설명해야 할 것이다. 하지만 때때로 나는 삶의 새로운 단계에서 그런 입장에 서는 것을 받아들이기가 싫다. 스스로에 대한 확신 부족, show off(남의 시선을 끌려고 애쓰는 것)에 대한, 실제보다 더 대단한 척하는 것에 대한 본능적인 혐오감 때문이다.

하지만 이것은 진실의 일부일 뿐이다. 또 다른 진실은 장이 떠난 1년 전부터 내가 인내심 때문에, 장과의 이별이 가져다준 변화를 받아들일 수 없게 하는 완고함 때문에 고통받고 있다는 것, 내 감정을 거짓으로 주장하거나 꾸미는 건 아니라는 것이다.

내게는 의지할 수 있는 견고한 대상이 별로 없다. 외적으로 보면 그럴 곳이 전혀 없다. 구체적으로 그렇게 해보려고 하면 본능적으로 외면하게 된다. 전에는 그랬다. 구체적인 것들이 내 꿈을 망가뜨릴 것 같았기 때문이다. 하지만 이제는 그것을 시도해본다. 내가 이 모든 것을 알기 때문에, 그의 어머니와 마지막에서 두 번째로 만났을 때 나눴던 대화에 대한 정확하고 예민한 기억이 있기 때문이다. 그 대화는 내가 예상했던 종교에 관한 토론은 별도로 하고, 나를 겁나게 하지 않았다. 그녀는 그 전 전날 내가 마음 푹 놓고 생 클루에 갔다는 것을 나에게 상기시켜 내게 결코 잊지 못할 고통을 주었다. 반면 그의 아버지는 아무것도 모르셨고, 나를 장의 '가벼운 연애 상대'로 간주했다. 이 단어는 얼마나 고통스러운지! 그분은 내 자존심이 아니라 내 내면에 상처를 입혔다. 내가 나 자신에 대해 알고 있는 모든 것은 아마도 내 내면에, 스스로에 대해 엄격하려는 지속적인 노력 덕분에 유지된 내 순수성에 가장 잘 어울릴 것이다. 심지어 나는 그것을 철석같이 믿는다. 장의 어머니는 의식적으로 그러신 게 아닐까? 그 전까지 그녀는 나를 단순한 ○○○로 간주하지는 않는다는 식으로 나에게 이야기하셨다. 그 단어를 굳이 또 적지는 않겠다. 나는 그것이 그녀의 재량에서 벗어났다고 생각한다. 그 순간 그녀가 갑자기 상황을 '깨달았기' 때문이다. 또한 그녀는 자신의 남편에 맞서 투쟁해야 한다는 것을 깨달았다. 하지만 덕분에 나는 그녀를 공정하게 보려는 내 의지에도 불구하고 그녀에게 자신의 말이 다른 사람들에게 어떤 울림을 주는지를 짐작하는 능력이, 세심함이, '다른 사람의 입장에 서보려는' 배려심이 부족하다는 것을 인정할 수밖에 없었다. 그녀는 무척 충동적이고, 그런 이유 때문인지 매우 고집불통이다. 나는 그것을 증명하는 다른 증거들도 갖고 있다. 장이 부재하는 동안 나를 그에게서 떼어내려는 그 고집, 손주들이 가톨릭교도여야 한다는 생각(나는 그런 생각이 내 종교적 확신과 상관없이 비열하다고 생각한다). 이것은 그녀가 타인의 입장을 얼마나 배려하지 않는가 하는 것 외에 무엇을 증명하는가? 나는 그녀가 심술궂은 사람이라고 생각하지는 않는다. 심지어 그녀가 나를 어느 정도 좋아한다고 생각한다. 하지만 그녀는 부족한 사람 같다. 그렇다고 내가 그녀를 열심히 설득할 수는 없을 것이다. 나는 타인의 양심을 지나치게 존중하니까.

그러므로 나는 외적으로 의지할 대상이 거의 없다. 가족들 중 엄마에 대해 말하자면 잘 모르겠다. 우리는 그런 것에 대해 이야기를 나누지 않는다. 엄마 아빠는 장에 대해서도, 내 미래에 대해서도 이야기하지 않으신다. 아마도 내가 먼저 이야기하지 않고, 내가 그 문제를 어떻게 생각하는지 모르시기 때문일 것이다. 수긍이 가는 추측이다.

내적으로는(그가 이곳에 있던 몇 달 동안 쌓아올린 내 내면의 사원 속에는) 많은 것이 부족하다. 나는 그에 관해 아주 조금 알 뿐이다. 게다가 앞으로 그의 삶은 중대하고 결정적이고 새로운 어떤 것에 직면할 것이다. 하지만 경이로운 영역이 있다. 그 영역으로 스며들어갈 때, 나는 태양과 온기를 다시 발견한다. 그 영역은 다름 아니라 우리의 깊은 유사함에 대한, 우리가 연락할 수 있는 가능성에 대한 생각이다. 이 영역 속에서 나는 작년 그 석 달 동안의 기억들을 다시 발견한다.

내 고통의 또 다른 부분, 프랑수아즈의 강제 이주에 대한 이야기도 할 수가 없다. 그녀는 내가 정의하기에는 너무나 보기 드문 본질을 가졌기 때문이다.

큰 부분 하나가 아직 남아 있다. 나는 다른 사람들, 내 주변 사람들이나 내가 알지 못하는 사람들의 고통에 대해서도, 일반적인 세상의 고통에 대해서도 이야기하지 못한다. 이야기해도 내 말을 믿지 않을 테니까. 고통이 끊임없이, 시시각각 나를 따라다닌다는 것을, 내가 내 고통보다 다른 사람들의 고통을 먼저 지나가게 한다는 것을 사람들은 믿지 않을 것이다. 하지만 내 가장 친한 친구들과 나 사이에 구덩이를 파는 것 말고 다른 방법이 뭐가 있단 말인가? 내가 다른 사람과 이야기할 때 무엇이 나에게 그런 끔찍한 불편함을, 소름 끼치는 분열을 유발한단 말인가? 동료들과도, 심지어 친구들과도 경험하게 되는 이 불편함, 의사소통의 불가능은 고통받는 사람들의 불행을 내가 의식한다는 사실에 수반되는 대가가 아닐까?

신은 이 대가가 나에게 괴로움을 안겨준다는 것을 아신다. 나는 항상 마음속 깊은 곳으로부터 다른 사람들에게(내 동료들에게, 내 친구들에게!) 나 자신을 전적으로 주기를 열망했기 때문이다. 그러나 지금 나는 그것이 불가능하다는 것을 인정할 수밖에 없다. 삶이 우리 사이에 장벽을 세웠기 때문이다.

이제 내 고통의 마지막 부분을 이야기하겠다. 이것은 명확하게 정해진 한 가지가 아니다. 나는 그래야 한다는 것을 확신하면서 이 희생을 받아들인다. 내 의식이 완벽하게 깨어 있음에도 불구하고, 이것에 대해 숙고해볼 때 내가 희생할 수 있는 대표적인 것은 내 일부분을 발전시키는 일을 포기하는 것, 공부 또는 음악 연주를 완전히 포기하는 것이다. But that is nothing(하지만 이것은 아무것도 아니다). 이것을 견디는 것은 나에게 힘든 일이 아니다.

***

22세가 된 뒤 자신이 마음속으로 느끼는 모든 가능성을 잃을 수도 있음을 깨닫는 사람들이 많을 것이다. 그러나 나는 아무런 수줍음도 느끼지 않고 내 내면에서 커다란 가능성을 느낀다고 말할 수 있다. 내가 그것들을 소유물로 간주하지 않고 나에게 주어진 천부적 재능으로 간주하는 한 그것들을 내게서 빼앗을 수 있겠는가? 내가 반발하지 않겠는가?

***

기묘한 모순.

다른 사람들, 종전終戰을 기다릴 '수 있는' 사람들, '평범한' 사람들 속에서 추론할 때 나는 전쟁이 곧 끝날 거라고, 아마도 6개월은 더 기다려야 할 거라고 생각한다. 우리가 이미 지내온 시간과 비교할 때 6개월은 아무것도 아니지 않은가?

하지만 내면 속의 나는 모든 것을 암울하게 여기고, 앞에 있는 불안밖에 보지 못한다. 어떤 시련이 나를 기다리고 있다는 생각이 끊임없이 든다. 불길한 검은 장막이 장이 돌아오는 순간으로부터, 내가 다시 빛에 거할 순간으로부터 나를 갈라놓는 것 같다. 장의 귀환은 나 자신의 소생 이상으로 행복한 재탄생이며 모두에게 행복의 상징일 것이다. 그러나 내 입장에서는 강제 이주가, 장의 강제 이주가 걱정된다. 위험들이 그를 노리고 있다.

그리고 내가 갑자기 평범한 사람들처럼 사태를 보기 시작할 때(요즘 나에게 드물게 일어나는 일)는 다시 고개를 들고 빛을 발견하는 기분이다. 그러나 감히 그것을 믿지 못한다. 그리고 생각한다. '이런 기쁨이 가능한 걸까?'

***

아마도 장이 떠난 후 내가 지나치게 어쩔 줄 몰라 했던 것 같다. 지금은 나에게 무슨 일이든 일어날 수 있을 것 같다.

***

어제 레오디 집안에 갔다. 나는 오래된 자아를 떠안은 채 내적 혼란에 빠져 있었다. 얼마나 불편한 일인지!

내가 왜 이 일기장에 글을 쓰는지 안다. 장이 돌아올 때 내가 여전히 여기에 있다면 이 일기장을 그에게 주고 싶다. 나는 끊임없이 '생각하고' 있으며, 그가 없는 동안 내가 생각한 모든 것들을 혹은 일부분이라도 그가 알아주면 좋겠다. 이 일기장에는 내가 깨달은 것들이 담겨 있고, 이 일기장은 내가 존재하는 기반인 영원한 양심이기 때문이다.

'사라진다'고 쓸 때 나는 내 죽음을 생각하지 않는다. 나는 살고 싶기 때문이다. 그가 내 영향력 안에서 그런 만큼. 강제 이주되어도 나는 끊임없이 귀환을 생각할 것이다. 신께서 내 생명을 가져가시지 않는다면, 그리고 너무나 사악한 일이 일어난다 해도, 인간의 악을 증명하는 일들이 드러난다 해도, 사람들은 내게서 이런 생각을 빼앗아가지 못할 것이다.

만약 그런 일이 일어난다면, 사람들이 이 일기장을 읽는다면, 그들은 내가 운명에 기대를 걸었음을 알게 될 것이다. 나는 운명을 미리 받아들이지는 않을 것이다. 내 육체적·도덕적 저항이 현실의 무게 아래에서 얼마나 힘을 발휘할 수 있는지 알지 못하기 때문이다. 하지만 기대하고 있다.

이 글을 읽게 될 사람은 바로 그 순간 충격을 받을 것이다. 오래전부터 내가 이미 세상을 떠난 저자에게서 자신의 죽음에 대한 암시를 읽고 충격을 받은 것처럼. 나는 몽테뉴가 죽음에 관해 쓴 글들을 읽은 뒤부터 기묘한 '시사 문제'를 접하면 이렇게 생각했다. '그래, 그 역시 죽었어. 그런 일이 일어났어. 그는 나중에 어떻게 될지를 미리 생각했어.' 그러고 나면 그가 시대를 골탕 먹였다는 기분이 들곤 했다.

키츠의 이 놀라운 시구처럼.

> *This living hand, now warm and capable*
> *Of earnest grasping, would, if it were cold,*
> *And in the icy silence of the tomb,*
> *So haunt thy days and chill the dreaming nights*
> *That thou wouldst wish thine own heart dry of blood*
> *So in my veins red life might stream again,*
> *And thou be conscience calm'd see, here it is*
> *I hold it towards you.*[65]

하지만 나는 끌려간다. 내가 이 시구처럼 병적이지 않기 때문에. 또한 나는 아무도 괴롭히고 싶지 않다.

---

65 "여기 살아 있는, 뜨겁고 열렬히 포옹할 수 있는 내 손은/만일 뻣뻣이 굳는다면/무덤의 차가운 침묵에 갇힐 것이다/그것은 그렇게나 너의 나날들을 사로잡고 너의 밤의 꿈들을 얼어붙게 한다/너는 너 자신의 영혼으로 마지막 피 한 방울까지 무엇을 표현하려 할까/내 혈관 속의 붉은 물결이 생명을 다시 흐르게 하도록/그리고 너의 양심이 진정되도록. 보아라, 여기 있다/나는 너를 향해 그것을 내민다." —존 키츠, 「살아 있는 이 손」 (1819), p. 191.

***

나는 이 일기장을 앙드레[66]에게 줄 것이다. 이 일기장을 그녀에게 맡길 때, 나는 장이 이 일기를 읽을 거라는 예측을 현실로서 고려해야만 할 것이다. 그러므로 나는 이 일기 속에서 그에게 말을 건넨다고 느끼지 않을 수 없고, 3인칭으로 글 쓰는 것을 멈추지 않을 수 없고, 그에게 편지를 쓸 때처럼 쓰지 않을 수 없다. 그러므로 '부(vous, 프랑스어의 2인칭 대명사. 경칭으로 사용한다 - 옮긴이)'를 사용하여 말하는 것과 그것과 유사한 어조를 구사하는 것이 나에게는 거짓처럼 여겨진다. 코미디를 하는 기분, 진정한 내 모습이 아닌 기분이 든다. 사실 그가 여기에 있더라도 그에게 '부'를 사용해 말하는 것이 아주 자연스럽게 여겨질 수도 있다. 그러나 마음속 깊은 곳에서 그런 생각이 든다. 혹은 느껴진다. 나는 단어들을 일기장에 적기도 전에 나의 장을 느낀다. 그리고 그에게 '튀(tu, 프랑스어의 2인칭 대명사. 친한 사람이나 가족, 손아랫사람에게 편하게 쓴다 - 옮긴이)'라고 말한다. 다르게 말하는 것은 나 자신에게는 거짓말하는 것이다.

지금 나는 그렇게 적었다. 그것은 나에게는 진실과 거리가 멀게 느껴진다. 사실 장을 생각할 때 나는 생각에 선행하는 영역 속에 존재한다. 그리고 단어들. 나는 그것을 어떻게 사용해야 할

---

66 앙드레 바르디오, 베르 집안의 여자 요리사.

지, 어떻게 생각해야 할지 알지 못한다.

만약 '사랑하는 장'이라고 쓴다면, 소설의 여주인공놀이를 하는 기분이 들 것이다. 『마리나 디 베자』(올더스 헉슬리가 1925년에 발표한 소설 - 옮긴이) 속에서 미스 스리플로가 말한 '사랑하는 짐'을 떠올리게 될 것이다. 그리고 나 자신을 비웃을 것이다. 웃을 수 있다니! 장은 웃는 것을 매우 좋아한다. 예전에 나는 잘 웃었다. 그러나 지금은 유머 감각이 불경으로 느껴진다.

***

키츠의 손처럼 나를 사로잡은 『티보 가 사람들』의 몇몇 단락(에필로그)을 여기에 기록한다.

P. 221. 그는 전쟁 그리고 북부에서 펼쳐지는 사건들에 대해 이야기한다. "나는 그것을 보기 위해 다시 거기에 있게 될까? 개인의 눈에 비치는, 역사를 이루는 사건들의 지독한 느낌이 지난 4년 동안 나를 여러 번 전율하게 했다."

P. 239. 1918: "세상의 미래는 이 전쟁의 끝에서 시작될 것이다. 모든 것이 좋지 않은 일에 연루될 것이다. 다가오는 평화가 근본적으로 개조되지 않는다면, 이미 과다 출혈인 유럽의 부흥과 통일에 얼마나 많은 시간이 걸리겠는가? 그렇다. 만약 무력이 국가들 사이에서 계속 주된 정치적 도구로 쓰인다면, 만

약 각각의 나라들이 국경 뒤에서 계속 스스로의 행동을 조정한다면, 그리고 확장에 대한 욕구에 굴복한다면, 유럽 국가 연맹(Fédération des États d'Europe)이 윌슨이 바라는 경제적 평화를 허락하지 않는다면, (……) 국제적 무정부주의의 시대가 완전히 끝나지 않는다면, (……) 모든 것이 새로 시작될 것이고, 그동안 모든 피가 헛되이 흐른 셈이 될 것이다."

"그러나 모든 희망이 허락되었다!!!"

만약 이 글이 지금 이 시대에 쓰였다면(그렇지 않더라도 이 글이 이 시대의 생각을 충실하게 반영한다면), 그렇다면 토요일에 장 피노가 나에게 이 에필로그를 주었을 때 내가 '이건 절망적이야'라고 말한 것은 옳을 것이다. 우리는 두 배로 절망적이다. 이 마지막 문장에서 말한 절망은 글 쓰는 사람의 입장에 서 본 사람, 그 일에 전념하는 사람들만 느낄 수 있다(내가 순진해서 이렇게 생각하는 걸까?).

("나는 이렇게 쓴다. 마치 내가 '그런' 것처럼.")

이것은 내 상상력의 산물일 뿐임을, 저자는 자신이 앙투안처럼 죽는 것을 상상하지 않았음을 나는 안다. 하지만 나는 그것을 다른 인물의 정신 상태에 대한 시각으로 받아들인다. 나는 로제 마르탱 뒤 가르가 그것에 진실한 어떤 것을 부여했다고, 그가 우리의 양심보다 더 예리한 양심을 지녔다고, 그리고 그가 꾸며내지 않았다고 믿는다. 나는 '소설' 속의 심리적 폭로를 믿는다.

P. 270. 장 폴에게: "하지만 특히 나는 네가 너 자신에 맞서서 스스로를 방어하기를 바란다. 너 자신을 잘못 이해하는 것을, 그리고 외양에 속아 넘어가는 것을 두려워해라. 진실되게 희생해라. (……) 그것을 이해해라. 이해하려고 노력해라. 나는 너와 같은 계층의 소년들을 위해 말하고 싶다. 지적이고 자유로운 사람들과 친교를 맺으면서 배워라. 독서로 정신을 함양해라. 어떤 상황에서는 관념적인 느낌이 경험을 앞선다. 아직 개인적으로, 직접적으로 경험해보지 못한 많은 느낌들을 머릿속으로 알 수도 있다. 그러나 어떤 사람들은 그것을 알아차리지 못한다. 그들은 지식과 경험을 혼동한다(cf. 키츠, 'sensation with and without knowledge(지식에서 오는 혹은 지식에서 오지 않는 감각)'). 그들은 느낌을, 필요를 경험한다고 믿는다. 그들은 경험했을 때만 안다……."

P. 281: "모순들을 지나치게 두려워하지 마라. 그것들은 불편하지만 이롭다. 모순이란 내가 내 정신이 해결할 수 없는 것들에 갇혀 있다는 것을 아는 순간 존재한다. 내 경우는 그것을 아는 순간 내가 대부분의 진리와 가장 가까워졌다고 느꼈다. 그 진리는 늘 빠져나가는 성질을 갖고 있다."

"내가 '살아남아'야 한다면 나는 의심의 표지 아래 머물기를 원할 것이다."

셰익스피어 식의 공정함.

P. 293: "그 존재를 보전해야 한다. 실수하는 것을 두려워하지 말아야 한다. 끊임없이 자신을 부인하는 것을 두려워하지 말아야 한다. 스스로에 대해 설명하고 너에게 고유한 의무들을 발견하면서 좀 더 앞으로 나아가기 위해 너의 실수들을 살펴보아라."

나는 이것에 대한 명백한 증거를 잡았다. 엘렌이 한참 전부터 아빠를 기다리는 사르보르(?) 부인을 만나러 가기 위해 방금 나를 방해했다. 나는 마음속으로 저주했다. 엘렌에 대한 내 유감스러운 마음이 악셀 문트의 아가타에 대한 기억으로 구체화되었다. 내가 틀렸다는 것을 안다. 하지만 신경질이 나는 것은 부인할 수 없다. 사르토리 부인, 그 선량한 알자스 여자는 아빠를 몹시 좋아한다. 신경질은 즉시 사라졌고(그러지 않았을까 짐작했다), 나는 내 '편파성'이 부끄러웠다. 나는 그녀와 이야기를 나누었다. 그녀의 누이는 1940년 이래 다섯 명의 아이와 함께 알자스에 있고, 그 남편은 사부아에 있다. 그 여자는 일주일 동안만 파리에 머물 수 있었고, 그동안 그 여자의 아이들이 인질로 감시받았다고 했다.

항상 모든 것에 우선하는 그리고 문제의 두 측면을 동시에 보는 판단자의 관점을 가져야 한다.

P. 293: "신문들. 영국은 거의 진전이 없다. 이곳저곳에서 사소한 진전들이 있긴 하지만 우리도 마찬가지이다(나는 '사소한 진전'이라고 썼다. 공식 성명처럼. 하지만 '진전하는' 사람들에게 그것이 무엇을 뜻하는지 안다. 폭발로 인한 큰 구덩이들, 참호들 속의 포복, ㅇㅇㅇ에 쏠려 간 응급 구호소)."

P. 245: "나는 일기장을 집어 들 시간도, 그럴 만한 취미(낭만적인)도 없었다. 그것을 후회한다. 만약 오늘 내가 여기서 내 열다섯 번째 해 이후의 모든 과거를 두 손에 뚜렷하게 쥘 수 있다면, 그것들이 더 많이 존재한 것처럼 여겨질 것이다. 내 삶은 부피를, 무게를, 윤곽을, 역사적 일관성을 지닐 것이다. 내 삶은 아무것도 파악할 수 없는 잊힌 꿈처럼 유동적이고 형태가 미완성인 어떤 것이 아닐 것이다."

그 위에 덧붙여서: "함정 속에 떨어진 기분……. 나에게는 더 나은 가치가 있다. 나는 내 스승들이, 동료들이 약속한 '아름다운 미래'를 누릴 가치가 있다(오만함일까?). 그리고 갑자기 참호 모퉁이에서 가스폭발이……."

그리고 그것의 아름다움을 묘사한 다음 단락:

"너무 더웠고, 나는 질투심을 없애기 위해 1시쯤에 갔다. 침대에서 그 아름다운 여름 하늘에 빠져들었다. 밤의 깊은 (……) 하늘 (……).

갑자기 혹성들 사이의 공간에서 생각하며 사는 데 익숙한 천문학자는 다른 사람들보다 죽는 것이 훨씬 덜 힘들 거라는 생각이 들었다(나는 그것이 사실이라고 확신한다).

나는 오랫동안 이 모든 것을 꿈꾸었다. 멀거니 하늘을 응시하는 시선. 한없이 펼쳐진 하늘. 그 하늘은 인간들이 망원경의 성능을 개선할 때마다 늘 후퇴한다. 그중에서도 특히 몽상이 우리의 마음을 진정시킨다. 끝이 없는 공간들, 거기서는 우리의 태양과 유사한 수많은 별들이 천천히 돈다. 그곳에서 태양(우리에게는 거대해 보이는, 내가 믿기로는 지구보다 백만 배 더 큰)은 아무것도 아니다. 무수한 별들 사이의 단일성 말고는 아무것도 아니다…….

은하수, 별들과 태양들의 먼지. 그 태양들 주변을 수십억 개의 혹성들이 서로 수억 킬로미터 떨어진 채로 돈다! 그리고 성운들, 거기서 미래의 다른 태양들 무리가 나올 것이다! 천문학자들의 계산은 세상의 이 혼잡함이 아무것도 아니라는 것을, 광대한 우주 속에서 아주 작은 자리를 차지할 뿐이라는 것을 알려준다. 뚜렷한 자국이 난 이 하늘에서는 모든 것이 방사放射 작용으로 그리고 상호 중력의 작용으로 흔들린다. 우리는 이것에 대해 아무것도 모르지만.

이것을 쓰는 것 말고는 할 일이 아무것도 없다. 내 상상력은 비틀거린다. 유익한 현기증. 오늘 밤 나는 처음으로, 그리고 아마도 마지막으로 일종의 고요함, 초월적인 담담함 속에서 내 죽음을 생각할 수 있었다. 나는 번민에서 해방되었고, 내 덧없는 육체에 거의 낯선 감정을 느꼈다. (……)

이 평온함을 다시 맛보기 위해 매일 밤 하늘을 쳐다보기로 맹세했다."

***

현대 과학의 발견들 속에서 인간은 무한히 왜소하게 느껴진다. 하지만 기도祈禱가 존재한다.

***

『티보 가 사람들』의 에필로그는 놀랍다. 여기서는 더 이상 소설이 자리를 차지하지 않는다. 하지만 한 사람(다름 아닌 앙투안. 혹은 누가 되었든 한 영혼)의 영혼이 너무나 절대적으로 흥미의 중심이 되어서, 이것을 읽는 사람들은 모두 그것을 불안하게 느낀다. 그것이 자신의 모습일 수 있기 때문이다.

일전에 샤를을 데리러 가는 기차 안에서 내가 이 책에 애착을 느끼는 이유를 깨달았다. 우선 이 책에는 한 시대 전체의 가슴 아픈 종말이, 전쟁이 그 가족과 다른 사람들 속에 파놓은 구멍들에 대한 묘사가 담겨 있다. 그것은 나중에 우리가 경험하게 될 것들이기도 하다.

또 하나는 앙투안이 자크가 실종된 뒤에야 자크를 이해했을 거라는 가슴 아픈 발견 때문이다. 이 아쉬움이 너무나 강렬해서, 나는 우리의 친밀함이 근사한 뭔가를 만들어낼 만한 순간에 이본, 자크, 프랑수아즈, 장이 내 곁에 없다는 사실을 자주 깨닫게 된다.

***

이 일기장 안에는 두 부분이 있다. 일기의 첫 부분을 다시 읽으면서 그것을 깨달았다. 일어난 일들에 대한 기억을 보존하기 위해 의무감에서 쓴 부분이 있고, 장을 위해, 나를 위해, 그리고 그를 위해 쓴 부분이 있다.

내가 체포될 경우 앙드레가 이 일기장을, 나에게 가장 소중한 것을 지켜줄 거라고 생각하면 행복하다. 지금 나는 실제적인 것 말고는 아무것에도 애착을 갖지 않기 때문이다. 영혼과 기억을 보존하는 것이 중요하다.

아마도 장이 이 일기를 읽을 거라는 것을 염두에 두어야 한다. 그러나 나는 이 일기가 키츠의 손과 같기를 원하지는 않는다. 나는 돌아올 것이다. 장, 당신은 알지. 나는 돌아올 거야.

오로지 장만이 내가 이 일기장을 넣어둔 봉투를 열 수 있을 것이다. 그것이 열리면, 그러면 나는 내가 여기에 뭐라고 썼는지를 아주 짧은 시간에 깨닫게 될 것이다. 파도가 나를 뒤덮는다. 나는 여러 달 전부터 내 내면에 축적된 모든 것을 그를 위해 쏟

수 있기를 바랐다.

하지만 나는 거의 깨닫지 못한다. 나는 그 일이 일어날 정확한 순간을 파악하려고 애쓸 것이다.

10월 28일 목요일 밤

방금 근사한 오후를 보냈다. 내가 좋아하는 여자 친구들이 집에 왔기 때문이다. 라브뉘 부인, M. S. 모뒤, 자닌 기욤. 카트린도 우리가 영어로 이야기하는 것을 들으려고 왔다.

오늘 나는 내 안에 있는 모든 가능성을 마음껏 펼칠 거라는 기분을 catch a glimpse할(어렴풋이 느낄) 수 있었다. M. S. 모뒤 (나는 그녀를 보면 캐서린 맨스필드가 몹시도 생각난다!)가 『베어울프』를 위한 록웰 켄트(Rockwell Kent, 1882~1971, 미국의 삽화가·판화가·작가 – 옮긴이)의 판화 복제품 한 점을 나에게 갖다주었다. 내가 미국 도서관의 『모비딕』 삽화들에 깊은 인상을 받았을 때 내 본능이 나를 배반하지 않은 것이다. 지금 나는 록웰 켄트가 누구인지 그때보다 더 잘 알고 있다. 그녀가 나에게 록웰 켄트가 글을 쓰고 삽화를 그린 그린란드 여행기를 빌려주었기 때문이다.

라브뉘 부인은 내 절친한 친구다. 나를 이해해주는 사람들 가운데 한 명이다. 그녀가 우리 집에 온 날 이후 그녀에 대한 내 우정이 조인되었다. 그때 나는 다음 날 있을 대량 검거 때문에 큰 충격을 받은 상태였다.

프랑수아 형부도 왔다. 자닌 기욤과 함께 열광적으로 수다를 떨었다. 그녀는 내 학위논문의 한 부분을 삭제해주었다. 그리고 『스나크 사냥』, 『버드나무에 부는 바람』. 이런 식으로 서로 주고받는 것이 참 좋다.

지금 나는 장을 생각한다. 그가 얼마나 그리운지. 내가 그와 함께 피어나기를.

***

현재의 내 삶을 상징하는 이상한 하루. 오늘 아침 9시, 나는 내가 돌보는 아이들 중 하나의 소식을 듣기 위해 어린이 병원에 갔다. 하얗고 조그만 침대들이 놓인 홀을 가로질렀다. 아이들은 모두 침대에서 일어나 베개를 받치고 앉아 있었다. 두두(에두아르 보그리브), 그 아이가 나를 알아보았다. 나는 그 아이가 내게 보낸 환한 미소로 그 아이를 알아보았다. 다갈색 머리칼에 컬을 말아 전보다 훨씬 더 예뻐졌기 때문이다.

나중에는 케베르를 만나러 생 드니에 갔다. 짐 꾸러미들을 나르면서 서민 계층의 여자 한 명과 이야기를 나누었다. 이야기를 나누다 보니 마음이 꽤나 불편했다. 그녀가 아는 것이 없었기 때문이다. 그녀는 파리에 유대인들이 많다고 생각했다. 그 표시(노란 별)를 단 사람들. 사람들은 그들을 주목한다. 그녀가 나에게 말했다. "하지만 프랑스 유대인들은 괴로운 일을 당하지 않아요. 게다가 뭔가 나쁜 짓을 한 사람들만 잡아가죠."

이런 만남은 나에게 너무나 큰 괴로움을 안겨준다. 하지만 나는 그녀를 원망하지 않는다. 그녀는 그저 모를 뿐이다.

점심 식사 후 비앙페장스 거리에 가서 스턴 부인에게 이야기했다. 얼마나 슬픈 일인지. 우리 사무실에 법률 담당 변호사들이 자리를 잡았다. 이제 나를 아는 사람이 아무도 없다. 그래도 상관없다. 그들은 내가 알고 있다는 것을 알지 못한다. 나는 내 여자 친구들에 대한 기억을 파손되지 않은 채로 도로 가져다놓았다. 드레퓌스 부인을 다시 만났다. 늘 똑같은, 파멸에서 유일하게 살아남은 사람. 그녀는 레아와 그녀의 가족들이 모두 체포되었다고 나에게 알려주었다. 그녀의 가족들은 수많은 위험신호와 7월 30일의 대량 검거[67]를 모면했었다. 그 소식은 나에게 충격을 주었다.

사뮈엘 부인에 대해 이야기했다. 그녀도 결국 강제 이주되었다. 그녀는 빈非유대인으로, 임신부였다. 하지만 의무실에서 끌

---

67 1943년부터 프랑스에서는 유대인 박해가 프랑스 유대인과 외국 유대인의 구별 없이 행해졌다. 1943년 7월 30일, 나치 친위대의 알로이스 브루너는 비앙페장스 거리 UGIF에서 구호 업무를 담당하는 직원들을 모두 체포하게 했다.

려 나와 보건 객차에 태워져 강제 이주되었다. 그것은 나에게는 코미디처럼 보인다. 보건 객차는 가축 운반 열차에 포함되어 있기 때문이다. 나치가 극악무도하다는 증거로 그들이 아픈 사람들을 보건 객차에 태워 강제 이주시킨다는 것보다 더 명백한 증거가 어디 있겠는가?

하지만 이런 생각이 무슨 쓸모가 있을까? 나는 두 손으로 머리를 감싸 쥐었다. 그들은 생각 없이 끔찍한 악순환을 계속 이어가고 있다.

그 악순환의 톱니바퀴는 매번 잘 알려진 사람들을 덥석 물고 집어삼킨다. 요즘은 매주 강제 이주가 있다.

사뮈엘 부인과 전쟁 후의 일에 대해 의견을 나눈 적이 있다. 그녀는 내가 만난 사람들 중에 독일인들을 일깨우려면 무엇보다도 그들을 이해시켜야 한다고 말한 유일한 여자였다. 그녀에게는 아버지가 드랑시에 있을 때 태어난 한 살짜리 아기가 있다. 그녀는 출산 직후 아기를 자주 보지 못했다. 아기를 낳은 후 여섯 달 동안 병원에 있었기 때문이다. 덕분에 그녀의 젊은 남편이 풀려났다.

오늘 지하철 안에서 생각했다. 이런 끔찍한 혼란 속에서는 아이들이 스무 살은 되어야 삶의 아름다움을 받아들이고 다른 인간들을 신뢰할 준비가 되지 않을까? 이 악몽을 통해서도 공평한 판단과 온화한 마음을 보존해야 한다는 사실을 납득하지 않을까(나는 뭔가를 정확히 의식하기 때문에 부끄러워하지 않고 이 말을 한다)? 나는 우리가 다른 사람들보다 미덕에 조금 더 가까이 있다고 믿는다.

***

10월 30일 토요일

오늘은 걸었다. 하루 종일 걸었다. 독일어 수업을 마치고 생라자르 거리, 보에티 거리, 미로메닐, 마리니 가 그리고 센 강의 강둑길을 통해 걸어서 돌아왔다.

강물과 아주 가까운 가장자리를 걸었다. 그 일은 나에게 마술과도 같은 효과를 가져다주었다. 나를 진정시켜주고, 잊지 않게 하고, 얼러주었다. 하지만 무거운 머리를 자주 식혀야 했다. 아무도 없었다. 수송선 두 척이 소리 없이 천천히 지나갔다. 긴 횡파橫波의 가벼운 찰랑거림이 배가 지나간 자국을 보여주었다가 강둑길 밑에서 사그라졌다.

나는 장을 생각했다. 지난밤 그의 꿈을 꾸었다. 드물지만 그런 일이 일어난다. 그리고 그 꿈들은 나에게 무척이나 소중하다. 나에게는 성모마리아의 방문과도 같은 꿈이기 때문이다. 그를 다시 만날 때, 그리고 길었던 그의 부재를 돌아볼 때, 나는 그것을 마치 내가 사는 이 세상의 반대편 세상의 일처럼 어렴풋이 회상할 것 같다. 이런 생각을 하니 그를 다시 만난 것만 같다.

하지만 그 꿈들이 정말로 환영이라면, 잠에서 깨어났을 때 지독히도 실망할 것이다. 내 꿈속에는 현실에 대한 어렴풋한 관념이 잔존한다. 언제나 뭔가가 그를 온전히 보지 못하도록 방해한다. 그러므로 현실에 대한 기억을 내 양심 깊은 곳에 보존해야 한다. 지난밤 꿈속에서 나는 어떻게 집을 빠져나왔는지(아마도 긴급한 어떤 일 때문인 것 같았다) 알지 못했고 장은 혼자 집에 있었다. 나는 마음이 초조해서 빨리 집으로 돌아왔다. 하지만 그것이 현실이 아니라는 것을, 뭔가가 나를 방해할 거라는 것을 알고 있었다. 그 꿈은 이 의식이 부여한 형태를 취했다. 내가 탄 엘리베이터가 7층까지 올라갔다가 내가 내릴 수 없는 상태에서 다시 내려갔다. 나중에는 내가 초대한 손님들이 한꺼번에 올라갔고, 바로 그때 내가 그를 더 이상 보지 못하리라는 것을 알았다. 나는 겨우 방 안에 들어갔다. 그는 창문 앞에 서 있었다. 그가 몸을 돌렸고, 그때, 아주 짧은 순간 나는 그를 보았다. 그가 두 팔로 나를 껴안았을 때의 느낌이 지금도 생생하다. 그의 넓은 어깨가 나를 감쌌고, 따뜻했다. 그다음에는 구멍이 하나 있다. 그 후 나는 내 침대에 앉아 있었다. 방 한가운데에 있는 게임 탁자 주변에는 (마치 어제 시몽의 수업에서처럼) 손님들이 앉아 있었다(내가 왜 손님들을 초대했을까? 그가 마지막으로 우리 집에 왔고 내가 필사적으로 시간을 붙들려 한다는 인상을 주었던 그날처럼). 니콜도 있었다. 나는 그녀를 밖으로 내보내고 장과 단둘이 있고 싶다는 것을 이해시키려고 그녀의 팔을 붙잡았다. 하지만 장은 더 이상 그곳에 있지 않았고, 꿈은 끝나버렸다.

어제 그의 어머니가 전화를 걸어왔기 때문에 그의 꿈을 꾼 것 같다. 그녀에게 뭐라고 말해야 할지 알지 못했고, 그녀의 목소리 역시 주저하는 듯했다. 그녀에게는 새로운 소식이 없었다. 그녀는 나를 잊지 않고 있었다는 말로 이야기를 시작했다. 사진들 때문에 절망한 내가 틀렸다. 그녀는 그것에 관심을 갖고 있었다.

알마 다리에 도착한 나는 하염없이 강물을 내려다보았다. 그리고 갑자기 우리 두 사람의 삶이 어떻게 될지, 그것이 행복할 수 있을지 생각했다. 그 전까지는 그런 것을 생각해본 적이 없었다. 그것은 새로운 어떤 것이었다. 하지만 먼저 검은 구렁을 건너야 하지 않을까? 이런 이유 때문에 그런 것에 생각이 미치도록 나 자신을 내버려둘 수 없는 것이다. 그것이 나에게는 fallacy(그릇된 생각)로 보이기 때문에.

점심 식사 때는 드트로 양, 드니즈 언니, 그리고 프랑수아 형부가 있었다. 그 후에는 아니 디종의 결혼식을 위해 갈리냐니 서점에 가서 책을 한 권 사려고 다시 집을 나섰다. 더 걷고 싶었다. 센 강이 다시 나를 끌어당겼다. 이번에는 강둑길로 내려가지 않고 난간 옆을, 향내 나는 낙엽 위를 걸어 쿠르 라 렌을 따라갔다. 햇빛이 내리쬐었고, 하늘은 파랬다. 시끌벅적하게 노는 젊은 이들이 있었고, 마로니에의 마지막 잎사귀들은 구릿빛을 띠고 있었고, 잔디밭의 풀은 에메랄드빛 초록색이었고, 하늘은 맑게 빛나고 경쾌했다. 구겨진 나뭇잎들이 풍기는 진한 향기, 그리고 대기 곳곳에는 붉은 낙엽들의 톡 쏘는 듯하고 가을 분위기를 물씬 내뿜는 풍미가 있었다. 불빛이 반짝거리는 센 강은 비현실적이고 연약하고 찬란한 아름다움을 발했다.

콩코르드 광장에서 수많은 독일인들과 마주쳤다! 여자들이 함께 있었고 상황을 공평하게 보려는 의지가 있었음에도 불구하고, 내 이상(실제적으로 보고 통찰력을 갖추자는)에도 불구하고, 나는 증오가 아닌 다른 것에서 나오는 감정에 자극되었다. 나는 증오는 모르고, 저항을, 혐오를, 멸시를 알기 때문이다. 그러나 독일인들은 이것을 이해조차 하지 못하며, 유대인들이 유럽 전역에서 사는 기쁨을 없애버렸다. 그들은 파리의 이 찬란하고 연약한 아름다움과 전혀 어울리지 않는다. 공포를 만들어내는 이 사람들을 우리는 너무도 잘 알고 있다. 단일 인종 출신인 이 사람들은 기껏해야 다섯 살배기 어린아이 수준의 뇌 없는 자동인형으로 존재하기 위해, 그들을 바보로 만들고 정신을 제거

한 나치 우두머리들을 용인했다. 이 사실은 독일인에 대해 사람들과 이야기할 때마다 내 안의 뭔가를 궐기하게 만들 것이다. 내 안의 모든 것이 게르만적 특성에 반대하고, 그것과의 접촉에 발끈한다. 내가 본질적으로 라틴 기질을 가진 걸까? 폭력에 대한 열광, 오만함, 감상주의, 질서에 대한 지나친 열광, 우울함에 대한 무조건적인 애호 등 게르만적 특성을 이루는 갖가지 요소 앞에서 내 기질은 반항한다. 나도 어쩔 도리가 없다.

그때 내가 느낀 혐오감 속에는 내 경우에 대한 그 어떤 고려도 포함되지 않았다. 나는 박해에 대해 생각하지 않았다.

그러나 아케이드 밑으로 들어갔을 때, 깊은 애착이, 본질적인 친화력이, 상호 간의 이해와 사랑이 나를 돌에, 하늘에, 파리의 역사에 묶어주는 것을 느꼈을 때, 나는 그 사람들이, 파리도 프랑스도 결코 이해하지 못할 그 이방인들이 내가 프랑스인이 아니라고, 파리는 그들에게 빚졌다고, 이 리볼리 거리가 그들 것이라고 여기고 있음을 떠올리며 분노에 소스라쳤다.

나는 갈리냐니 서점에서 『풍류여정기』의 예쁜 판본과 『로드 짐』(나를 위한 것)을 샀다. 할 수만 있다면 거기에 몇 시간 머물렀을 것이다.

밖으로 다시 나와 콩코르드 다리를 건너 프랑수아즈의 집에 가서 세실을 만났다. 세실은 쾌청하고 아름다운 아침나절 센 강에 떠 있는 수송선들을 보자 프랑수아즈 생각이 간절했다고 말했다! 그 말이 산책하는 내내 내 머릿속을 떠나지 않았다. 나는 기쁨들(그것들은 더 이상 기쁨이 아니라, 내가 아름다운 어떤 것을 목격한다는 증거일 뿐이다. 왜냐하면 그것이 아무런 즐거움도 수반하지 않기 때문이다)을 경험할 때마다 삶을 그토록 사랑했던, 파리를 그토록 사랑했던 프랑수아즈를 생각한다. 그녀에 대한 생각은 한순간도 내 머릿속을 떠나지 않는다.

***

나는 걱정하기 위해 만들어진 걸까? 어렸을 때 나는 고요한 만족감과 완벽한 즐거움을 역겨워했다. 나는 늘 discontented했다(불만스러웠다). 하지만 수많은 고통을 겪고 나면 더 이상 편안하지 않을 것이고, 이기적인 기쁨 속에서 내 better self(가장 훌륭한 나 자신)를 느끼지 못할 것이다.

하지만 나는 그 속에서 만족스러워하지 않는다. 이런 내 성향이 병적인 것은 아니다. 키츠의 노래와 같은 것도 아니다.

Come then, Sorrow!

Sweetest Sorrow![68]

---

68 "그러니 오너라, 슬픔이여!/내 감미로운 슬픔이여!"—존 키츠, 『엔디미온 4』(1817), pp. 279~80.

왜냐하면 그것이 실제의 고통이라는 것을 아무도 부인할 수 없기 때문이다.

기쁨보다 고통 속에 더 많은 진정성이 존재한다고 여겨진다는 뜻이다.

***

바로 이런 점 때문에 내가 니콜과 달리 지드를 좋아하지 않는 것이다. 나는 『좁은 문』 그리고 『배덕자』를 읽었다. 『티보 가 사람들』은 나를 열광시키지만, 지드의 문학 속에 보이는, 삶을 즐기자는 철학은 마음에 들지 않는다.

***

작년의 모든 추억들, 튈르리 정원의 작은 문, 물 위의 나뭇잎들이 나를 얼마나 사로잡는지! 나는 그 추억들 속에서 산다. 그리고 파리의 모든 길모퉁이들이 새로운 추억을 일깨운다.

***

장 폴이 우리 집에 있다. 어제 내가 레누아르 거리의 외할머니 댁에 가 있을 때도 그는 우리 집에 있었다. 나는 니콜 때문에 흥분했었다.

그의 귀환은 확실히 나에게 장의 방문을 꿈꾸게 했다.

***

『티보 가 사람들』—에필로그 16

P. 305: "독일의 제국주의가 뿌리 뽑히지 않는 한 유럽에는 안전이 없다. 오스트리아—독일 진영이 민주적 변화를 겪지 않는 한. 이 그릇된 관념(인류 공동의 이익에 반하기 때문에 그릇된 것이다)의 온상이 파괴되지 않는 한. 독일은 제국주의를 절대적으로 숭배하고, 파렴치하게도 무력에 열광하며, 자기들이 다른 모든 민족들보다 우월하다는 믿음, 그 민족들을 지배할 권리가 있다는 믿음을 가지고 있다."

P. 310, 독재정치에 대한 빅토르 위고의 견해에 대하여: "우리는 이미 50년 전에 독재정치 철폐와 무장 제한을 부르짖었다는 이유로 인류가 이제야 부조리에서 벗어나는 것에 대해 절망하는 것인가?"

정말 그것이 이유인가? 1943년에 1918년의 앙투안과 똑같은 질문을 제기하기 위해서는 많은 용기와 신념이 필요하다.

P. 313. 장 폴에게: "그의 인격에서 과한 탐욕을 없애는 것은 유혹적이다! 집단적 열광이라는 거대한 움직임 속으로 병합되는 것은 유혹적이다! 편리하다는 이유로, 최고로 마음 편하다는

이유로 그것을 믿는 것은 유혹적이다! (……) 실마리들이 흐리멍덩하게 보일수록, 사람은 혼란에서 벗어나기 위해 어떻게든 자신을 안심시키고 이끌어주는 기성의 독트린을 더 잘 받아들이는 경향을 보인다. 그가 제기하지만 혼자서는 풀 수 없는 질문들에 대한 그럴듯한 대답이 마치 피난처처럼 그에게 제공된다. 특히 그 대답이 다수의 지지로 인해 그에게 신용 있어 보인다면! (……) 저항하라! 행동 지침들을 거부하라! 생각 없이 가담하지 마라! 모든 '당원'에게 도덕적으로 나태한 안락보다는 차라리 불확실성에 기인하는 번민을 제공하라!"

P. 347. 부속 사제에게: "교회는 전쟁을 반대하기 위해 무엇을 기다립니까? 프랑스의 주교들과 독일의 주교들은 국기國旗를 축복하고, 학살에 대하여 신께 감사하기 위해 〈테 데움〉을 부릅니다. (……)"

10월 31일 일요일
7시 30분

방금 4중주곡인 베토벤의 〈7번〉을 초견으로 연주했다. 아니크가 왔다. 연주를 대강 해치우려 했지만 소용없었다. 안단테의 멜로디가 나를 심하게, 완전히 자극했다. 지금은 내 영혼이 광대해진 것 같다. 나는 울림과 울고 싶은 기이한 욕구로 가득하다. 그런 것을 들어본 지가 너무 오래되었다. 나는 온 마음을 다해 장을 부른다. 나는 그와 함께 4중주곡들을 알게 되었고, 그와 함께 들었다.

11월 1일 월요일

어젯밤 『배덕자』를 다 읽었다. 나는 지드를 이해 못 하겠다. 견해가 어렴풋하게 표현되었기 때문에, 문제가 명확히 제기되지 않기 때문에 그가 쓴 글의 의미를 파악할 수가 없다. 미셸은 왜 자기 아내를 죽게 할까? 어떤 이득 때문에? 그의 신념 속에 건설적인 것이 있나? 그의 신념은 정의조차 되지 않았다.

다른 한편으로, 지드의 철학은 내 철학과 반대이다. 모든 것을 향유하려는 그의 욕망 속에는 낡고, 자발적이지 않고, 지나치게 숙고되었고, 이기적인 뭔가가 있다.

미리 결정되어 있는 이 방침은 지나치게 이론에 기초한 것이고, 자기 자아에 중심이 맞춰져 있고, 겸손함과 관대함이 부족하다. 그렇다. 나는 그를 좋아하지 않는다.

마지막으로, 내가 보기에는 옳든 그르든 문체가 지나치게 기교적이고, 꾸밈이 많고, 낡았다. 표현 방식에 자연스러움이 부족해 매 순간 나를 소스라치게 한다.

내 생각은 두 극단 주변을 끊임없이 맴돈다. 강제 이주와 체포라는 현실 속에 구체적이고 생생하게 응축되어 존재하는 고통, 그리고 장의 부재. 이 두 가지 고통이 한 덩어리로 합쳐져 있다.

  이것은 내가 똑같은 고민들을 다시 발견하기 위해 끊임없이 뒤척거릴 침대와도 같다.

***

  오늘 아침에 크레미외 부인의 편지 한 통을 받았다. 그녀는 이런 말을 남겼다. "나는 용기가 바닥나버렸어요." 맙소사, 내가 그녀를 위해 무엇을 할 수 있을까? 18개월 동안의 불안과 침묵이 그녀의 내면을 황폐하게 만들어놓은 것 같다.

  언젠가 프랑수아즈가 그녀에 대해 사람들이 그녀를 껴안아주고 싶어 한다고 말했다. 프랑수아즈는 이렇게 말했다. "엘렌, 당신도 알겠지만 그녀는 너무나 불행해요. 그녀는 너무나 고통받고 있어요." 프랑수아즈의 목소리와 언제나 즐거운 미소 뒤에서 나는 진실성을 구별하는 법을 배웠다. 그 느낌이 지금도 귓가에 울려 퍼진다. 우리는 전쟁으로 고통받는 여성들이 말로 표현할 수 없는 시련을 겪으며 자기 안에서 발견하는 능력들에 대해 토론했다. 그녀는 **모든 것을 빼앗길지도 모를** 아이에 대해 이야기하듯 크레미외 부인에 대해 이야기했다. 그것은 사실이다. 나 역시 나중에 그런 느낌을 받았다. 그리고 지금은 프랑수아즈 역시 그렇게 되었다. 너무도 쾌활한 목소리, 즐거운 고음의 웃음소리를 가진 그녀는 입을 다물었다. 그녀의 목소리는 이제 내 기억 속에서만 울려 퍼진다. 그녀는 슈바르츠 부인에 대한 기억도 솟아오르게 했다. 우리는 슈바르츠 부인을 크레미외 부인과 비교했다. 지금 내 주변은 얼마나 공허한지! 7월 30일의 대량 검거 이후 오랫동안 나는 이곳에 남은 것이 몹시 불안했다. 내 머릿속에서 문장 하나가 춤을 추고 덜거덕거린다. 내가 찾지 않아도 그 문장이 저절로 다가와 나에게 강한 인상을 주고 내 머릿속을 떠나지 않는다. 바로 조브가 말한, 『모비딕』 끝부분에 나오는 문장이다.

And I alone am escaped to tell thee.[69]

결코 아무도 올여름 내가 겪은 황폐한 일들을 알지 못할 것이다.

1942년 3월 27일의 강제 이주(슈바르츠 부인 남편의 강제 이주)에 대해 우리는 아무것도 알지 못했다. 우리는 러시아 전선에 대해 이야기했다. 강제 이주자들을 그곳에 고용해 광산을 폭파하게 했을까?

---

69 정확한 원문은 다음과 같다. "And I only am escaped alone to tell thee(그리고 너에게 그것을 돌려주기 위해 나 혼자 그것을 모면했다).", 허먼 멜빌, 『모비딕』(1851), 에필로그/조브의 책, 1, 19.

우리는 폴란드 국경을 무리 지어 지나갈 때 겪을 수도 있는, 사람을 질식시키는 가스에 대해서도 이야기했다. 그 소문에는 분명 출처가 있을 것이다.

어제, 오늘, 그 시간에 체포된 각각의 새로운 사람들은 틀림없이 지독한 운명을 겪게 될 것이다. 그 일은 끝나지 않았고, 악랄하게, 정기적으로 지속될 것이다. 만일 오늘 밤 내가 체포된다면(내가 오래전부터 고려했던 것), 나는 일주일 후에는 아마도 죽은 채로 상부 실레지아(옛 프로이센 동남부 지방 – 옮긴이)에 있을 것이다. 내 한평생이 내 안에서 느껴지는 무한과 함께 갑자기 꺼져버릴 것이다.

바로 이런 일이 이 시련을 이미 겪었으며 자체로서 하나의 세계인 모든 개인들을 기다리고 있다.

당신은 앙투안 티보의 일기가 내 마음을 왜 그토록 흔들었는지 이해하는가?

지금 나는 죽음이 두렵지 않다. 내가 죽음 앞에 설 때 더 이상 생각을 하지 않을 거라고 예상하기 때문이다. 나는 내가 원하는 것을 너무나 잘 잊을 수 있고, 마찬가지로 내가 잃어버리는 것에 대한 개념을 내 머릿속에서 없애버릴 수도 있을 것이다.

게다가 너무나 많은 것들이 매일같이 그들의 생명을 희생시킨다. 그들은 갑자기 우리를 죽음에 접근시키고, 죽음의 활동 범위를 확대시키고, 죽음의 힘을 현저하게 증가시켰다.

나는 죽음의 신을 의인화된 존재로, 뒤러(Albrecht Dürer, 1471~1528. 독일의 화가·판화가. 〈기사, 죽음 그리고 악마〉(1514)에서 죽음의 신을 모래시계를 든 시체의 모습으로 묘사했다-옮긴이)가 그린 죽음의 신처럼, 중세 사람들이 생각한 것처럼, 악셀 문트의 죽음처럼 생각하고 싶지 않다. 우리는 죽음을 별개의 실체로서가 아니라, 신神의 권능의 현현顯現으로 생각해야 한다.

하지만 인간들이 만들어낸 너무나 많은 죽음들을 보면 그러기가 힘들다. 마치 죽음의 신이 둘인 것처럼 그런 일들이 일어난다! 신께서 부여하는 '자연적인' 죽음, 그리고 사람들이 만들어낸 죽음.

전자만 존재해야 할 것이다. 인간은 다른 인간의 생명을 빼앗을 권리가 없다.

그런데 죽음의 신이 세상에 쏟아진다. 우리는 전쟁에서 죽은 사람들을 영웅이라고 말한다. 그들은 왜 죽었을까? 반대편에 속한 사람들도 똑같은 것을 위해 죽는다고 믿었다. 모든 생명은 그 자체로 아주 큰 가치를 지니고 있다.

The pity of it, Iago! O Iago, the pity of it, Iago![70]

---

70 "이 무슨 불행인가, 이아고!/오 이아고, 이 무슨 불행인가, 이아고!", 셰익스피어, 「오셀로」(1604), 4막 1장, pp. 191~2.

내가 쓴 글은 많은 사람들의 빈축을 살 것이다. 하지만 깊이 생각해보면, 마음속 깊은 곳을 살펴보면, 다른 뭔가를 발견하지 않을까? 나는 내가 비겁하다고 생각하지 않는다. 그러므로 이런 것들을 쓰는 것을 스스로에게 허락한다. 사람들은 내 말을 듣고 '용맹', '용기', '애국심'의 이름으로 크게 외칠 테지만, 사실 그들은 잘못된 열정의 제국에 살고 있다.

게다가 2년 뒤 다른 전쟁 때문에 전선에서 싸우게 된 사람들은 그들이 믿었던 것이 '환상'이었음을, 사실 그것은 잘못된 열정들의 소멸일 뿐이었음을 깨닫지 않았을까? 우리는 보슈들을 더 이상 증오하지 않는다고, 독일인들이 그 일에서 무슨 역할을 했는지 더 이상 모르겠다고 고백할 때. 뒤아멜(Georges Duhamel, 1884~1966, 프랑스의 소설가·비평가·시인·극작가·의학자. 제1차세계대전 때 외과 의사로 종군했고 전쟁의 비참함을 호소했다—옮긴이)의 『순교자의 삶』에서, 『티보 가 사람들』의 에필로그에서, 푸르탈레스의 『기적적인 낚시』에서.

그리하여 그들은 자기들이 저항하기에는 너무나 무거운 숙명에 추월당했다고 여긴다. 처음에 이 '숙명'은 인간들에 의해 추진되었고 인간의 작품이었다.

나는 『순교자의 삶』에 대해 이야기했다. 이 책은 슈바르츠 부인의 성명 축일 선물이었다. 내 성명 축일에 그녀는 이미 장을 떠나보냈다. 그래도 나에게는 감미로운 대상들이 있었다. 내 여자 친구들, 그리고 그의 편지들도. 그러나 지금 나는 모든 것을 빼앗긴 기분, 벌거벗은 기분, naked to the awaited stroke한(앞으로 다가올 충격들에 속수무책인) 기분이 든다.

그렇다.『순교자의 삶』은 나를 절망케 한 책이다. 이 책이 내가 무엇보다 높이 평가하는 공평함에 타격을 입히기 때문이다. 하지만 그 차원에서 우리는 고뇌만을 볼 뿐이다. 해결책은 어디에 있는가? 아마도 불공정한 사람들은 해결책을 찾아내기 때문에 더 행복할 것이다. 만약 그 해결책이 잘못된 것이라면, 그들은 목적을 가진 것이다. 증오라는 목적. 그것이 증오하지 않는 것보다 훨씬 덜 불안할 것이다.

요즘에는 인간이 열망할 수 있는 가장 높은 단계의 완성은 이런 공평함이라는 생각이 든다. 나중에는…… 아직 모르겠다. 나는 해결책을 알지 못한다. 그것에 대해 이야기할 수 없다. 그것은 미래의 삶과 같다. 나는 그저 그것이 이 방법 속에 있다고, 일단 그 단계에 다다르면 해결책이 존재할 거라고 짐작할 뿐이다.

이런 이유 때문에 판단의 부재에도 불구하고『순교자의 삶』은 훌륭한 교훈으로 남아 있다. 뒤아멜은 의사를 표명하지 않는다. 그는 공평하게 사실들을, 전쟁이라는 난폭하고 광란에 차 있고 맹목적인 것의 결과들을 제시할 뿐이다. 또한 그는 전쟁의 밑바닥에 존재하는 소름 끼치는 실수를 숨김없이 폭로한다.

그의 책을 읽고 놀랐던 것을, 열정의 부재에 거의 화가 났던 것을 나는 기억한다. '결국 그는 어쩌자는 것인가?'라는 말이 그때의 내 정신 상태를 잘 나타내준다. 나중에 나는 그의 책 속에 은연중에 얼마나 큰 교훈이 담겨 있는지를 깨달았다. 그 교훈은 나를 위한 것이었다.

"경험해보기 전에는 아무것도 현실이 되지 않는다. 당신의 삶이 그 예를 제공하기 전에는 격언조차도 격언이 아니다."

—키츠

나는 앞의 내용과 아무런 관계도 없는 이 문장을 쓴다. 오늘 아침 이 문장이 나에게 깊은 인상을 주었기 때문이다. 이 문장은 나에게 제기된 중요한 문제를 짧게 요약하고 있다. 인간의 이해와 공감 문제. 모든 것이 이것으로부터 시작된다.

오늘 아침 내가 키츠를 공부했기 때문이다. 나는 예전처럼 마음 놓고 열광했다.

어떻게 우리의 생각은 몇 시간 만에 이토록 광대한 분야를 두루 편력할 수 있을까!

***

니콜과 함께 두 시간을 보냈다.

프랑수아즈 우그, 언제나 같은 사람들. 페레즈, 엘리안 루.

11월 2일 화요일

아침에 엄마를 뇌이에 모셔다 드렸다.

모두들 나와 함께 돌아가고 싶어 했다. 데데 칸이 나에게 열광적으로 이야기했다. 그 아이의 애원하던 얼굴이, 검은 눈이, 금빛 머리칼과 대비되어 무척이나 검고 기꺼이 웃음으로 반짝일 준비가 되어 있던 눈이 지금도 눈에 선하다. "누나가 내 옆에서 자면 좋겠어요!" 이 말은 그 아이에게는 최고의 사랑 표현이었다.

11월 3일 수요일

매우 풍성했던 또 한 번의 아침나절. 어안이 벙벙하다. 오늘 아침 나는 시간이 있었다. 마침내 불규칙한 생활에 익숙해지는 데 성공했다. 나는 자유 시간이 생기는 대로 붙잡기로 했다. 더 이상 정해진 계획에 따라 살지 않기로 했다. 이런 지독한 혼란이, 1년 전부터 평범한 삶을 살지 못하도록 나를 방해했던, 내 삶에 일어난 사건들에 대한 이런 저항이 필요했던 것이다. 내가 이 결과에 도달하도록, 내가 포기하도록. 나는 포기라고 말했다. 왜냐하면 나 말고는 변화의 적이 없기 때문이다. 그 정도로 나는 기쁨을, 새로운 경험들을 두려워했다. 그것들이 너무나 장래성이 있어서(여행처럼 혹은 예기치 못한 사건처럼), 그것들이 나에게 야기할 혼란 때문에, 또한 그것들이 나를 겁먹게 했기 때문에.

그래서 오늘 아침 나는 내 오래된 방에서 공부했다. 키츠의 『송시頌詩』에 관한 주석들에 몰두했다.

두 시간 뒤, 나는 울프의 다음 문장이 지닌 진실을 감지했다. 키츠 시학의 지고한 본질은 암시의 힘이다. 이를테면 「가을 송시」는 다시 읽었을 때도 내 내면으로 연장되었고, 내 내면에서 linger deliciously 했다(기분 좋게 지속되었다).

사람들이 장에게 내 메모장을 건네주었으면, 특히 커다란 밤색 하드커버의 메모장을 건네주었으면 한다. 그 속에는 글들은 물론이고 내 자아도 담겨 있기 때문이다. 내가 키츠에 대해 생각하는 것은 아직 쓸 시간이 없었다. 하지만 비평가들의 평론은 그의 작품 속에서 내가 좋아하는 것과 좋아하지 않는 것을 정확히 표현해준다.

***

11월 4일 목요일

오늘 아침 카자미앙 교수님의 강의 도중 학생들의 첫 모임이 있었다. 나도 참석했다.

전에 나는 이렇게 느꼈다. 교수 자격시험에 지원하지 않고 그냥 강의만 듣는 3학년, 이 신학년의 시작이 아직 새로운 매력을 갖고 있을까?

그런 혼란을 겪었는데도, 고독한 여름을 보냈는데도 삶의 그런 평범한 요소들에 다시 익숙해질 수 있을까?

혹시 작년의 기억들에 포위되지 않을까? 작년에 나는 첫 강의에 참석했다. 그리고 장이 오지 않았다는 사실에 괴로워하지 않았던가(그때 그는 아직 파리에 있었다)?

지금 나에게는 계획들이 넘쳐난다. 공부하고자 하는 욕구, 논문을 쓰고자 하는 욕구, 연구 발표를 하고자 하는 열렬한 욕구로 고무되어 있다. 전혀 어리둥절하지 않다. 작년보다 훨씬 덜하다. 대학 생활이 지나치게 내 삶을 차지하고 있는 걸까?

오, 아이러니다! 나는 시간이 없다. 뇌이 일 그리고 내 시간을 온통 차지하고 있는 나머지 일들을 대학 공부와 어떻게 양립시킬 수 있을까? 나는 어떻게 해야 할까?

지금으로서는 장애물들을 건너뛰어 지나갈 수밖에 없다. 삼사분기에 셸리에 관해 연구 발표를 하기로 했다. 내가 지나치게 수다를 떠는 것 같아 나 자신을 비웃게 된다. 하지만 즐겁기도 하다. 이것은 너무도 어두운 미래를 밝혀주는 하나의 표지이다.

***

사바리를 다시 만났다. 작년 이맘때의 기억. 하지만 나는 정말이지 그를 좋아하지 않는다.

11월 5일 금요일

위숑 부인의 강의.

나딘 집에서 첫 수업. 벌써 1년이 지났다. 이런 일들을 규칙적으로 되풀이하는 것 말고는 시간을 헤아리는 데 도움 되는 것이 아무것도 없다.

1년, 그리고 아무것도 변하지 않았다.

토요일

저녁 식사 때 드 라 V. 부인. 나딘 앙리오. 조브 집에서 음악 연주.

영국 라디오 방송에서 폴란드 수용소 생활에 관한 끔찍한 소식들을 다시 알려준 것 같다.

11월 7일 일요일

샤를과 시몽.

일요일 저녁, 작은 응접실에 둘이 있을 때 샤를이 부모가 체포되어 헤어지게 되었을 때의 일들을 이야기하면서 이렇게 덧붙였다. "너무나 슬퍼서 울 수도 없었어."

그는 감정도 없이, matter of fact한(중립적인) 어조로 이 말을 했다. 하지만 그런 태도는 꾸며낸 것이 아니다. 일어났던 일에 대한 기억이 그를 그렇게 만들었을 뿐이다.

11월 8일 월요일

도서관. 앵글로색슨어책들을 원하는 한 독일인이 방문했다. 그가 누구에게 말을 건넸는지 알았다면 좋으련만! 우리를 서로 이어준 유일한 언어가 영어였다는 것도 이상하다. 그 상황은 스릴이 있었다.

마리 루이즈 뢰주가 크뢰즈에서 돌아왔다. 독일인들이 유대인 망명자들을 추격하기 위해 기관총을 가지고 그곳에 도착한 것 같다. 그들은 모든 도郡를 차례로 지나갈 것이다.

내가 로스차일드 병원에 데려다 주었던 안나가 폴란드 출신인 자기의 사촌 자매 하나에 대해 이야기해주었다. 그 여자는 이번 전쟁으로 아들 넷을 잃었다고 했다. 남편은 이전 전쟁에서 가스 후유증으로 죽었다. 삶이 무너졌고, 그녀는 프랑스로 건너왔다. 지금 그녀는 미친 사람처럼 쫓기며 숨어 살고 있다.

나는 집에 돌아와서 새로운 엽서 한 장을 발견했다. 1년 넘도록 아무런 소식을 모르는 열두 살 된 자기 아들의 소식을 좀 알아냈느냐고 나에게 물었던 불쌍한 전쟁 포로에게서 온 엽서였다. 전쟁 포로로 있다가 돌아오지만 아내도 아이들의 소식도 알 수 없는 잔혹한 상황들이 수없이 많을 것이다.

9일 화요일

아침에 두 살 반 된 여자아이 한 명을 어린이 병원에 데려다 주었다. 그 아이는 아랍 아이처럼 보였다. 아이는 본능적으로, 자동적으로 '엄마'를 부르며 병원에서 내내 울었다. 사람이 고통스러우면, 혹은 슬프면 '엄마'라는 외침이 저절로 흘러나온다. 아이의 깊은 흐느낌 속에서 '엄마'라는 두 음절이 들렸을 때, 나는 몸을 떨었다.

그 아이의 어머니와 아버지는 강제 이주되었다. 이윽고 그들이 그 아이를 체포하러 왔고, 아이는 푸아티에 수용소에서 한 달을 보냈다.

헌병들은 두 살 난 젖먹이 아기를 강제 이주시켜야 하니 가서 체포해 오라는 상관의 명령에 복종했다. 이것은 우리가 우민정책에 빠져들었다는, 도덕의식을 전적으로 상실했다는 가슴 아픈 증거이다. 나는 바로 이 점이 절망스럽다.

사람들이 그런 일을 할 수 있고, 그런 일에 분개하는 내가 예외적으로 여겨지는 것은 절망스러운 일이 아닌가?

2월 10일 밤 아이 열세 명을 체포하러 고아원에 온 형사는 코엔 부인에게 다음과 같이 말했다고 한다. "도대체 어쩌라는 겁니까, 부인. 나는 내 임무를 이행할 뿐입니다!" 그중 가장 나이 많은 아이는 열세 살이었고, 가장 어린 아이는 다섯 살이었다(부모들이 강제 이주되거나 실종된 아이들이었다. 다음 날 있을 행렬을 완성하기 위해 그 아이들이 필요했다).

자신의 임무를 양심과는 별개의 일로, 정의, 선의, 자비와는 상관없는 일로 생각하는 것, 이것이 바로 우리가 말하는 문명이라는 것이 부질없다는 증거이다.

독일의 권력자들은 한 세대 전부터 독일 국민을 우민화하려고 애썼다(주기적으로 행해지는 일이다). 독일인들 안에서 지성은 모두 죽었다. 그러나 우리의 경우는 사정이 다를 거라고 기대했다.

***

이런 상황에서 우리가 그 현장에 있는 사람들을 거의 볼 수 없다는 것은 끔찍한 일이다. 박해의 체계가 너무나 잘 조직되어 있어서 책임을 맡은 사람들이 겉으로 잘 드러나지 않기 때문이다. 참으로 유감스러운 일이다. 이런 일에는 격분하는 것이 일반적인 반응일 것이다.

내가 상황을 밖에서 보기 때문일까? 이 박해를 조직하고 실행하는 데는 최소한의 사람들이 필요할 텐데.

***

일전에 길에서 이런 생각을 했다. '아니야, 독일은 예술가 민족이 아니야. 만약 그들이 메뉴인(Yehudi Menuhin, 1916~1999, 미국 출생의 유대계 바이올린 연주자·지휘자-옮긴이)들을, 브루노 발터(Bruno Walter, 1876~1962, 독일 출생의 유대계 지휘자-옮긴이)들을 추방한다면, 어떤 바이올린 연주자가 다른 종교를 가졌다는 이유로, 혹은 그가 다른 인종이기 때문에 그의 바이올린 연주를 듣는 것을 거부한다면, 하이네(Heinrich Heine, 1797~1856, 낭만주의와 고전주의 전통을 잇는 독일의 서정시인-옮긴이)의 시를 읽는 것도 거부해야 해……. 이 두 가지가 양립하는 것은 불가능해.'

11월 10일 수요일

다른 사람들이 끔찍이도 걱정된다. 모라비에키 부인을 만나고 돌아왔다. 그 만남은 내 하루를 기진맥진하게 만들었다. 하지만 장이 사람을 통해 나에게 보낸 비누가 내 심장을 조인다. 그 비누는 라벤더 향이다. 나와 헤어질 때 그의 손에 배어 있던 향이다. 비누가 든 종이에도 그 향이 배어 있다. 다른 비누(내가 작년에 그에게 보냈던)도 기억난다. 이제는 우리를 갈라놓는 침묵에도 불구하고 그가 나를 생각하고 있다고 나를 납득시켜주는 것이 아무것도 없다. 나는 그가 찍힌 마지막 사진을 갖고 있다.

아빠가 이본 언니의 수수께끼 같은 편지를 나에게 읽어주셨다.[71] 언니가 이사 이야기를 하고 있다는 걸 나는 즉시 눈치챘다. 마리 루이즈 뢰주와의 대화 덕분에 통찰력이 생겨서 그것을 즉시 파악할 수 있었다. 그런 방법이 이 도道에서 저 도로 계속되는 듯하다. 나는 두렵다. 이 안전 역시 곧 깨질 것 같다.

우리는 이곳 생활에 매우 익숙해져 있고, 다른 사람들을 보호하기를 원한다. 그들은 갑자기 당황해서 어쩔 줄 몰라 하고 있다. 우리를 보호해주던 안전망들이 차례로 무너져 내리면 우리는 어떻게 해야 할까?

위안이 되는 작은 안식처, 거기서 장의 꾸러미와 사진이 짧은 동안이나마 나를 보호해줄 수도 있지만 그러지는 못할 것이다. 다른 사람들이 너무나 걱정된다. 나는 불평하지 않는다. 후회하지 않는다. 시련은 더 심할수록 좋을 것이다.

---

71 1942년 11월부터 자유 지역은 더 이상 존재하지 않았다. 독일인은 프랑스 전역을 점령했다. 엘렌 베르의 남동생 자크 베르와 언니 이본 슈바르츠가 있는 남부 지방에서도 박해가 심화되었다.

이상한 하루였다! 생 제르맹 데 프레에서 열린 아니 디종의 결혼식에 갔다. 그다음엔 연회에 참석했다. 거기서 피노 집안사람들(그리고 많은 동료들)을 만났다. 피노 집안사람들을 만나면 언제나 그렇듯이 가슴이 아프다. 그리고 결혼식은 언제나 맥 빠지고 피곤하다.

11월 12일 금요일

점심 식사 후 아가슈 부인이 미친 여자처럼 들어왔다. 남편이 드랑시로 강제 이주된 동안 아이 둘과 함께 로스차일드 병원에 있던 보카노프스키 부인이 아이들과 함께 드랑시로 이주된 것을 방금 알았기 때문이다. 그녀가 엄마에게 말했다. "어떻게 어린아이들까지 강제 이주시킬 수 있죠?" 그녀는 얼이 빠져 있었다.

아가슈 부인이 자신이 아는 사람에게 일어난 일을 통해 이제야 현실을 깨달은 것을 보고 나는 고통을 느꼈다. 그 고통을 말로 표현하기란 불가능하다. 엄마 역시 나처럼 격렬한 흥분에 사로잡혀 그녀에게 대답했다. "우리가 1년 전부터 그렇다고 말했지만 당신은 그 말을 믿지 않았어요."

내면의 문 하나가 닫혀 있기 때문에 알지 못하고 이해하지 못한다. 설령 안다 해도 이해하지 못한다. 마침내 그 문이 열려야 피상적으로 알고 있던 것의 실체를 깨달을 수 있다. 바로 이것이 이 시대의 거대한 비극이다. 우리는 고통받는 사람들의 사정을 전혀 알지 못한다.

나는 생각했다. 그들이, 인간의 우애와 연민이 무엇인지 알지 못하는 그 사람들이 기독교의 자비를 이야기할 수 있을까? 그들이 그리스도의 유증遺贈의 수혜자라고 주장할 권리가 있을까? 사실 그리스도는 세상에서 가장 위대한 사회주의자이고 그의 교리는 인간의 평등과 우애에 기초하는데? 그들은 평등이 무엇인지조차 알지 못한다. 연민. 그렇다. 그들은 바리새인의 연민을 갖고 있다. 그 연민은 우월함과 교만을 내포하기 때문이다. 실상 그들이 가져야 하는 것은 연민이 아니다. 그들이 가져야 하는 것은 이해이다. 이해가 그들로 하여금 타인의 극심한 고통을, 그것의 환원 불가능성을, 그런 조치들의 엄청난 부당함을 느끼게 해줄 것이다. 그들을 격분하게 할 것이다.

나는 마음속으로 아가슈 부인에게 이렇게 말했다. '당신은 이제야 우리가 왜 그토록 불안해하는지, 우리가 왜 그토록 슬퍼하는지 이해하는군요? 우리는 다른 사람들이 겪는 고통 때문에 고통스러워해요. 우리는 인정 때문에 고통스러워해요. 그런데 당신은 그저 그런 이야기를 들으며 연민을 느낄 뿐이에요.'

하지만 그녀는 이런 내 마음속을 들여다본 적이 없지 않은가? 그녀는 나를 다른 사람들과 똑같은 사람으로, 늘 수많은 일에 몰두하는 사람으로 본다. 그것 또한 내 실수다. 내 외면이 사람들을 속이는 것이다. 나는 내 내면을 그대로 보여줘야 할 것이며, 신중함 혹은 다른 사람들과 똑같게 보이려는 욕심을 포기해야 할 것이다. 또한 그들이 느끼는 연민을 거부해야 할 것이다. 대의를 위해 내 번민을 보여주어야 할 것이다. 인간들이 겪는 모든 형태의 고통을 폭로하는 일 말이다.

내가 코미디를 하고 있다는 기분이 들 때가 많다. 내가 추구하는 대의가 다른 사람들 눈에 정상적으로 보이지 않을 거라는 기분, 내가 하는 일이 우리를 다른 사람들에게서 갈라놓는 도랑을 오히려 드러내고 더 깊이 파헤치는 일인지도 모른다는 기분이 든다. 그래서 그들을 존중하려는 마음에 그들이 내 비난을 느끼지 않도록 그런 것들을 외면할 때가 많다.

내 마음속이 얼마나 황폐한지 사람들이 알아주면 좋으련만!

***

어제 병원에 환자 44명이 새로 왔다. 그중에는 상태가 심한 남자 결핵 환자 한 명, 아직 복부에 배농관을 꽂고 있는 여자 두 명, 혀가 마비된 여자 환자 한 명, 만삭의 젊은 임신부 한 명, 그리고 보카노프스키 부인이 있었다.

이유가 뭘까? 이 사람들은 왜 강제 이주되었을까? 이런 사람들에게 일을 시킨다고? 터무니없는 일이다. 이 사람들은 일하는 도중에 죽을 것이다.

신이시여, 이 얼마나 극악무도한 일입니까! 오늘 밤, 모든 것이 암울해서 눈앞이 캄캄하다. 나는 공포스러운 이야기들을 전부 알고 있다. 나는 슬픔들을 모두 거둔다. 하지만 더 이상 해결책이 보이지 않는다. 너무 심하다.

***

이제는 더 이상 그런 기분이 들지 않는다. 생에 대한 권리가 나에게 없는 것처럼 그런 기분을 억눌렀기 때문이다. 그러나 저녁 식사 전에 나는 속으로 생각했다. 다정하고 사랑 넘치는 안식처에 머물기를 바라는 것은 결국 죄악일까? 애지중지 다루어지는 것, 소중히 다루어지는 것, 폭풍우를 마주한 고독이 만들어 낸 이 모든 위험을 녹여 없애는 것. 아니다. 녹일 것은 아무것도 없다. 일깨워야 할 통찰력이 있을 뿐이다. 언젠가 내가 혼자가 아니게 될 수 있을까? Captain of my soul(나 자신의 주인)이 될 수 있을까? 그리고 장에게 어머니 같은 다정함을 요구할 수 있을까? 상황은 너무나 역설적인데 그렇게 될 수 있을까? 나는 아이처럼 사랑받고 싶다. 위험에 처한 어린아이들을 돌보는 내가. 나는 나중에 다정한 사랑을 아주 많이 받고 싶다. 지금은 그런 사랑을 받을 권리가 없기 때문이다.

  나는 엄마에게 그런 사랑을 요구할 수 없다. 엄마의 가슴속이 나만큼이나 타오르는 숯불 같기 때문이다. 나는 엄마에게서 나와 똑같은 고뇌와 불안을 발견한다. 그러므로 우리의 고통은 동점이다. 엄마가 나를 안고 상냥하게 입맞춤을 할 때면 눈물만 날 뿐이다. 엄마의 그런 행동은 나를 진정시키지 못한다. 엄마가 나를 위로해줄 수 없다는 것을 느끼기 때문이다.

  일주일 전에 나는 일에 대한 열정이 가득했다. 하지만 일시적인 현상일 뿐이었다. 그것이 착각임을 나는 잘 알고 있었다. 그리고 그 착각은 자체로서는 크게 중요하지 않은, 하지만 다른 많은 요소들을 구체화한 작은 사실 하나에 흩어져버렸다. 어제 7시 15분에 생 드니에서 돌아오느라 들라트르 교수님의 강의 앞부분을 놓쳤다. 들라트르 교수님은 내가 부탁드렸던 과제 발표를 다른 여학생에게 주었다. 강의가 끝난 뒤, 나는 교수님을 찾아가 죄송하다고 사과드리고 과제 발표를 다시 나에게 줄 수 있으신지 물었다(아침에 카자미앙 교수님이 그러신 것처럼 내가 없는데도 과제 발표를 나에게 주실 만큼 친절하지는 않다 하더라도 그분이 충분히 하실 수 있는 일이었다). 하지만 교수님은 이렇게 말씀하시며 거절했다. "과제 발표를 하기로 한 사람이 수업에 오지 않으면 다른 사람이 그 자리를 차지해야지." 그렇게 조금 가혹하다 싶은 취급을 받을 때면 언제나 실망스럽고, 화가 나고, 고통스럽다. 그리고 눈에 눈물이 차오른다. 한 시간이 지나자 더 화가 났다. 나에게 매우 중요한 대학 생활에 더욱 충실하기 위해 나 스스로 불편한 생활을 선택했다는 사실을 떠올렸다. 하지만 그분은 지성적 삶이 나에게 중요하다는 것을, 내가 다른 사람들보다 더 재능이 있다는 것을 알고 계셨을 것이다. 나는 내가 치르는 자발적 희생을 떠올렸다. 그것이 작은 보상이 될 수 있을 것이다.

게다가 나는 크게 힘들어하지 않고 어떤 것을 포기할 수 있고, 심지어 잊어버릴 수도 있기 때문에, 그런 다음 내가 원하는 것을 할 수 있기 때문에(나는 이것을 슈바르츠 부인에게 설명할 수 없다. 하지만 이것이 내 성격의 본질을 잘 나타내준다) 교수자격시험 공부를 포기했다.

11월 13일 토요일

어젯밤 『곰돌이 푸』를 읽었다. 자닌 기욤이 갖다준 것이다. 나는 마음속 깊이 웃었고 심지어 큰 소리를 내어 웃기도 했다. 내가 몹시 좋아하는 영국 어린아이들의 분위기였다. 그 분위기는 미스 차일드를 많이 연상시켰다. 또한 미묘하고 새로운 발상들도. 이 작품은 웃음 짓게 하면서도 진지한 어조로 어린아이들을 조롱하는 동시에 어린아이들에게 감탄한다. 어린아이들이 우리 어른들보다 훨씬 우월하다는 것을 이해한다. 이 작품을 읽으면서 나는 황홀했다.

아침에, 독일어 수업 후에 비가 퍼붓는 가운데 로디에 거리와 라마르크 거리로 올라갔다. 빗물이 사크레 쾨르 성당의 계단을 따라 줄줄 넘쳐흘렀다.

드니즈 언니와 프랑수아 형부, 그리고 드트로 양이 점심을 먹으러 왔다. 나는 누군가에게 『곰돌이 푸』 이야기를 꼭 하고 싶었다. 하지만 이야기를 시작하자 아무도 그 이야기에 관심이 없다는 것을 알 수 있었다. 그래도 나는 그들의 주목을 강요하겠다는 생각으로, 내가 그들을 지루하게 만든다는 것을 알면서도 계속 이야기했다. 내가 남들을 지루하게 하는 사람이라는 느낌으로 인한 혐오감도 애써 억제했다. 하지만 나는 그 사람들이 『곰돌이 푸』를 무시하는 것이 이해되지 않았다. 이것은 영원한 문젯거리이다. 내 열광을 누군가와 나눈다는 것 말이다. 내게는 다른 사람들과 의사소통하는 기쁨이 중요하다. 그런데 지금은 장에 앞서 우선적으로 의사소통할 수 있는 사람들을 많이 빼앗겼다.

그래도 드트로 양이 내 이야기를 들어주었고, 귀여운 위니의 모습에 감탄해주었다. 나는 그녀의 안락의자 가까이에 무릎을 꿇고 앉아 그 내용을 설명해주었다. 나는 설명을 잘하지 못했다.

그 이야기의 매력을 서투르게 전달했다. 프랑스어로 온전히 번역할 수가 없었기 때문이다. 드트로 양은 엄마나 드니즈 언니보다 그런 분위기를 훨씬 더 낯설어했다. 하지만 나는 계속 이야기했다. 뺨이 화끈거렸다. 다른 사람들은 우리 주변에서 이야기를 나누고 있었다. 우리는 그들에게서 격리되어 있었다. 나는 그 책의 매력을 느끼게 해주겠다는 목적 말고는 모든 것을 잊었다.

나중에 졸음을 느낀 엄마가 웃으면서 나에게 말씀하셨다. "대체 푸에게 무슨 일이 일어났다는 거니?" 나는 엄마가 그렇게 물으신 것은 『곰돌이 푸』에 관심이 있어서라기보다는 내가 그것에 대해 열정적으로 이야기하는 모습에 강한 인상을 받았기 때문이라는 것을 알고 있었다. 엄마의 관심 대상은 나이지 책이 아니었다. 또한 나를 기쁘게 해주시려는 목적도 있었다. 심심풀이이기도 했다. 하지만 내가 바랐던, 그 책에 대한 이해는 없었다.

나는 갈리냐니 서점에 갔다. 『곰돌이 푸』는 발견하지 못했지만, 『이상한 나라의 앨리스』의 속편인 『거울 나라의 앨리스』, 그리고 『곰돌이 푸』와 같은 작가가 쓰고 역시 멋진 삽화가 그려진 아이들을 위한 시집 한 권을 발견했다.

나중에 크레미외 부인 댁에 간식을 먹으러 갔다. 그녀는 나와 동시에 집에 도착했다.

우리는 결코 크레미외 부인이 겪은 삶과 비탄을 이해하지 못할 것이다. 나 역시 짐작만 할 수 있을 뿐이다. 아무도 그것을 알 수 없다. 한순간 그녀가 나에게 말했다. "당신은 알지 못해요, 엘렌. 꿈이라고 믿게 되는 순간들이 있어요. 그럴 때면 나는 문을 열고 속으로 이렇게 말하죠. '내 남편이 저기에 있을 거야.' 그러나 다음 순간 그가 거기에 있는 건 불가능하다는 걸 깨달아요." 맙소사, 이 말이 나를 얼마나 슬프게 했는지!

전화벨이 여러 번 울렸다. 그중 한 번은 월요일에 강제 이주가 있다는 소식을 알리기 위한 것이었다. 그즈음 우리는 다시 이야기를 할 수 없었다. 뭔가가 대화를 다시 시작하지 못하도록 나를 막았다. 하지만 그것은 의무였다. 그것을 생각하게 만드는 것은 고생이 아니었다.

슈바르츠 부인이 그의 노트를 찾았다. 그 노트는 그녀의 서랍 속에 있다. 그러므로 이 모든 것은 죽어버린, 끝나버린 삶의 한 단면이다. 서재, 슈바르츠 부인, 미묘한 미소를 띠고 나를 바라볼 때면 다정함으로 반짝이는 그녀의 잿빛 눈. 프랑수아즈는 웃었고, 안으로 들어왔고, 손에 종이 한 장을 들고 나갔다. 언제나 고귀하고 예쁘고 깔끔하며, 기분 좋고 낙천적인 로베르 레비 부인. 심부름꾼들과 함께 말썽들 한가운데에서 늘 whine(원문에는 whinait라고 되어 있음 – 옮긴이)했던(우는 소리 했던) 카엔 부인. 색인을 확인하러 들어왔던 자크 괴셀. 이미 몹시 흥분하고 슬픔에

짓눌려 있던 오르빌뢰르 부인. 이 모든 기억이 내 안에 일깨워진다. 그러나 그것들은 더 이상 소리가 없고, dumb show(무성영화) 같고, 소리가 울리지 않기 때문에 몹시 걱정스러우며, 이미지만 있을 뿐이다.

하지만 이런 재앙은 형벌이 아니었다. 우리가 이것을 통해 다른 사람들의 불행을 덜어주려고 노력하기 때문이다. 무슨 일이 일어나는지 우리는 알고 있다. 새로운 모든 조치들, 모든 강제 이주들이 우리에게서 한 조각의 고통을 더 뽑아냈다. 사람들은 우리를 독일 협력자[72]로 취급한다. 거기에 온 사람들이 그들의 가족이 체포되는 모습을 보았기 때문에. 그들이 그 광경을 보고 그런 반응을 보인 것은 당연하다. 사람들의 비참함을 이용하는 단체. 그렇다. 나는 사람들이 우리를 그렇게 생각하는 것을 이해한다. 바깥에서 보면 그런 측면이 보인다. 우리는 마치 사무실에 가듯 매일 아침 일하러 간다. 하지만 그곳을 방문하는 사람들은 체포되거나 강제 이주된 사람이 어떤 상황에 처해 있는지 알아보러 온 사람들이다. 그곳에서 우리가 분류하는 전표와 편지에는 너무도 불안한 운명에 처해 있는 여자들, 어린아이들, 노인들, 남자들의 이름이 적혀 있다. 우리 사무실은 불길한 분위기를 띠고 있다!

나 또한 매일 아침 같은 시간에 그곳에 가게 만드는 타성의

---

72 UGIF는 독일 점령군 및 비시 정부와 유대인 사이에서 법적 중재자 역할을 했다. 그런 탓에 무척 많은 비판을 받았다.

힘에 의해 한때 이 생활을 '사무실 생활'로, 규칙적이고 평범한 어떤 일로 간주한 적이 있었다. 거기서 여자 친구들을 만나는 것을 즐거워한 적이 한두 번 있었다. 하지만 그런 기분이 온당치 못한 것이라면(이 생활이 외적으로 사무실 생활로 보이는 한은 그렇지 않을 테지만), 내가 그곳의 첫 계단에 발을 디디자마자 그런 기분이 사라졌다고, 내가 하는 일이 인간의 고통을 다루는 일임을 전적으로 의식했다고, 그것이 평범한 사무실 생활이 아님을, 우리를 원망하는 사람들이 틀렸음을 잘 알고 있다고 맹세한다. 그곳의 행정적인 측면이 혐오감을 유발한다는 것을 나는 이해한다. 아빠가 체포되셔서 테에랑 거리에 처음 갔을 때 나도 끔찍한 기분을 느꼈기 때문이다. 그들이 하는 일이 독일인들이 자발적으로, 합리적으로 다른 사람들에게 부여한 고통스러운 일과 관련된 것이었으므로, 그 사무실에 모인 사람들을 보는 것이 끔찍했다.

내가 왜 거기에 들어갔을까? 뭔가를 하기 위해서, 불행에 가까이 다가가기 위해서였다. 우리는 수용자들에게 도움이 되도록, 우리가 할 수 있는 일을 했다. 우리를 잘 아는 사람들은 그것을 이해했고, 우리를 올바르게 판단했다.

우리가 소위 공적 신분증을 통해 보호받기 위해 이곳에서 일한다고 생각하는 외부 사람들에 대해 말하자면, 만약 내가 상황을 그런 측면에서 고려했다면 여기에 들어오지 않았을 것이다. 1942년 7월 16일의 대량 검거 직후 우리가 여기에 들어왔을 때, 우리의 친구들은 모두 광기에 휩싸인 파리를 떠났다. 카츠 씨는 모든 상황이 떠나라고 우리를 밀어대긴 하지만 우리가 정 여기에 머물 생각이라면 일거리를 가져야 할 거라고 엄마에게 말했다. 그래서 우리는 실직 중인 젊은이들을 특별한 조건 없이 불러 모으는 일에 대해 이야기했다. 그가 우리에게 신분증을 준 것은 미처 생각지 못한 부수적인 일이었다. 그는 우리에게 말했다. "만약 게슈타포가 길에서 당신들을 체포하면 이걸 보여줘요." 하지만 그때 그 신분증은 그것이 나중에 갖게 된(그리고 지금은 상실된) 가치를 지니고 있지 않았다. 우리는 그것에 대해 거의 생각하지 않았다. 그런 단체에 들어가 어떤 희생을 치를지에 대해서만 생각했다. 이후 나는 변했고, 지독한 상실들의 대가로 내 안의 많은 것들을 포기했다. 7월 30일의 대량 검거는 우리가 보호받기 위해 그곳에서 일한다고 생각했던 사람들에게 의심의 여지가 없는 반증을 제공했다.

다른 한편으로, 우리의 불안정한 입장과 불안을 우리보다 더 잘 아는 사람은 아무도 없다. 나는 슈바르츠 부인이 했던 말을 떠올린다.

나는 왜 이 모든 기억들을 파헤쳤을까? 이 기억들을 다시 생각하는 지금, 과거가 다시 dumb show(무성영화)의 측면을 띤다. 모든 것이 죽었다.

하지만 내가 왜 그 생각을 하면서 방향을 잃었는지, out of joint했는지(혼란스러워했는지), 왜 이 모든 것이 나에게 죽은 것처럼 보였는지 이해한다. 내가 사후死後 생활을 한다는 걸, 내가 그들과 함께 죽어야 한다는 걸 나는 잊고 있다. 만약 내가 그들과 함께 떠났다면, 나에게 새로운 삶이 펼쳐졌을 것이다. 지금의 이런 기분은 느끼지 못했을 것이다.

비가 홍수처럼 내리는 가운데 7시에 크레미외 부인 집으로 출발했다. 우리는 92호선을 기다렸고, 결국 지하철을 탔다. 어둠 속에서 트로카데로로 내려가는 동안, 나는 물웅덩이 속에서 되는 대로 발을 움직이며, 비와 추위에 얻어맞으며 뛰었다.

푸르크루아 거리에서 크레미외 부인이 내 팔을 잡고 외할머니의 낡고 커다란 우산 밑으로 들어와서는 이렇게 말했다. "엘렌, 이런 날씨에 그들은 뭘 할까요?" 내가 뭐라고 대답할 수 있었겠는가?

위로해줄 수 없다는 건 끔찍한 일이다.

11월 14일
일요일

샤를을 위해 Ch. 양을 만나러 매우 일찍 집을 나섰다. 그쪽에는 아직 염려스러운 일들이 있고, 엄마는 나에게 모든 책임을 맡겼다. 그것은 확실히 존중심의 표시다. 하지만 그것이 나를 외롭게 한다. 출발하기 전에 샤를에게 인사하러 갔다. 그 아이는 달려들어 내 목을 끌어안았다. 그리고 나중에 나에게 이야기하면서, 두 팔을 내 어깨 위에 올려놓았다. 나는 그 애정 표현에 무척 놀랐다. 그것이 나를 위한 행동이라고 믿을 수 없었다.

거기서 꼬마 오데트를 집에 데려다 주기 위해 뇌이로 갔다. 오데트는 영국 아기처럼 수레국화빛 눈과 금빛 머리칼을 가진 세 살짜리 여자아이이다. 오데트는 이야기를 하지 않았다. 오데트는 오직 하나, 품에 안기는 것만 좋아했다.

4시에 그 아이를 데려다 주고, 다시 드니즈 언니 집으로 출발했다. 나는 기진맥진한 채 그곳에 도착했다. 다행히 언니가 피아노를 쳤다. 하지만 그 광경을 보자 갑자기 언니가 피아노를 공부하던, 그리고 나는 계단을 올라가며 그 소리를 듣던 얼마 안 된 과거가, 그리고 언니가 나에게 주었던 애정이 떠올랐다. 나는 내가 느끼는 고독의 이유들 중 하나를 깨달았다. 그것은 바로 언니의 부재였다. 나는 언니가 결혼했다는 것을 아직 '실감하지' 못했던 것이다.

파리에 들른 드니즈 망투에게 전화하느라 아침에 사무실에

늦었다. 나는 다음에 그녀를 만날 것이다. 그녀는 자기 오빠 제라르가 여기에 있다고, 그가 우리를 만나면 무척 기뻐할 거라고 말했다. 그러나 망투 집안사람들은 이미 우리에게 너무나 먼 과거이다. 그 만남이 기쁠지 잘 모르겠다.

어제 저녁 식사 후 골드스미스의 「마음씨 좋은 남자」(아일랜드 출생의 영국 시인·소설가·극작가인 올리버 골드스미스(1730~1774)가 1768년에 쓴 희곡 - 옮긴이)를 읽었다. 그때 누군가 초인종을 눌렀다. 드트로 양이 보낸 젊은 남자였다. 그 남자는 의사인 아버지와 어머니 그리고 12개월과 두 살인 동생들이 체포된 두 아이를 보호하고 있었고, 그 두 아이 문제에 대해 우리의 의견을 묻고 싶어 했다. 그 아이들의 아버지는 거리에서 체포되었다. 서류를 확인받다가 그렇게 되었다. 그는 도망치려고 몸을 움직였고, 이후 그들은 그 가족들까지 체포하러 왔다. 가족들은 여행 가방을 꾸리는 중이었다. 하지만 맙소사, 너무 늦었다! 독일인이 아이들 어머니를 체포하러 와서 이렇게 말했다고 한다. "다른 두 아이는 어디에 있는지 왜 말하지 않소? 가족이란 함께 있어야 하는 법인데……." 그렇다. 하지만 그들은 메츠에서부터 남편들과 아내들을 갈라놓는다!

지금 그들은 가족들을 강제 이주시키고 있기 때문이다. 그들은 도대체 어쩔 셈일까? 폴란드에 유대인 노예 국가를 만들 작정일까? 그들은 여기에 발이 묶인 불행한 사람들이 가족의 귀환 말고 잠깐이라도 다른 생각을 한 적이 있다고 생각하는 걸까?

나중에 나는 독서를 계속할 수 없었다. 그래서 잠자리에 들어야 했다. 악의 문제가 다시 한 번 너무나 거대하고 너무나 절망적으로 보였다!

11월 16일 화요일

가르 거리에 레비탕 지부('아리아족 부부[73]'라는 이유로 특혜를 받는 드랑시의 수용자들이 독일인들이 유대인 아파트에서 훔쳐낸 물건들을 분류하고 상자에 넣는 곳) 하나가 문을 열었다. 지금 거기에는 200명의 사람들이 있다. 남자들과 여자들이 세면대가 딸린 홀 하나에 섞여 있다. 모든 일이 공동으로 이루어진다. 관리자들은 그 남자들과 여자들의 수치심을 우아하게 박탈한다.

거기에는 콘 씨, 그리고 팔다리가 절단된 에두아르 블로크가 있다. 그는 거기서 어떻게 지낼까? 은행가의 아내 베른 부인도 있다. 거기서 계급이라는 것이 무슨 역할을 하겠는가? 모든 사람이 고통받는다. 많이 예민하고 섬세한 사람들은 더 먼저 크게 고통받을 것이다.

---

73 점령군은 비유대인과 결혼한 유대인을 '아리아족 부부'로 간주했다. 그러므로 이론적으로는 그들을 강제 이주시킬 수 없었다.

별다른 이유 없이 뇌이에 갔다.

11시 30분에는 생 드니에 갔다.

저녁을 먹은 뒤 울었다.

11월 17일 수요일

어린이 병원에서 돌아왔다. 아이 한 명 때문에 여자 감독관이 나를 호출했던 것이다. 마음씨 곱고 영리한 그 감독관은 두두를 돕고 싶어 했다. 나는 할 수 있는 일이 아무것도 없다고, 그 아이는 동결된 아이[74]라고 그녀에게 설명했다. 나는 UGIF에 대한 그녀의 불신을 눈치챘고, 그것은 내 마음을 아프게 했다. 나는 그녀를 이해한다. 그것이 무엇인지 다른 사람들에게 설명하기란 너무나 힘든 일이다. 그런 조치는 그 공공연한 특성으로 인해 잔인해진다. 하지만 그런 조치가 아니라면 누가 수용자의 가족들을 돌보고 관심을 가지겠는가? 그리고 그 많은 구성원들이 행한 선에 대해 누가 말할 수 있겠는가?

감독관은 폴란드에서 돌아온 청소부가 한 명 있다고 나에게 말했다. 그 청소부는 다음과 같은 장면을 자기 눈으로 직접 목격했다고 한다. 폴란드 수용소에서 프랑스 노동자들은 정해진 구역 바깥을 돌아다닐 권리가 없다. 어느 날 밤 그 사람은 어둠

---

74 동결된 아이란 부모가 강제 이주되고 독일인들이 밖으로 내보내지 말라는 당부와 함께 UGIF의 고아원에 보낸 아이들이다. 이 아이들은 대부분 나중에 강제 이주되었다.

속으로 나갔다. 그리고 정해진 구역의 경계를 넘었다. 그는 어느 호수 가장자리로 갔다. 갑자기 시끄러운 소리가 들렸다. 그는 몸을 숨겼고, 어떤 광경을 보게 되었다. 독일인들이 유대인 여자들, 남자들, 아이들을 앞으로 밀어대면서 다가오고 있었다. 호숫가에는 도약대 같은 것이 있었고, 독일인들은 그들을 그 위로 올라가게 했다. 그리고 거기서 호수 안으로 풍덩! 그녀의 이야기를 듣고 나는 골수가 얼어붙는 것을 느꼈다. 그들은 폴란드 유대인들이었다.

나는 모든 것을 알지는 못한다. 하지만 새로운 이야기들을 들을 때마다 의식에 날카로운 충격을 받는다.

그녀는 독일인들이 러시아 전선으로 후퇴하면서 그곳으로 돌아와 시체들을 발견할 거라는 예측이, 그리고 그들이 선한 부르주아를 겁주는 볼셰비키라고 주장할 거라는 예측이 그럴듯한 예측이라고 덧붙였다. 카틴 숲 사건(제2차세계대전 중 소련이 자행한 폴란드인 대량 학살 사건. 폴란드군 장교와 경찰, 대학교수, 성직자, 의사 등 약 2만 2000명이 희생되었다 - 옮긴이)이 그들의 작품이었는지 누가 알겠는가?

그 노동자는 러시아인들과 함께 수용소에 있었다. 그 수용소에 끔찍한 발진티푸스가 유행했고, 그것 때문에 르미에르(René Lemière, 1885~1952, 프랑스의 교육자·레지스탕스 대원 - 옮긴이)가 독일로 떠났다('아무것도 하지 않고'라고 그녀가 말했다). 그 수용소 안에서 러시아인 1만 4000명이 죽었다. 저녁이면 독일인들이 수레에 러시아인 네 명을 비끄러매고 그 위에 벌거벗은 시체들을 쌓아올렸다. 아직 죽지 않은 사람들까지 시체들과 함께 엉망진창으로 던져 올렸다.

러시아 여자들에 대해 말하자면, 프랑스 노동자들이 그녀들에게 먹을 것을 주려고 하자 독일인들이 그녀들을 지하 독방에 가둬버렸다. 오후가 되면 그녀들을 내보내 벌거벗은 채 프랑스 노동자들 앞을 행진하게 했다. 프랑스 노동자들이 독일인들 다음으로 너무도 소리를 질러대서 독일인들은 그 여자들을 다시 지하 독방에 밀어 넣었다.

사람들은 이런 사실을 알기 때문에 내가 정상적인 생활을 하기를, 내가 규칙적으로 공부하기를 바라는 걸까? 그렇다. 오늘 아침 논문을 쓰기로 결심했을 때, 나는 그것이 불가능한 일이라는 것을, 충격적인 새로운 사건이 일어나 나를 멈추게 할 거라는 어렴풋한 예감을 느꼈다. 우선 오늘 아침 이본 언니와 다른 사람들이 위험 때문에 흩어졌다는 소식이 들렸다. 세상에서 맹위를 떨치는 악을 외면할 때 우리는 어떻게 singleness of mind(세상으로부터의 후퇴)인 균형감을 유지할 수 있을까? 세상이 우리에게 악을 연상시키는데?

유일하게 행복한 사람은 무지한 사람들일 것이다.

11월 24일 수요일

요즘 나는 염세주의의 물결을 느낀다. 지금이 겨울이기 때문일까? 희망 없는 긴 겨울들 중 세 번째 겨울이기 때문일까? 아니면 정말로 우리가 한계에 다다랐기 때문일까? 누가 이 질문에 답할 수 있을까? 인간의 저항은 믿을 수 없는 방책들을 지니고 있다. 우리가 지금 견디고 있는 것을 계속 견디리라고 결코 상상할 수 없었다. 예를 들면 내가 어제 아침에 본, 슈바르츠 부인의 어머니인 베유 부인은 어떻게 미쳐버리지 않았을까? 두 아들이 강제 이주되고, 며느리 하나가 강제 이주되고, 사위 한 명이 감옥에 가고, 딸 하나가 수용되고, 남편이 망령이 든 슈바르츠 노부인은 어떻게 미쳐버리지 않았을까?

독일에서 나치당이 아직 너무나 강력한 힘을 갖고 있어서 전쟁이 오래 지속되는 것 같다. 폭격 맞은 도시들은 남자들을 억지로 머무르게 한다. 여자들은 공장으로 보내진다. 그리고 아이들은 여섯 살부터 나치 학교에 맡겨진다. 어린아이들이! 왜 독일인들이 상황을 우리처럼 본다고, 그들이 문제의 두 측면을 본다고, 그들이 전쟁의 무익함을 안다고 믿으려 하는가? 지금 독일인의 정신 상태를 우리의 정신 상태와 똑같이 생각해서는 안 된다. 그들은 정신이 마비되어 있다. 더 이상 생각이라는 것을 하지 않는다. 그들은 비판 정신을 가지고 있지 않다. 'Le Führer(지도자)가 우리 대신 생각한다'고 여긴다. 내가 독일인 앞에 서게 될까 봐 두렵다. 나는 그들이 우리를 전혀 이해하지 못할 거라고 확신하기 때문이다. 그들의 용맹함은 동물적 본능, 짐승의 본능일 뿐이다. 그것이 질서이기 때문에 그리고 그들이 무리 지어 있기 때문에 싸우지 않는 사람들. 확실히 그들은 광신자의 열광을 가지고 행동한다.

나는 그들에게 경탄할 수가 없다. 그들은 인간을 고귀하게 만드는 것을 아무것도 갖고 있지 않기 때문이다. 바로 이런 이유 때문에 전쟁이 지속되는 것이고, 이런 이유 때문에 세상의 미래가 어두운 것이다.

오늘 아침 셸리의 시와 그의 에세이『시에 대한 변호』를 읽었다. 어젯밤에는 그가 번역한 플라톤의『대화』를 읽었다. 이런 모든 것이, 인간 교화의 굉장한 결과들이, 이 모든 지성과 폭넓은 시각이 오늘날에 와서 죽어버린 것은 얼마나 절망스러운 일인가. 이러한 시대를 산다는 것, 그러면서도 그런 위대한 성과들 쪽으로 끌린다는 것은 얼마나 보잘것없는 일인가. 거의 역설적인 일이다. 플라톤이라면 뭐라고 말할까? 셸리라면 뭐라고 말할까? 사람들은 이런 나를 몽상가이며 쓸모없는 사람으로 여길 것이다. 하지만 이것은 좀 다른 문제가 아닐까? 지금 맹위를 떨치는 잘못되고 무익한 악에 대한 분노가 아닐까? 만약 내가 다른 시대에 태어났다면 이런 생각들이 활발하게 무르익을 수 있었을 것이다.

오늘은 장이 떠난 지 1년이 되는 날이다. 1년 동안 나는 집에 돌아와 여러 빛깔을 띤 패랭이꽃 다발을 발견하기를 바랐다. 그가 마지막으로 우리 집에 온 날, 아침부터 일어났던 모든 일을 내가 세세히 다시 떠올린 토요일 이후, 나는 더블펀치처럼 방향을 바꾸었다. 기념일들을 떠올리게 하는 추억의 강박관념을 물리쳤다.

11월 26일 금요일

고약한 밤. 귀에 염증이 생긴 것 같다. 2년 전처럼, 그 불길했던 12월 12일처럼 귀가 너무 아팠다. 열도 있었다. 하루 종일 funny했다(몸이 찌뿌드드하고 좋지 않았다). 그래도 나딘 집에 갔다. 베토벤 〈5번 3중주〉의 아다지오. 얼마나 아름답던지!

11월 28일
일요일 정오

그저께 밤, 엄마가 외할머니와 헤어진 직후 외할머니께서 갑자기 돌아가셨다.

　너무나 피곤해서 생각을 할 수가 없다. 게다가 아직 실감이 나지 않는다. 모든 절차가 끝났을 때 실감이 날 것이다. 지금 사람들은 방에서 밤을 새우고 있다. 외할머니의 시신이 침대 위에 길게 눕혀져 있는 광경이 이 사건을 증명한다. 그런데 나는 그것이 무섭지 않다. 그것은 나에게 격분, 강경함, 혹은 공포감을 전혀 유발하지 않는다(내가 사람의 시신을 본 것이 처음인데도). 모든 것이 너무나 단순하다. 외할머니의 얼굴은 변한 것이 거의 없다. 마치 주무시는 것처럼 보이고, 오래된 상아 세공품 같다. 어제 아침 처음으로 그 방에 들어갔을 때, 나는 그 대리석 같은 부동성에 깊은 인상을 받았다. 외할머니는 사흘 전부터 잠들어 계신다. 쉼 없이 주무신다. 이제 아무것도 외할머니를 방해하지 못한다.

　나는 외할머니의 죽음을 슬퍼하지 않을 것이다. 나는 외할머니로부터 간직하고 있는 생생한 기억들을 슬픔과 결부시키지 않을 것이다. 내가 앞으로 경험할 그녀의 기억과 관련된 수많은 환기들이 그녀의 죽음을 실감하게 해줄 것이다.

　지금으로서는 우리를 과거와 미래에 묶어주던 마지막 밧줄을 잃었다는 느낌이 든다.

　나는 깨어 있고 싶다. 지난밤 악몽을 너무 많이 꾸어서 뜬눈으로 있을 수밖에 없다.

잠든 것처럼 보이는 외할머니의 상앗빛 시신 앞에서 나는 애정을 가득 느낀다. 그녀가 거의 변하지 않았다는 것은 축복이다.

니콜이 어제 아침에 말했다. "이건 불꽃이 사그라진 것과 같은 거야. 할머니는 삶의 막바지에 다다라 계셨어." 그 말은 사실이다. 우리는 이 죽음에 저항할 수 없다. 심지어 이 죽음은 우리를 둘러싼 현실보다 더 감미롭고 평온하다.

마리안 외이모할머니는 고통스러운 표정이다. 이제 그분은 자기 세대에서 세상에 남아 있는 유일한 사람이다. 그리고 그것은 대단한 비극이다. 에밀 외외종조부, 외할머니, 로르 대고모, 모두 돌아가셨다. 마리안 외이모할머니는 머리를 모피 외투 속에서 한쪽으로 기울인 채 아무 말 없이 침대 옆에 몇 시간 동안 앉아 계셨다. 그분의 얼굴은 외할머니의 얼굴만큼이나 창백하고 초췌했다. 우리 중 그 누구도 그분이 느끼는 슬픔에 근접하지 못할 것이다.

나는 지금 외할머니께서 잠들어 계신 침대에서 태어났다. 엄마도 마찬가지다. 엄마가 오늘 오후에 그 말을 해주셨다. 그 말이 내 기운을 북돋워주었다. 삶과 죽음이 이렇게 뒤섞이는 것이다.

오늘 밤 6월 27일자 장의 편지를 다시 꺼내 들었다. 그 속에서 장은 외할머니에 대해 이야기했다. 외할머니가 몹시 편찮으셨을 때이다. 이제 그때로부터 6개월이 흘렀고, 모든 것이 너무나 많이 변했다. 내 주위에 공허가 형성되었다.

외할머니가 이것을 알아주시면 참 좋겠다. 그때 그에게는 축복이 간절했다는 것 말이다. 외할머니가 이것을 알아주신다면, 외할머니가 그에게 웃어주시고 이야기를 건네신 사실이 단번에 내 내면의 삶과 과거의 삶에 그를 통합시킬 것이다. 이제 그렇게 할 수 없다는 것이 너무나 괴롭다. 매우 불완전했던 삶 이후 너무나 오래 지속될 돌발 사건인 이 부재와 함께.

11월 29일 월요일 밤

마리안 외이모할머니 댁에 다녀왔다. 얼마나 슬프던지. 드니즈 언니가 휑한 허공을 바라보며, 아주 힘들게 똑같은 질문들을 되풀이하며 외이모할머니와 이야기를 하고 있었다. 그런데 마리안 외이모할머니가 외할머니의 죽음에 큰 충격을 받았다고 하기에는 놀랍기 짝이 없는 광경이 펼쳐졌다. 마리안 외이모할머니가 목청껏 노래를 부르고, 서투르게 춤을 추고, 갖고 계신 음반들 속에 들어 있는 카페콩세르(음료를 마시면서 음악이나 쇼를 즐기는 오늘날의 음악다방과 비슷한 곳. 18세기 중반 이후 파리에 등장해 20세기 초반까지 번창했다 - 옮긴이) 음악의 후렴구를 따라 부르셨던 것이다. 그 순간은 외이모할머니가 정확하고 지속적으로 말씀을 하신 유일한 순간이었다.

마리안 외이모할머니는 내 방문에 매우 기분 좋아하셨다.

나는 실감이 나지 않는다. 늘 그렇듯 나는 두 가지를 결합하지 못한다. 예전의 외할머니 모습과 지난 며칠 동안의 모습을. 예전의 외할머니 모습이, 그 추억이 되살아나려 한다. 나는 조금씩 그것을 자각할 것이고, 그것은 나를 가슴 아프게 할 것이다. 나는 지난 며칠 동안의 외할머니 모습에 아무런 두려움도 느끼지 않았다. 하지만 그 모습이 나에게 낯설게 느껴지긴 했던 것 같다. 납관納棺하는 동안 나는 방 안에 들어가지 않았다. 무서워서 그런 것은 아니고(나는 그 무서움을 극복할 수 있었다. 그리고 다른 한편으로 외할머니는 변하시지 않았다), 나에게 그 시신은 외할머니가 아니었기 때문이다. 나는 오후 동안 잠시 관 옆에 머물러 있었다. 오늘 아침, 나는 관 속에 넣으려고 패랭이꽃을 샀다. 어제는 제비꽃을 샀었다. 그런데 둘 중 아무것도 나에게 감동을 주지 않았다. 나는 꽃들을 관 위에 가지런히 놓았다.

오늘 저녁 집에 돌아오니 조의弔意 편지들 중에 나딘 앙리오와 크레미외 부인이 보낸 상냥한 편지 두 통이 있었다. 사람들의 애정을 접하니 눈물이 났다. 갑자기 그녀들이 모두 프랑수아즈를 통해 알게 된 친구들이라는 데 생각이 미쳤다. 프랑수아즈를 생각하니 심장이 조여드는 듯 아팠다.

내일 나는 페르 라셰즈 지하철역으로 내려가야 할 것이다. 1년 전쯤 5시경에 내가 처음으로 슈바르츠 부인과 오랫동안 이야기한 것도 그 지하철역이다. 우리는 열차들이 끊임없이 지나가는 가운데 플랫폼의 벤치에서 이야기를 나누었다. 나는 장 때문에 그녀와 이야기를 했다. 내 마음을 준 사람들에게 뭔가를 감출 수는 없었기 때문이다. 지금 나는 더 노력할 것도, 고백할 것도 없다. 내가 사랑했던 사람들이 모두 사라졌기 때문이다. 사랑이 반짝이는 눈으로 그가 하던 말이 지금도 들리는 듯하다(그의 눈은 늘 사랑으로 반짝거렸다). '당신이란 여자는 얼마나 귀엽고 사랑스러운지.'

***

뒤슈맹 부인이 외할머니는 평화롭게 쉬고 계실 거라고 엄마에게 보낸 편지에 썼다. 그것은 맞는 말이다. 나는 우리의 공포인 구제원을, 이미 많은 사람들이 고통받았던 구제원을 생각한다. 그들은 평화를 누리지 못할 것이다. 사실 그 평화는 불안하고 영원한 고뇌인 삶보다 더 아름답고 무한히 우월하지 않은가? 살아 있는 사람들은 삶 곳곳에 포진한 고뇌를 끊임없이 두려워해야 하고, 미래, 심지어 아주 가까운 미래에 대한 아주 작은 계획조차 세울 수 없다. 이것은 수사학적이고 공허한 표현이 아니다. 나는 「아도네이스」의 다음 단락이 지닌 아름다움을 깊이 느낀다. 이 단락을 암기하고픈 욕구를 느낀다.

> *He has outsoared the shadow of our night;*
> *Envy and calumny and hate and pain,*
> *And that unrest which men miscall delight,*
> *Can touch him not and torture not again;*
> *From the contagion of the world's slow stain*
> *He is secure, and now can never mourn*
> *A heart grown cold, a head grown grey in vain.*[75]

오늘 나는 이 시구들이 정말로 내 것으로 느껴졌다.

***

죽음이 실감나기 시작함.

내가 외할머니를 방문했던 일은 그 일이 지닌 전통적 특성 외에도, 그것이 가진 무척 감미로운 일종의 의식과도 같았던 특성

---

75 "그는 우리 밤의 그림자 저편에서 날아올랐다;/부러움, 험담, 증오, 고통,/그리고 사람들이 기쁨이라고 잘못 부르는 그 동요는/이제 돌아와서 그를 건드리지도, 괴롭히지도 않을 것이다;/지금 그는 세상의 오점의 느린 전염으로부터/안전한 곳에 있고, 더 이상 울 수도 없을 것이다/마음은 차가워지고, 머리는 헛되이 잿빛이 되었다." P. B. 셸리, 『「아도네이스」, 「엔디미온」, 「히페리온」의 저자 존 키츠의 죽음에 관한 비가 1』(1821), pp. 352~8.

외에도 이 불안하기 짝이 없는 삶 속에서 나에게 피난처가 되어 주었다. 나는 외할머니와 현실에 대해 이야기하지 않았고, 덕분에 외할머니와의 대화는 이 가혹한 현실 속에서 그리운 옛날의 작고 푸른 섬, 평화로운 작은 섬이 되었기 때문이다.

또한 나는 외할머니에게 상냥한 애정을 쏟는다는 기분 속에서 큰 즐거움을 길어 올렸다. 하지만 외할머니가 안 계신 지금, 나는 어떻게 될까?

***

어제 바슈 부인이 참 가여웠다! 그녀는 외할머니가 유일하게 행복한 분이라고 말했다. 그녀 자신은 남편에 대한 불안과 85세인 부모님에 대한 염려로, 그들을 위해 애써 꿋꿋한 척하느라 낙심해 있었던 것이다. 그녀는 굉장한 용기를 지녔다. 상황을 전적으로 의식하지만, 침착하고 정상적인 측면을 간직하고 있다. 하지만 어제 그녀는 혼란에 빠져 있었고, 계단에서 흐느껴 울었다.

사람들은 관(외할머니의 관이라고 말하지는 않겠다. 이 두 가지가 서로 어울리지 않기 때문이다) 속에 내가 일요일에 산 제비꽃 다발, 내 옷장 안에 있던 오베르장빌의 레몬나무 가지, 여기에 남아 있는 바욘의 유일한 추억, 그리고 내가 이본 언니와 자크 대신 산 패랭이꽃을 넣었다.

11월 30일 화요일

오늘 아침 이본 언니에게 편지를 썼다. 어젯밤에는 자크에게 썼다. 그러다 보니 신기하게도 외할머니의 죽음이 외할머니가 묶어주었던 우리들의 관계를 여전히 강화해주는 것처럼 손주인 우리들의 과거를 다시 떠올리게 했다.

이것은 외할머니가 마지막 편지에 쓰셨던, 손주들이 모두 하나가 되게 해달라는 기원에 대한 깨달음일까? 그 기원은 나에게 근사해 보인다.

우리가 자신 있게 말할 수 있는 영혼의 불멸에 대한 유일한 경험, 그것은 산 자들 사이에 존재하는 죽은 자들에 대한 끈질긴 기억이다.

어떻게 생각하면, 그것은 아무도 모르기 때문에 뭐라고 단언할 수 없다. 많은 사람들에게 내세에 대한 믿음은 죽음에 대한 두려움을 감추기 위한 구실일 뿐이다. 불행하게도 가톨릭교는 이런 심리를 이용하고 발전시켰다. 간혹 계시를 통해 그것을 경험하는 사람들도 있을 것이다. 그러나 천국과 지옥을 믿는 대다수의 사람들은 오늘날 독일인들이 유대인들을 무뢰한으로 믿는 것처럼, 어렸을 때부터 그런 말을 들었기 때문에 그렇게 믿는다.

사실 천국과 지옥 이야기는 측정할 수 없는 불가사의이며, 나는 그것을 신의 손에 맡긴다. 이성이 있었던 유일한 인간은 '사느냐, 죽느냐, 그것이 문제로다'라고 독백한 햄릿이다.

외할머니에 대한 기억은 나를 웃음 짓게 한다. 우선 외할머니가 천수를 다하고 돌아가셨기 때문이다. 불가피성 속에는 큰 아름다움이 있다. 인간들은 삶과 죽음의 현상을 불가피한 것으로 간주해야 한다. 이해하면서 받아들이지 않는 것, 그것은 신에게 속한 죽음을 인위적으로 퍼뜨리는, 서로 죽이는 사악한 광기다.

또 다른 이유도 있다. 외할머니에 대한 추억은 나를 웃음 짓게 하는 즐거운 추억이다. 나는 그것을 다르게 볼 수 없다. 외할머니는 외할머니를 생각할 때 우리의 마음에 애정이 가득 차게 하는 행복한 추억들만 남겨주셨다.

43년 11월 30일

만일 죽음이 『해방된 프로메테우스』(그리스의 비극 작가 아이스킬로스의 작품 – 옮긴이) 속의 죽음과 같을 수 있고 그래야 한다면, 만일 인간들이 사악하지 않다면.

> *And death shall be the last embrace of her*
> *Who takes the life she gave, even as a mother,*

Folding her child, says, "Leave me not again."[76]

방금 전 내가 표현하려고 한 것은 충격적이다. 나는 셸리의 『해방된 프로메테우스』를 읽으면서 어둠 속의 빛처럼 그것을 발견했다. 프로메테우스의 해방 후 세상의 회복이 문제 된다. 그것은 이야기하는 지구이다.

Flattering the thing they feared, which fear was hate.[77]

신은 왜 인간에게 악을 행하는 능력과 인간성의 박탈을 바라는 능력을 심어주셨을까?

The loftiest star of unascended heaven,

Pinnacled dim in the intense inane.[78]

키츠처럼: Bright Star!

---

76 "그리고 죽음은 어머니처럼 자신이 준 생명을 돌려받는/그녀 최후의 포옹일 것이다,/그녀는 자기 아이를 가슴에 꼭 안고 말한다, '이제는 나를 떠나지 마려무나.'" P. B. 셸리, 『해방된 프로메테우스』, III, III(1820), pp. 105~7.

77 "그들이 두려워했던 것을 부추기는 것, 그 두려움은 증오일 뿐이었다." P. B. 셸리, 『해방된 프로메테우스』, III, IV(1820), p. 188.

78 "침범되지 않은 하늘의 가장 높은 별,/무한한 허공 꼭대기의 희미한 빛." P. B. 셸리, 『해방된 프로메테우스』, III, IV(1820), p. 188.

Hung in love splendour among the night,

As the billows leap in the morning beams.[79]

희열.

Once the hungry Hours were hounds

Which chased the day like a bleeding deer,

And it limped and stumbled with many wounds

Through the nightly dells of the desert year.[80]

지금의 상황이 이러하다.

나에게. 하물며 강제 이주된 사람들, 감옥에 갇힌 사람들에게는 얼마나 더 그렇겠는가.

시는 사물들 중 지고의 것이라는 셸리의 말에는 과장된 것이 전혀 없다. 존재하는 모든 것 중 시는 진실에, 그리고 영혼에 가장 가

---

79 "어둠 꼭대기 사랑의 광채 속에서 반짝이는/빛나는 별." 정확한 원문은 다음과 같다: "Bright Star!(would I were as steadfast as thou art—)/Not in lone splendour hung aloft the night." "빛나는 별! (내가 너의 인내를 얼마나 부러워하는지—)/어둠 꼭대기에서 외롭게 반짝여서가 아니라." 마지막 행: "아침의 빛 속에서 솟아오르는 물결들처럼!" P. B. 셸리, 『해방된 프로메테우스』, IV(1820), p. 68.

80 "일찍이 굶주린 시간은 사냥개 무리였다/그들은 피투성이의 사슴처럼 그날을 뒤쫓았다/그것은 많은 상처 때문에 절뚝거리고 비틀거렸다/불모의 해 밤의 골짜기들을 통해." P. B. 셸리, 『해방된 프로메테우스』, IV(1820), pp. 73~6.

깝다(나는 잘 표현하지 못했다. 하지만 그 의미는 느껴질 것이다).

4막의 근사한 꿈은 존재하지 않는 것, 희망일 뿐인 것, 그리고 현실과의 투쟁으로서 가치를 지니지 않는가? 이것은 우리가 이 상理想에 대해 늘 자문할 수 있는 매우 염려스러운 문제이다.

12월 6일 월요일 저녁

나는 춤추고, 달리고, 뛰어오를 수 있다. 내 기쁨을 어떻게 억제해야 할지 모르겠다. 프랑수아즈와 다른 사람들의 소식을 들었다. 아! 그렇다. 집에 돌아오니 슈바르츠 부인 어머니의 속달 우편 한 통이 와 있었다. 자신의 딸이 비르케나우에서 10월 25일에 보낸 엽서 한 장을 받았다는 내용이었다. 프랑수아즈는 자기 아버지를 만났다. 로베르 레비 부인과 리제트 블로크는 그녀들과 함께 있다. 마침내 침묵이 깨졌다.

나는 어떻게 하면 세실, 니딘, 모니크 드 비강에게 이 소식을 알릴 수 있을지 곰곰이 생각해보았다. 그녀들은 모두 집에 전화기가 없다. Damn it(그만두자)! 지금은 7시 반이고, 외출을 할 수 없다. 내일 아침 일찍 릴 거리에 가면 된다. 나는 에브라르 집안에서 캉로르브 집안으로 전화를 걸었다. 니콜의 남편이 전화를 받았다. 다행히 그가 소식을 전할 수 있을 것이다.

천만다행이다! 나는 많이 기도했다.

그녀들이 어디에 있는지 알아야 한다! 그 끔찍했던 체포 이후 그녀들이 어떻게 되었는지 소식을 조금이라도 알아야 한다. 그 소식이 종잡을 수 없고 맹목적인 생각들을 붙잡아줄 것이다.

12월 7일 화요일 밤

자크가 엄마에게 강렬한 애정이 담긴 편지 두 통을 보내왔다. 스트라스부르 대학교가 공격받았을 때 자크의 교수님인 콜롱 씨가 클레르몽페랑에서 권총으로 잔인하게 살해되었다. 우리는 그 이야기를 조금씩 재구성해보았다. 그 단과대학 건물이 포위되었다는 것을, 그리스어 교수 한 분이 살해되고, 알자스로렌 지방 출신의 모든 교수와 학생들이 10시간 넘도록 교정에 줄지어 선 채 두 팔을 공중에 들어 올리고 있다가 결국 강제 이주되었다는 것을 우리는 알고 있었다. 그 사건은 프랑스 공무원의 아들인 한 프랑스인 학생에 의해 일어났다. 그 학생이 독일인들에게 알자스로렌 출신 사람들의 진짜 신원을 가르쳐주었다. 콜롱 씨는 그렇게 살해되었다.[81]

나는 자크가 받았을 충격을 이해한다. 자크는 단 한 번의 타격

---

81 스트라스부르 대학교는 1939년 9월 클레르몽페랑으로 피난을 갔다. 알자스로렌 지방이 라이히에 의해 병합되자 1940년 거기서 다시 강의가 시작되었다. 이후 클레르몽페랑은 레지스탕스의 중심지가 된다. 1943년 11월 25일, 게슈타포가 그곳에서 대량 검거를 행한다. 파피루스 고문서 연구가였던 폴 콜롱 교수가 살해되고, 1200명이 체포되었다. 그중 110명이 감옥에 갇혔다.

으로 몇 달 전부터 나를 괴롭혀온 것을 피부로 느낀 것이다. 자크는 인간의 고통에 대해 이야기했다. 자크는 그리스인들이 겪은 고통에 관해 논문을 쓰고 싶어 한다. 자크가 정확히 나와 똑같은 변화를 겪고 있다는 생각에, 지금은 자크가 내가 쓴 편지들의 의미를, 「히페리온」이 나를 열광시킨 이유를 이해할 거라는 생각에 흥분되었다. 나는 이런 이야기를 편지에 써서 자크에게 보내고 싶다. 내 내면에 무슨 일이 일어났는지, 우리가 얼마나 서로 닮았는지 자크가 이해했으면 한다. 또한 그것이 무엇인지 아는 한 나는 자크를 돕고 싶다.

***

레만 부인을 만나고 왔다. 그녀는 동업자가 그들 회사의 영업권을 그녀 모르게 팔아버린 일 때문에 무척 낙심해 있었다. 갑자기 무거운 불안감이 그녀에게 다시 떨어져 내렸다. 그녀는 일 때문에 그나마 견디고 있었다. 그녀는 나와 헤어지며 이렇게 말했다. "우리는 죽을 때나 쉬게 될 거예요."

나는 얼마 전에 그 말을 어떤 러시아 소설(쿠프린(Aleksandr Ivanovich Kuprin, 1870~1938, 러시아의 작가. 군인, 배우, 인부, 측량 기사, 공장 노동자를 거쳐 1890년에 작가가 되었으며, 걸작 『결투』(1906)에서 제정 군대와 빈곤, 장교들의 저속함, 잔인함을 묘사했다-옮긴이)의 『결투』였던 것 같다)에서 체호프의 인용으로 읽었다. "바냐 아저씨, 우리는 쉬게 될 거예요. 쉬게 될 거예요."

레만 부인이 말했다. "그 사람들이 나에게 이렇게 말하더군요. '당신 아이들은 젊어요. 그러니 견뎌낼 거요. 물론 저항하겠지요.' 하지만 나는 그들에게 대답하겠어요. '권총에는 저항하지 못할 거예요.'"

상황이 악화될 때 그들은 수용소들을 어떻게 할까? 키예프에서 유대인 2만 명이 학살되었다. 크림반도의 페오디지아에서는 하룻밤 사이에 1만 2000명이 죽었다.

***

하루 종일 이리 뛰고 저리 뛰었다. W. 부인의 답장에 한마디 보태는 기쁨을 B. 씨에게 선사하기 위해 아침에만 지하철을 다섯 번 탔다. 슈바르츠 부인의 엽서를 읽고 테레즈라는 독특한 서명을 보았을 때 나는 큰 기쁨을 느꼈다. 나는 아래층에서 편지에 두서없는 독일어 문장 하나를 덧붙였다. 이 편지가 아마도 두 달 뒤 그녀에게 도착할 거라는 사실이 얼마나 감동적인지.

***

장 C. S.의 특별한 탈주 이야기. 그는 지하 독방에서 심하게 두

들겨 맞았다. 채광 환기창을 통해 권총이 조준되었고, 14명의 사람들이 서약을 했다.

***

모라비에키 부인이 간식을 들러 왔다. 자신이 만든 헝겊 인형들을 가져왔다.

그녀는 사람들이 하는 모든 이야기를 듣고 관심을 가진다.

하지만 늘 그렇듯 그녀는 괴상야릇하다. 내가 그녀를 좋아하는지 아닌지 모르겠다. 나는 그녀에게 온화함이, 상냥함이 부족하다고 생각한다. 그래서 어느 정도 이상으로는 그녀와 가까워질 수 없다. 하지만 그녀는 헝겊 인형들과 관련해 감동적인 견해를 갖고 있었다. 그녀는 우리에게 관심이 있다. 하지만 그녀가 나를 좋아할까? 그녀가 나를 내가 원하는 방식대로 받아들인 걸까? 아니면 그녀는 늘 똑같은 자리에 있는 걸까?

12월 13일 월요일 밤

내가 왜 불길한 전조들을 느끼는지 모르겠다. 약 보름 전부터 1월 1일 전 우리가 모두 체포될 거라는 소문이 사방에 돌았다. 오늘 연구실에서 뤼시 모리제가 나를 일부러 기다리고 있었다 (나는 자크에게 보낼 책을 사러 드니즈 언니와 함께 나갔다 온

참이었다). 뤼시는 자신의 친구 하나가 모든 유대인 친구들에게 그들이 12월 31일 전에 체포될 거라고 알려주라고 하더라는 말을 나에게 전했다. 그녀는 내가 어떤 행동을 취하기를 몹시도 원했다. 하지만 뭘 어떻게 하란 말인가? 이렇게 나를 자극하는 사람들이 있다.

그런 소문이 돈 것은 이번이 처음이 아니다. 사람들이 그런 의견을 피력한 것은 처음이 아니다. 그런데 왜 내가 이토록 걱정하는 걸까?

객관적으로 뭔가가 있다. 우리가 마지막 무리인 듯한, 우리가 그들의 수사망을 벗어나지 못할 것 같은 기미가 느껴진다. 이제 파리에는 유대인들이 별로 남아 있지 않다. 그리고 독일인들은 계속 유대인을 체포하고 있다. 예고 없이 들이닥치는 일이기 때문에 우리가 도망칠 가능성은 별로 없다.

주관적으로는 그저께 밤 꿈을 꾸었다. 항상 똑같은, 마침내 우리가 각자 피난 장소를 고려하는 순간에 다다르는, 모두 숨어서 흩어져야 하는 꿈이었다. 나는 불안에 가득 찬 채 꿈에서 깨어났다. 꿈이 너무나 현실처럼 느껴졌다.

내가 왜 걱정하지? 나는 두렵지 않다. 처음부터 이렇게 될 것을 예상하고 있었다. 하지만 너무나 오래전부터 그런 예상을 했기 때문에 마침내 우리가 무엇에 노출되었는지 알면서도 가만히 앉아 기다리는 것은 어리석은 짓이 아닌지 자문하게 되었다. 혹시 그것은 태만이 아닐까. 아니다. 내가 일어날 수 있는 일들을 완벽하게 의식하면서 여기에 머무는 한, 그리고 그것이 자발적인 선택인 한 나는 그렇게 생각하지 않는다.

하지만 왜 이런 선택을 하는가? 그것이 용감한 일이어서는 아니다. 그것이 의무이기 때문이다. 용감한 일이어서 그렇게 한다면 오만에 가까울 것이고, 사실 나는 그런 것이 의무라고 느끼지 않는다. 만약 내가 의사라면, 그리고 그것이 내 환자들의 생명을 포기하는 문제라면 다르겠지만.

하지만 내가 갑자기 '공식적인' 삶을 포기한다면 나는 변절한 기분이 들 것이다. 다른 사람들이 아니라 나 자신과 변절한 기분이. 나는 다른 삶에 다시 익숙해지기에는 고통, 투쟁, 불행에 대한 애착이 너무 강하다. 고난은 더 큰 정화로 통하기 때문이다.

또한 실질적으로 거대한 장애물들이 있다. 숨어야 한다. 하지만 부모님, 드니즈 언니, S. 집안사람들이 모두 숨어야 한다. 우리는 자발적으로 그렇게 할 것이다. 그러나 나는 위험이 바로 코앞에 다가오기 전에는 우리 가족 중 누구도 그런 결심을 하지 않으리라는 것을, 그리고 그때는 아마도 너무 늦으리라는 것을 잘 알고 있다.

나는 두렵지 않다고 말했다. 하지만 그것이 내 저항 능력에 대한 무지 때문은 아닐지 궁금하다. 만약 그렇다면, 그런 상황에 다다를 때 나는 우리가 미쳤고 남아 있었던 것이 맹목적이었다고 생각하지 않겠는가.

만약 우리가 체포되면 내가 부모님과 헤어져 강제 이주될 거라는 것을, 강제 이주 자체 말고도 그 이별이 우리 각자에게 견딜 수 없도록 괴로운 일일 거라는 것을 나는 잘 알고 있다.

그러므로 나는 이렇게 생각할 것이다. '어떻게 너는 그걸 알면서도 피하기 위해 아무 일도 하지 않았니?'

누군가 이 글을 읽는다면, 그리고 그런 일이 일어난다면, 그는 키츠의 손에서처럼 강한 인상을 받을 것이다. 그리고 나중에 이렇게 말할 것이다. '그런데 어떻게, 어떻게?'

하지만 내 불안은 나와 관련이 없다. 나는 혼자서 내 몫을 견딜 수 있을 것이다. 나는 다른 사람들 때문에 불안하다. 드니즈 언니와 프랑수아 형부 말이다. 드니즈 언니의 상태[82]에도 불구하고, 그들은 드니즈 언니를 프랑수아 형부에게서 떼어놓을 것이다. 정신적 고통, 굶주림과 가혹한 처우, 의학적 치료의 부재로 인한 육체적 고통이 있을 것이다.

그리고 가여운 앤티 제르가 있다. 너무나 가냘프고 이미 너무나 의기소침해 있는(앤티 제르의 집에는 처음부터 나를 자주 격

---

82 드니즈는 임신한 상태였다.

분케 하는 일종의 숙명론이 있었다). 쥘 이모부는 그것을 견디지 못할 것이다. 니콜과 장 폴도. 그녀가 이야기할 때 보면 그것이 어떤 것인지 알지 못하는 것 같다. 내가 상황을 그들보다 더 명확히 보고 있다는 느낌이 든다.

거듭 말하지만 이 모든 것은 우리를 불안하게 만드는 소문에 지나지 않을 것이다. 그렇다면 아무 일도 일어나지 않을 텐데, 모든 것을 포기하고 그런 심각한 결심을 해야 할까?

하지만 설령 그것이 소문이라 할지라도, 수천 명이 매일 체포되는 것을 막지는 못할 것이다. 오늘날 '위험신호'를 받고 혹은 받지 못하고 강제 이주된 사람들의 수는 거의 10만 명에 달한다. 이것이 현실이다. 우리가 아직 그런 운명을 겪지 않은 것은 우연일 뿐이다. 이 위험신호가 존재하는 한, 그것이 우리를 위협하는 한, 우리는 우리를 둘러싸고 있는 베일을 찢고 우리가 의식해야 하는 것을 의식해야 할 것이다.

***

어제 점심을 먹은 뒤 결국 울음이 터지고 말았다. 가벼운 사건, 늘 하던 영국인들에 관한 토론 때문이었다. 그 일을 계기로 엄마와 토론해서는 안 된다는 걸 거듭 깨달았다. 엄마는 의견 하나가 나오기 무섭게 토론을 위해 그 의견을 받아들이는 대신 공격적인 태도로 반대 의견을 내놓기 때문이다. 이를테면 우리가 영국인들의 대외 정책이 이기적이고 기사도적이지 못할 때가 많다(우리가 부인할 수 없는 것)고 말했더니, 엄마는 이렇게 말씀하셨다. "우리는 그런 말을 할 권리가 없어. 우리가 그들을 배신했잖니." "너희들은 독일인들이 더 우세하다고 생각하니?" (우리의 의견이 일치하는 두 가지) 우리는 판단의 자유를 보전할 수 없는가? 엄마의 잘못을 인정한다 해도 말이다. 나는 엄마가 공평하지 않아서, 그런 엄마에게 반항심이 느껴져서, 그때 엄마가 나에게 화내는 것 같아서, 엄마의 특성을 있는 그대로 받아들이고 진실 추구를 포기해야 하는 건지 알 수가 없어서 신경질이 났다. 다른 사람을 온전히 이해하고, 그들의 관점과 그 관점의 타당성을 인정해야 한다는 내 믿음에 회의를 느끼게 되는 경우 중 하나였다. 내 신경질은 잠재적인 비참함 때문에 더욱 커졌다. 나는 울었다. 혹은 30분 동안 울려고 애썼다.

***

12월 22일

일기에 아무것도 쓰지 않은 지 적어도 일주일이 되었다. 우리가 곧 체포될 거라고 말한 뤼시 모리제의 조언에 충격을 받고 그렇게 되었다. 충격 상태가 일주일 내내 계속되었다. 사방에서 비슷한 말들을 했다. 토요일에는 루시 씨까지. 하지만 토요일에 다른 일이 일어나 우리를 더욱 걱정시켰다. 분명 부당한 일이었다. 그날 오후의 끔찍했던 분위기가 잘 기억나지 않는다. 그것은 내 지속적인 불안의 자각 같았다. 그날 아침 제복을 입은 독일인이 드니즈 언니를 방문했던 것이다. 그 독일인은 언니의 아파트 안을 둘러보겠다고 했다. 사람들은 그 일이 앞으로도 계속될 거라고 말했다. 그 순간 나는 깨달았다. 우리 모두가 깨달았다. 드니즈 언니와 프랑수아 형부는 몸을 숨겨야 했고, 아파트를 떠나 이사해야 했다. 전쟁이 끝날 때까지 두 사람의 바깥 생활이 위험해졌다. 우리 가족의 생활도. 드니즈 언니가 그런 상태에 처한 것이다! 독일인의 방문을 받은 충격 속에서 점심을 먹는 동안 언니는 울음을 터뜨리지 않으려고 무척 노력했다. 나는 오후 내내 집을 보았고, 엄마, 드니즈 언니, 앙드레, 그리고 앙드레의 남편은 언니네 아파트에 있었다. 프랑수아 형부와 아빠는 로베르 L.의 집에 갔다. 로베르 발 집안사람들의 방문을 견뎌야 했다.

나는 기계적으로 인형들에게 계속 옷을 입혔다. 다음 날, 나는 무도회 다음 날만큼이나 나른했다!

***

어젯밤 엄마가 나에게 앙드레 보르 집안사람들이 어린아이

네 명과 함께 강제 이주되었다고 말씀하셨다. 그 생각이 내 머릿속을 떠나지 않는다. 우리는 그들이 이주되지 않을 거라고 매우 확신했는데 그런 일이 일어나고야 만 것이다. 그것도 크리스마스 시즌에, 내가 크리스마스트리를 준비할 때, 이 어린아이들의 축제 때. 이 사실이 나를 너무나 슬프게 한다.

12월 27일 월요일

크리스마스트리 대목에서 일기를 더 쓰지 못했다. 하지만 요 이틀 사이에 약간의 불연속성이 있었다. 코가 막혀서 잠을 세 시간밖에 못 잤기 때문이다.

피에르와 다니엘을 데리러 갔다. 다니엘을 다시 보니, 그 애의 표정과 눈을 보니 갑자기 그 애의 어머니가 놀랍도록 강렬하게 연상되었다. 나는 알 수 없는 아픔에 사로잡혔다. 내가 지금껏 겪어본 아픔과는 다른 종류의 아픔이었다.

슈바르츠 부인의 모습이 희미해졌다. 내 기억은 일종의 기분, 슬픔일 뿐이었다. 다니엘과 함께 그녀의 모습이 다시 솟아올랐다.

오늘 2시에 독일어 수업에 갈 준비를 하는데, 오딜이 도착했다. 그래서 내가 놀란 것은 아니다. 나는 상황을 즉시 깨달았고 단번에 받아들였다. 게다가 그녀와 헤어진 것이 바로 어제 같았다. 외로움 때문일까? 그녀와 멈추었던 대화를 다시 시작했다는 기분이 든다.

12월 31일 금요일

오늘 아침나절을 공부에 바치고 싶었다. 나에게 공부는 자발적 망각의 순간일 뿐임을, 더도 덜도 아닌 그것뿐임을 나는 잘 알고 있다. 내가 공부와 현실 사이의, 자아실현과 내 자아 사이의, 저항할 수 없는 호출과 현실 사이의 갈등을 해결하지 못했음을 나는 잘 알고 있다. 그 갈등이 정오가 되자마자, 책을 덮자마자 다시 시작될 거라는 것도. 어제 저녁 나는 공부를 하고 싶었다. 하지만 너무 피곤했다. 그러나 매우 소중한, 어떻게 보면 힘들게 얻어낸 한가한 몇 시간 동안 나는 공부를 전혀 하지 않았다. 드니즈 언니가 집에 와 있었기 때문에, 너무 피곤했기 때문에(그동안 나는 휴가가 하루도 없었다). 엄마가 돌아오셨을 때, 요전 날처럼 또 한 번 울음이 터졌다. 할 일이 아무것도 없었고, 그래서 눈물의 둑이 무너진 것 같다.

그래서 오늘 아침 나는 공부를 하고 싶었다. 나는 아직도 이따금 마치 멋진 경치를 생각하듯 공부하는 아침나절을 생각한다. 나는 시를, 내가 경험할 수 있는 모든 즐거움들을, 내가 만들어낼 수 있을 어떤 것들을 생각한다. 이제 그럴 수 없다는 걸, 더 이상은 그럴 수 없다는 걸 왜 아직도 깨닫지 못할까? 왜 나는 그것을 포기하지 못할까? 그것이 불가능하다는 것을 왜 인정하지 못할까? 그래서 오늘 아침 일에 착수해야 했고, 11시까지만 공부했다. 미셸 바라디를 보러 병원에 가야 했기 때문이다(독일의 새로운 조치가 또 내려졌다. 이제 유대인들은 더 이상 병원에서 치료받을 권리가 없다). 하지만 엄마가 막 신문을 읽으셨고, 갑자기 희망이 아주 적어졌다. 내가 간신히 모아둔 인위적 행복이 무너져 내렸다. 현실이 이겼다. 그것엔 두 가지가 있다. 다르낭[83]이 얼마 전 치안 유지국 요원으로 임명되었다. 나는 그 사람이 누구인지 모른다. 곳곳에 출몰하는, 나치의 보호를 받는 갱단의 한 사람이라는 것 말고는. 하지만 이것이 뜻하는 것=어떤 내전. 또한 체포와 죽음이 발생하고 있다. 도처에서 죽음이 발생하고 있다. 그 죽음들은 무엇일까? 장래성과 생기가 가득한 생명들을, 나만큼이나 팔딱거리고 강렬한 내면적인 생명체를 끝장내는 것이다. 육체와 정신을 동시에 죽이는 것이다. 하지만 살인자들은 육체밖에 보지 못한다. 앞으로 더 많은 죽음이 발생할 것이다. 한 번 피를 보기 시작하면 더 이상 한계는 존재하지 않는다.

  도덕과 인간성에 대한 존중이 빠르게 사라져가고 한계가 초

---

83 대독 협력 정책의 과격론자였던 조제프 다르낭은 무장 항독 지하 단체들과 레지스탕스에 대항하기 위해 1943년 1월 친독 의용대를 창설했다. 1943년 12월, 그는 치안 유지국 국장으로 비시 정부에 들어간다. 이때부터 친독 의용대는 저항 단체와 유대인에 대한 탄압 활동을 강화했다.

월된다! 단숨에 동물의 단계로 퇴보한다. 나치들은 오래전에 그 단계에 다다랐다. 그들은 마치 손수건을 가지고 놀듯 권총을 가지고, 죽음을 가지고 논다. 그들은 가속이 붙어 돌아가는 끔찍한 톱니바퀴의 선두에 서 있다.

내가 미칠지도 모른다는 생각이 든다. 이따금 균형감을 잃는다.

다른 것도 있다. 다름 아닌 처음부터 끝까지 '유대인'에 반대하여 진행된 가울라이터(Gauleiter, 독일 나치 정권의 지역 지도자—옮긴이) 자우켈[84]의 연설이다. 그것을 생각하면 너무나 큰 낙담이 나를 덮친다. 그들은 지난 4년 동안 유대인을 충분히 괴롭히고, 학살하고, 박해하지 않았는가? 그 외에도 무궁무진하다(이것은 자우켈처럼 괴물 같은 사람들보다 삶에 더 큰 권리를 갖고 있는 사람들에게는 얼마나 큰 고통인가). 그들은 이것 때문에 전쟁에서 이겼는가? 그들은 이것 때문에 더 앞서 가는가?

그런 연설이 사람들에게 어떤 영향을 미치는지 궁금하다. 내가 받은 영향도 그 일부일 것이다. 나 자신이 바보 같고 무익하다는 기분 말이다. 하지만 내가 받은 또 다른 영향은 그 일부가 아닐 것이다. 뒤이어 발생할 모든 고통들을 괴롭게 의식하는 것 말이다.

---

84 프리츠 자우켈, 나치 지도자로서 히틀러의 명에 따라 유럽 전역에서 사용할 인력 징발을 담당했다.

***

요전 날 밤 쿠프린의 중편소설 『감브리누스』를 읽었다. 러시아에 사는 유대인 음악가의 이야기로, 뒤아멜(『순교자의 삶』의) 혹은 로제 마르탱 뒤 가르 스타일로 매끄럽고 공정하게 서술되었다. 박해는 개괄적으로만 묘사되어 있을 뿐이다. 하지만 나에게 그것은 충격적인 현실이었다. 박해의 체계적인 냉정함, 가슴을 찢는 잔인함이 아주 잘 나타나 있다. 무시무시하다. 유대인 박해가 늘 존재해왔다는 것 말이다. 그것에는 항상 일말의 변명도 없다.

***

'유대인'이라고 쓸 때 나는 내 생각을 번역하지 않는다. 나에게 그런 구분은 존재하지 않기 때문이다. 나는 다른 사람들과 다르다고 느끼지 않는다. 내가 별개의 인간 무리에 속한다고는 결코 생각할 수 없고, 그것 때문에 너무도 괴롭다. 이해가 안 되기 때문에. 인간의 냉혹함을 보는 것이 나는 괴롭다. 악이 인간성을 덮치는 모습을 보는 것이 괴롭다. 하지만 내가 특별한 인종적, 종교적 무리에 속한다(이것은 늘 오만함을 함축한다)고 느끼지 않기 때문에, 내 반응, 내 개인적 양심으로 나 자신을 옹호할 뿐이다. 클로드 베르나르 거리에서 모임이 있었을 때, 그리고 시온주의를 옹호하는 그의 연설이 나를 격분케 했을 때 레셰츠 씨가 했던 이 말을 나는 기억한다. "당신들은 왜 당신들이 박해받는지 알지 못해요." 사실이다.

하지만 시온주의의 이상은 그 내용이 어떠하든 나에게는 너무 편협하고 배타적으로 보인다. 우리가 겪고 있는 게르만주의에 대한 소름 끼치는 열광 이상으로 정상을 벗어난, 오만함을 내포한 쇼비니즘으로 보인다. 어쩔 도리가 없다. 나는 그런 무리들 속에서 결코 편안함을 느끼지 못할 것이다.

***

1944년

1944년 1월 10일 일요일 밤

내가 끝까지 갈 수 있을까? 이 질문은 매우 걱정스럽다. 우리가 끝까지 갈 수 있을까?

현재 똑같이 위험으로, 그리고 아마도 무無로 통하는 두 개의 큰 길이 있다. 강제 이주가 항상 우리를 위협하고, 전쟁이 끝날 때까지 많은 사건이 일어날 것이다. 전쟁을 끝낼 사람들, 그리고 그들이 저지를 소름 끼치는 위험이 제라르에게서 그 이야기를 들은 뒤로 나에게 더욱 선명하게 보인다.

지금 나는 장 때문에 겁이 난다. 그의 삶이 노출될 테니까. 이 고비가 모두 지나간 뒤 우리가 다시 만난다면, 지난 2년 동안 우리를 위협하던 위험에서 내가 벗어난다면, 그리고 그가 그 총격의 불바다에서 무사히 빠져나온다면, 우리는 우리의 행복에 비싼 대가를 치르는 셈이 될 것이다. 또한 그는 어떤 특별한 가치를 획득하게 될까?

하지만 그의 귀환은 내가 상상하는 것과는 무척 다를 것이다. 현관문 앞에서 초인종을 누르는 일 따위는 없을 것이다. 내가 어느 방에서 그를 맞아들일지 궁금해할 필요도 없을 것이다. 그때 내가 여기에 있을까? 프랑스 전체를 뒤흔드는 이 커다란 혼란 속에서 나에게 아무 일도 일어나지 않을 경우, 우리는 어디에 있게 될까?

지금부터 석 달만 더 버티면 될까? 석 달은 희망 외의 다른 기반 없이 잘못된 소문들을 들으며 매일 상륙을 기다렸던 사람들에게는 너무 긴 시간이다. 하지만 석 달만 버티면 된다는 것이 확실할 경우 그 시간은 아주 짧은 시간이 될 것이다.

긴 시간이다. 그렇다. 고통을 겪고 있는 사람들에게는. 퐁세 부인이 말했듯이 빈 근처 강제수용소에 있는 사람들에게는. 그리고 너무나 쇠약해서 이웃인 프랑스 죄수들이 던져주는 빵 조각을 받을 때조차 비틀거리는 사람들에게는. 강제수용자, 굶주림으로 죽어가는 사람들, 감옥에서 고문받는 사람들에게는.

오늘 브레나에 집에서 프랑수아 형부가 샬롱에 있는 SNCF(Société Nationale des Chemins de fer Français, 프랑스 국유 철도) 엔지니어인 동료에게서 들은 이야기를 해주었다. 협력 거부자들[85]을 강제 이주시키는 열차가 샬롱에 멈춰 섰다. 어느 객차 안

---

85 1943년 2월부터 점령군과 비시 정부는 STO(Service du Travail Obligatoire, 대독 협력 강제 노동국)를 통해 20~22세의 모든 프랑스 젊은이에게 강제 노동을 부과했다. 협력 거부자는 이 강제 노동을 거부한 사람들을 뜻한다.

에 있던 협력 거부자들이 도망칠 생각으로 객차 바닥의 볼트를 풀고 선로 위에 누웠다. 하지만 독일인들이 그것을 눈치챘고 객차가 모두 봉쇄되었다. 바닥이 뚫린 마지막 열차만 빼고. 그리고 열차가 다시 출발했을 때, 그들은 선로 위에 있는 협력 거부자들을 보았고, 일제 사격을 했다(탄알이 그들의 몸을 갈가리 찢어놓았다). 그중 두세 명이 일어나 도망가려 하자, 독일인들은 그들에게 다시 총을 쏘아 죽여버렸다. 마지막 한 사람이 총을 맞아 쓰러질 때까지 총을 쏘았다. 그런 다음 열차에서 내려 부상자들을 개머리판으로 두들겨 패 억지로 일으켜 세운 뒤 죽어가는 사람들과 한데 모아 화물차 안에 엉망진창으로 쌓아 올렸다. 열차는 아무 일도 없었던 것처럼 다시 출발했다. 그 사건으로 열두 명이 죽었지만 사람들은 그들에 대해 아무것도 알지 못한다.

잔혹한 일이다. 그 과격한 민족은 맹목적으로 죽음을 분배해 사방에 무차별적으로 쏟아붓는다. 그들이 우월한 민족이라는 주장을 사람들이 받아들여주지 않았기 때문이다.

***

갑자기 우리에게 일어날 수 있는 극심한 불행이 예측되어 음악을 연주할 수가 없다. 이를테면 강제 이주 열차 안에 앉아 있는 드니즈 언니의 모습 같은. 그런 생각이 들면 참을 수가 없다. 드니즈 언니가 이런 상황을 이해하지 못한다는, 위험을 의식하지 못한다는 생각이 들어서 언니에게 화까지 나려고 한다. 그것은 죄다. 언니는 즉시 몸을 숨겨야 할 것이다. 가만히 앉아서 위험신호를 기다린다면 그때는 너무 늦을 것이다. 이런 위험을 안고 어떻게 계속 여기에 머물겠는가?

금요일, 우리는 밀로 부인 댁에서 이 문제에 대해 이야기를 나누었다. 그녀는 말했다. 나중에, 불행이 닥쳐오면, 우리는 어떻게 우리가 이곳에 머물 수 있었는지 이해하지 못할 거라고. 그러나 만약 우리가 몸을 피했다면 우리는 미쳤을 거라고. 우리가 의식하지 못하는 부분이 분명히 존재한다. 하지만 나는, 나는 의식한다. 그래서 이토록 불안해하는 것이다.

***

1944년 1월 11일 화요일 밤

오늘 오후 한 번 더, 그것도 속속들이, 가혹한 현실 속에 다시 빠져들었다.

어제 나는 최후의 수단에 매달리게 되었다. 앙드레 부텔로가 도서관에 와서 두 시간 동안 수다를 떨고는 『시에 대한 변호』를 번역해보지 않겠느냐고 나에게 제안한 것이다. 나는 그 책에 대해 그에게 조금 이야기했을 뿐인데. 덕분에 갑자기 논문 작성보다 더 가깝고 확실한 목표가 생겼다. 그야말로 최후의 수단이었다. 얼마 전부터 나는 단어들의 본래 의미에 대해 갈피를 잡지 못하고 있었기 때문이다. 앙드레 부텔로와의 대화가 나에게 자신감을 조금 심어주었고, 나는 3년 전 문학적 감수성이 한껏 각성되었을 때의 내 모습으로 조금 돌아갔다. 그때는 모든 것이 새롭고 근사해 보였다. 하지만 그 시절은 장이 떠난 것과 함께 끝이 났다. 내가 영문학 수료증을 받은 순간, 학위 취득 시험을 공부하고 통과했던 순간도.

어제의 내 기쁨 속에 조금 운명적인 측면이 있다는 것을 나는 잘 알고 있다. 상황이 더 이상 과거와 같을 수는 없기 때문이다. 그것은 자발적인 흐름, 끊임없는 열광이다. 내가 현실의 반대편으로 들어가는 것을 느낀다. 하지만 그것은 내가 균형감을 잃지 않기 위해 필요 불가결하므로 나는 그것을 보전하기 위해 투쟁한다. 내가 이런 정신 상태를 유지할 수밖에 없는 것은 내가 두 개의 세상을 갖고 있지만 그 두 세상을 하나로 통합할 수 없다는 확신, 앙드레 부텔로는 내가 발견한 비참하고 고통스러운 세상 속으로 들어길 수 없고 그러기를 원치도 않는다는 확신, 나 역시 그 속에 내 일부를 제공할 수밖에 없으리라는 확신에 기인한다. 그런데 내 존재의 본질은 단일한 정신, single-mindedness(한 가지 목적에만 전념하는 것)이다.

어쨌든 나는 균형을 조금 되찾았다. 하지만 여전히 회복을 원하는 환자 같다. 그 균형은 인위적이고, 강제된 것이고, 약하다. 그것을 증명하는 데는 한 가지 충격으로 충분했다. 뇌이에 도착해서 자닌에게 들은 바에 따르면, 슈커 부인이 방금 전화를 받았는데, 보르도에 안전하게 있는 줄 알았던 그녀의 아들(11세)이 체포되었다는 소식이었다고 한다.

그 소식은 현실을 다시 일깨우기에 충분했고, 나는 정신적으로 불편한 느낌에 쫓겼다.

슈바르츠 부인의 어머니 댁에서 저녁 시간을 보냈다. 그러면서 다음의 사실들을 알게 되었다.

— 내가 그녀의 집에서 본 적이 있는 젊은 카르카손 부인이 남편 그리고 열한 살 난 아들과 함께 체포되었다. 연약한 아이였다(심지어 내 생각에는 조금 비정상적으로 보였다). 밤 1시 반에 초인종이 울렸고, 그녀는 비상계단으로 도망치려 했지만, 그들이 그녀를 쓰러뜨렸다. 그녀는 아래층에서 그들에게 무릎을 꿇고 아이는 데려가지 말아달라고 간청했다(아이는 포기해달라고 간청까지 하려면 자신이 처하게 될 상황의 의미를 뚜렷하게 인식해야 한다). 당연히 거절당했다. 그들은 그들 가족을 자동차에 태워놓고 다시 올라가 한 시간 동안 아파트 안을 뒤지고

값나가는 물건들을 훔쳤다. 가르 거리로 가져갈 목적이었다. 그들 셋 모두 강제 이주되었다.

— 그녀의 집에서 본 또 다른 여자(이 여자 역시 나중에 체포되었다)의 자매가 8개월 된 아기, 네 살 난 아이와 함께 체포되었다. 슈바르츠 부인이 나에게 말했다. "8개월 된 아기를 어떻게 하려는 건지. 그녀는 여기서 그 아기를 산책시키고 재우곤 했어요……." 비슷한 이야기들이 우리가 처한 악몽을 정확히 실감하게 한다.

— 가르 거리에는 가구, 의상, 수예품, 금은 세공품 등 모든 물건들이 진열되어 있다. 체포되어 강제 이주된 사람들의 아파트에서 훔쳐온 물건들이다. 거기서 수용자 자신들로 하여금 그 물건들을 상자에 넣게 한다. 상자들은 즉시 독일로 발송된다.

1월 13일 목요일

저녁에 현실을 강렬하게 의식한 나머지 풀이 꺾여 집으로 돌아왔다. 상황을 전적으로 의식하게 되는 순간들이 있다. 그럴 때면 미광도 없는 검은 하늘 아래 망망대해 속에서 발버둥 치는 것 같다. 그런 기분이 든 적이 몇 번 있다(내 기억으로는 작년 2월 어린아이들이 대량 검거되었을 때 그랬다). 하지만 지금은 그런 기분이 늘 이어진다. 그것이 현실, 있는 그대로의 현실, 내가 의식이 있다면 항상 자각하고 있어야 할 현실이라고 생각한다.

어떻게 해서 이 새로운 난국이 형성되었는가? 내가 수집한 수천 가지 사실들이 합쳐져 그렇게 되었을 것이다. 오늘 아침 나는 학교로 출발했다. 조제트에게 내 번역 일에 대해 이야기하고 싶었다(어젯밤 나는 셸리를 읽으면서 열광에 휩쓸렸다. 그런 나 역시 존재한다. 그것 역시 다른 것들만큼이나 사실이고 심오하다. 하지만 그것은 존재할 권리가 있을까?). 연구실 관리인이 나에게 와서 '불안하지 않으냐'고 물었다. 항상 똑같다. '사람들'은 나와 같은 학생들에게 조심하라고 알려주고 싶은 것이다. 그럴 땐 뭐라고 대답해야 할까? 나는 상황을 잘 알고 있다. 언제든 내가 체포될 수 있다고 믿는다. 그가 나에게 그런 말을 하는 것도 충분히 이해한다. 하지만 똑같은 상황이 2년이나 지속된 지금, 그런 말은 너무나 진저리 난다.

이후 대화는 일반적인 시사 문제로 옮겨 갔다. 그가 말하길, 요전 날 이탈리아 학생 하나가 와서 그에게 이렇게 말했다고 했다. "아저씨, 제가 소름 끼치는 광경을 봤어요!" "나는 그런 일이 놀랍지 않아. 요즘은 모든 광경이 소름 끼치거든." 그가 대답했다. "시체를 가득 실은 독일 트럭 한 대가 덮개를 완전히 덮지도 않은 채 지나가는 것을 봤다니까요."

분명 총살된 사람들일 테고, 아무도 그들에 대해 아무것도 모를 것이다.

나중에 월터 스콧(Walter Scott, 1771~1832, 19세기 초 영국의 역사 소설가·시인. 『아이반호』로 유명하다 – 옮긴이)에 관한 카자미앙 교수님의 강의를 한 시간 동안 들었다. 그런 다음 조금 휴식을 취하고 내 피보호자 세 명을 만나러 어린이 병원으로 갔다. P. 부인이 사람들을 고발하고 체포된 사람들의 아파트를 약탈하는 비열한 인물들에 대한 복수 계획을 나에게 이야기했다(그녀는 그런 부류의 여자 관리인 한 명을 알고 있었다).

점심을 먹은 뒤 아이 두 명을 쥘리앵 라크루아에게 데려다 주려고 뇌이에 갔다.

슈커 집안 아이가 보르도 총검거 때 체포되었다. 밤 1시 반에 보르도의 유대인들을 모두 체포했다. 사람들은 그 아이를 풀어 주려고 기차가 드랑시에 도착하기를 기다렸다. 열한 살짜리 아이가 혼자서 밤 1시 반에 체포되었던 것이다! 그것은 Reich(독일 제국)의 안전에 위험했다!

그들은 보름 전에 보르도 유대교 대제사장을 체포하러 왔다. 하지만 그가 그곳에 없었으므로, 그들은 그 보복으로 구제원의 노인과 환자들을 모두 체포했다. UGIF 집행부의 페레라 양(나는 수용자 담당 부서에 있을 때 그녀의 이름을 늘 보았다)이 자살했다.

네 살배기 소년 한 명이 뇌이에 도착했다. 우리는 그 아이의 이름 말고는 아무것도 알지 못한다. 어제 '석방되어' 구제원에 온 한 터키인 부부의 품에 그 아이를 안겨주었다. 아이는 무척 귀여웠고, 사방을 깡충깡충 뛰어다녔다. 하지만 드랑시에 대해서는 한 마디도 하지 않았다.

바예 부인을 만났다. 그녀는 자신의 집 가까이에서 알제리인 가족이 체포되었다고, 프랑스 헌병들이 어린아이들을 데리러 학교로 갔다고, 어머니와 친척들을 붙잡아놓고 자기들은 학교로 어린아이들을 데리러 갔다고 나에게 말했다.

세당가르 박사의 가족들이 생각난다. 조부모, 옆에 사는 며느리와 네 살배기 손녀, 전쟁 포로인 아들. 어느 날 그들이 그 가족을 체포하러 왔다. 며느리는 종적을 감추었다. 우리는 그녀가 어떻게 되었는지 알지 못한다. 할아버지는 강제 이주되었다. 할머니와 손녀딸도. 전쟁 포로인 아들이 돌아오면 어찌 미치지 않겠는가?

들롱클[86]이 죽었다. 사람들 말로는 게슈타포에 암살되었다고 한다. 요즘엔 게슈타포가 곧 법이다. 그들의 수사망에 걸려든 사람들은 모두 조심해야 한다.

---

86 외젠 들롱클. 프랑스의 극우파 정치인이자 카굴(Cagoule, 혁명 비밀 행동 위원회)의 공동 창립자. 히틀러에 반대했던 독일 중앙군사정보기구(Abwehr) 요원들과의 관계 때문에 1944년 1월 17일 게슈타포에 암살되었다.

***

44. 1. 17

뇌이에서 어떻게 왔는지 아무도 모르는 남자아이 한 명을 드랑시에서 석방된 터키인 부부 품에 안겨주었다. 사랑스러운 아이이다. 그 아이는 끊임없이 뽀뽀를 한다. 네 살이고 매우 영악해 보인다. 교육도 참 잘 받았다. 요전 날 그 아이가 아이 보는 여자를 찾아와서는 이렇게 말했다. "누나, 괜찮으면 내 방 청소 좀 해주실래요?" 그 아이는 밤마다 침대에서 엄마를 부르며 우는 것 같다. 아이 엄마는 어디에 있을까? 수용소에? 강제 이주되었을까? 아무도 알지 못한다.

밤마다 엄마를 부르는 그런 어린아이들이, 심지어 뇌이에 오지도 못한 아이들이 얼마나 많을까?

니콜이 일그러진 표정으로 연구실에 도착했다. 장 폴이 그녀에게 떠나기로 했다는 편지를 보내온 것이다. 그녀는 끔찍한 나날들을 한 번 더 경험하게 될 것이다. 나는 그녀에게는 그가 우주였다는 것을 느낀다. 확실히 그 일은 그녀를 조금 무분별하게 만들었을 것이다. 어쨌든 내 경우 그 일은 혼란의 위기에 처했을 때 내가 미치지 않았는지 혹은 내가 카산드라(그리스신화에 나오는 여자 예언자. 아폴론이 구애하자 사랑을 받아들이는 조건으로 미래를 보게 해달라고 요구하여 예언 능력을 갖게 되었다. 그러나 그녀가 예언 능력만 받고 약속을 지키지 않자 성난 아폴론은 아무도 그녀의 예언을 믿지 않게 만들었다 – 옮긴이) 흉내를 내는 것이 아닌지 자문하게 만들었다. 다른 사람들은 모두 침착해 보였기 때문이다. 니콜이 말했다. "이 일은 그에게, 그리고 나에게 최악의 참사야." 나도 그런 경험을 했다. 하지만 똑같은 방식은 아니었다. 나는 긴 침묵 후에야 그것을 깨달았다. 그러니 내가 그들을 위해 무엇을 할 수 있겠는가?

제라르는 그가 떠나면 안 된다고 말했다.

앙드레 베를 만났다. 그는 무척 상냥했다. 나는 그를 카탱 씨와 마리 루이즈 뢰주에게 introduce(소개)했다.

18일 화요일

이번 주에는 외롭고 자유로운 아침나절을 보냈다. 그러나 감히 그 시간을 활용하지 못했다. 어쨌든 기분이 좋았다. 9시에 우체국 직원이 보르도 사람들의 SOS 신호를 나에게 선해주었다. 소소한 일들을 처리하느라 하루 종일 이리 뛰고 저리 뛰었다. 부모님은 내가 거기에 가는 것을 원치 않으신다. 로슈포르, 드니, 라마르크 등등도.

두 달 전 오딜 바를로가 체포되었다. 수도원에 숨겨둔 아이들을 데리러 가다가 그렇게 되었다. 그 아이들은 고발당했고, 틀림없이 여름 옷차림에 샌들 바람으로 (니스로) 강제 이주되었을 것이다.

1월 22일 토요일

간밤에 대량 검거 소문이 다시 돌았다. 페송 부인이 엄마에게 미리 알려주었다.

아빠는 더는 여기에 머무르지 못할 때를 고려해야 한다고 말씀하셨다. 그때가 너무 늦지는 않을까 늘 두렵다. 그들이 초인종을 누를 경우 우리는 어떻게 해야 할까? 문을 열어줘서는 안 될 것이다. 그러면 그들은 문을 부수겠지.

문을 열고 신분증을 제시한다. 100분의 1의 가능성.

도망치려고 시도한다. 하지만 만약 그들이 통용문 뒤에서 기다린다면? 우리가 막 떠난 것을 그들이 알아차리지 못하도록 재빨리 침대를 정돈해야 할 것이다. 추위에 떨며 그들의 반응을 살피고 내일 일을 생각한 뒤, 이후부터는 쫓기는 사람의 생활을 해야 할 것이다. 나는 아직 한 번도 집을 떠난 적이 없다. 우리는 문을 열 것이고, 약속된 암호를 확인할 것이고, 어둠 속에서 열에 들떠 옷을 입을 것이고, rucksack(배낭)은 없을 것이다. 무엇을 가져가겠는가? 그 일이 대참사가 될 거라는 느낌, 전적인 변화가 일어날 거라는 느낌. 깊이 생각할 시간은 없을 것이다. 모든 것을 버려야 할 것이다. 자동차가 아래층에서 기다린다. 그리고 수용소, 우리가 알아보지 못할 다른 사람들과의 만남.

이렇게 될까, 혹은 그렇지 않을까?

***

1944년 1월 24일 수요일

눈사태가 또 일어났다. 나는 해야 할 일들이 있고, 쓰라린 마음으로 저지대를 굽어본다.

어제 아침에 꼬마 제라르를 카르 부인에게 데려다 주었다. 제라르는 내게서 떨어지지 않으려고 했다. "나와 함께 있을 거예요? 나와 함께 먹을 거예요?" 아주 다정한 목소리로 애원하듯 이렇게 말했다. 다행히도 그 아이는 즉시 C. 부인에게 달라붙었다(진정한 자비와 소박함을 아는 사람들이 있다. 오늘 아침 내가 사람들에게 이 말을 했더니 누군가가 나에게 대꾸했다. "그렇게 생각하세요! 다만 그런 사람들이 좀 더 많아야 할 거예요."). 인류의 절반이 악을 만들고, 아주 작은 요소 하나가 그것을 바로잡는다!

오후에는 기적적으로 시간이 통째로 비었다. 드니즈 언니와 함께 음악을 연주하고 싶었다(하지만 드니즈 언니가 위험해질 수도 있어서 그것은 불가능했다. 나 역시 언니가 나에게 화낼 거라는 걸, 혹은 내 침입에 상처받을 거라는 걸 잘 알고 있었다. 하지만 알 수 없는 뭔가가 그런 feeling(기분)은 무시하라고 나를 몰아댔다. 분위기가 몹시도 이상했다). 나는 as a joke(농담으로) 말했다. "틀림없이 내가 해야 할 일이 하늘에서 뚝 떨어질 거야."

2시에 비에데 집안의 큰딸 아이가 도착했다. 그 아이들은 얼이 빠져 있었다. 여자 하나가 아이 여덟 명을 데리고 돌아가려 했다. 적어도 4시에는 그 아이들을 보내야 했다. 자, 그러니 내가 할 일이 있었다. 나는 바보 같은 그 큰딸 아이와 함께 그들의 집으로 갔다. 그런 다음 언제나 준비가 되어 있는 마리 M.(여전히 정예 요원 중 한 명인)의 집으로 갔고, 그 뒤에는 B. 부인 집으로 갔다. 나는 거기서 밀로 부인[87]을 만나지 못했다.

로베르 네뷔 집안사람들이 저녁을 먹으러 왔다. 그들은 그들의 형제 장에 대해 이야기했다. 그가 번쩍거리는 독일 군복 차림으로 외출을 나왔다고 했다. 단춧구멍에는 무공훈장과 철십자훈장이 달려 있었다고! 이 얼마나 양심에 혼란스러운 일인가! 그 말을 듣고 나는 자유로운 영혼과 양심, 판단력을 가진 사람들이 어떻게 맹신자나 자동인형처럼 행동할 수 있는지 납득되

---

87 드니즈 밀로. 드니즈 밀로와 그녀의 남편 프레드 밀로는 유대인 아이들을 구제하는 임시 공제회를 설립했다. 이 조직은 파리 지역에서 500명에 가까운 유대인 아이들을 구제했다.

지 않아 머리가 돌 지경이었다. 그들이 장 네뵈에게 한 일은 나치가 독일인들에게 한 일의 축소판이다.

아침에 잠자리에서 일어났을 때 다니엘의 할머니에게서 속달 우편이 왔다. 그것 때문에 오전 내내 뛰어다닌 참이다. 나는 몇 가지 사실을 기록해야 한다. 결코 잊지 말아야 할 것들을. W. 부인이 나에게 말했다. 그들이 다리 하나가 잘린 노파 한 명을 체포하러 그녀의 집 근처에 왔었다고. 노파의 상처는 당뇨병 때문에 아물지 않은 상태였다. 처음에 그들은 노파의 상태를 보고 그녀를 그냥 내버려두었다. 그리고 다음다음 날, 그들은 로스차일드 병원에 수용하기 위해 다시 들것을 가지고 그녀를 데리러 왔다.

그런데 로스차일드 병원이 만원이었다. 그리고 다른 병원들은 유대인 환자를 입원시킬 수 없기 때문에 생 조제프 병원이 여성 마비 환자 한 명을 내보내야 했다. '유대인'들은 앰뷸런스를 부를 권리가 없다. 독일 사무실에 앉아 있을 권리도 없다. 얼마 전 신체에 장애가 있는 유대인 노파 한 명이 간호사와 함께 Kommandantur(독일 사령부)에 호출을 받았다. 독일인들은 이렇게 말했다. "당신(간호사)은 앉아요. 그리고 유대인 여자, 당신은 서 있어!"(두 시간 동안)

인간이 다른 인간을 짐승처럼 취급할 권리가 있는가? 하지만 바로 이것이 그리스도가 오시고 20세기 후에 우리가 처한 상황이다.

지금은 사설 병원들도 유대인들을 거부하는 듯하다. 드니즈 언니는 아기를 낳기 위해 나르시스 디아즈 거리의 병원에 등록했다. 그런데 어제 그곳의 담당자가 와서 (울면서) 언니에게 돈을 돌려주었다. 어떻게 해야 하는가? 이 모든 일들을 누가 알겠는가? 내가 이 일들을 이야기해야 한다. 하지만 경험해보지 않은 사람들은, 내 친구들조차도, 내가 이 이야기를 할 레오테 집안사람들조차도 이런 일들을 실감하지 못할 것이다. 물론 그들은 우리를 불쌍히 여길 것이다. 우리를. 하지만 그들은 이런 일들의 범위와 그 여파를 실감하지 못할 것이다.

다른 이야기. 오늘 아침에 비에데 부인이 자신의 딸아이가 애착을 갖고 있던 체크무늬 스카프를 잃어버렸다고 나에게 말해주었다. 그것은 아이 아버지의 선물이었다. 요전 날 그 딸아이는 거리(생 드니 문 근처)에서 어떤 여자가 그 스카프를 맨 것을 보았다. 딸아이는 그 여자에게 다가가 혹시 그것을 어디서 줍지 않았느냐고 물었다. 그러자 그 여자가 이렇게 대답했다. "아니야, 네가 사는 건물 관리인 아주머니가 나에게 주었어. 얼마 전에 죽은 그 아주머니의 올케 거래. 그 아주머니는 상중이라 갖고 있을 수 없기 때문에 나에게 준 거야." 그 관리인 아주머니는 물건들을 계단에 모아놓았다(그리고 결코 상복을 입지 않았다). 사람은 아버지가 강제 이주되고 아이가 여덟인 한 가족의 살림을 탈탈 털어낼 정도로 비루해질 수 있는 것이다. 그런 상황에서 과연 누가 제대로 살아갈 수 있겠는가? 나는 이런 생각을 하면서 정신적 혐오감을 느꼈다. 가여운 비에데 부인은 관리인 아주머니가 그녀를 고발하지 않도록 계속 뭔가(포도주, 감자 등. 그리고 그들은 정작 한 달 동안 물감자만 먹는다)를 갖다줄 수밖에 없다. 그녀의 가족은 그 여자의 손아귀에 있는 것이다.

***

1944년 1월 31일 월요일

어제, 평소처럼 조르주가 점심을 먹으러 왔다. 나는 라파엘과 데데를 뇌이에서 데려왔다. 그 아이들이 거실에서 노는 동안, 나는 조르주가 우리 부모님께 나쁜 소식을 알렸음을 불현듯 깨달았다(이런 예감은 이제 너무나 익숙하다). 내 예감은 틀리지 않았다.

쉬잔은 아무것도 없이(심지어 손가방도 없이) 혈혈단신이다. 마리안, 에디트, 프랑수아의 아내, 그리고 연로한 오라스 베유 부인은 붙잡혔다. 에믈린은 다행히 거기에 없었다. 장 폴도. 꼬마 베르나르는 도망쳤다.

나는 마음이 아팠다. 이제 우리에게 들리는 건 이런 종류의 소식들뿐이다. 하지만 그것이 가까운 사람들의 소식일 때 고통의 강도는 달라진다. 끔찍한 악순환이 일어난다. 일어나고 끊임없이 들러붙는다. 그 톱니바퀴들이 도처에 고통과 염려로 뒤얽힌 세상을 만들고, 때로는 모르는 사람들을, 때로는 당신의 가족들을 움켜잡는다.

W. R. 가족도 그런 경우 중 하나다. 우리는 그 가족과 비슷한 경우들을 많이 이야기할 수 있다. 전차 부대 장교였던 프랑수아는 적들이 가져가지 못하도록 탱크들을 불태우라는 명령을 내리다가 폐에 파편이 박히는 치명적 부상을 입고 1940년 6월에 죽었다. 나는 그것을 결코 실감할 수 없었다. 그의 죽음이 유발한 상처는 그의 가족들 속에서 결코 아물지 않았다. 그는 두 살난 아기 베르나르와 아내를 남겼다. 그녀에 대해 잘 아는 사람은 아무도 없다. 리투아니아 여자라는 것밖에는. 프랑수아의 할머니가 그 꼬마를 전적으로 거두었다.

1941년 8월, 변호사들이 최초로 대량 검거되었다. 프랑수아의 아버지 모리스가 체포되었다. 모리스는 드랑시에서 1년을 보낸 후, 너무 쇠약해서 그 자신도 집에 돌아가지 못할 거라고 생각할 정도의 건강 상태에서 강제 이주되었다.

1941년 12월, 쉬잔의 두 형제 조르주와 로베르가 체포되었다. 조르주는 콩피에뉴에서 100일을 보낸 뒤 석방되었고, 로베르는 콩피에뉴에서 겪은 일의 후유증으로 석 달 전에 죽었다.

모리스의 강제 이주 뒤, 쉬잔은 자유 지역에서 자기 아이들과 합류하기로 했다. 그리고 지금…… 그녀의 딸 마리안, 그녀의 시어머니 그리고 그녀의 며느리가 강제 이주되었다.

***

얼마 전에 나는 『결투』에서 발견한 러시아 희곡에 나오는 문장을 인용했다. "바냐 아저씨, 우리는 쉬게 될 거예요. 쉬게 될 거예요." 무덤 속의 잠 이야기였다. 죽은 사람들만이 피곤한 박해를 피할 수 있다는 생각이 점점 더 강하게 든다. 어느 이스라엘 사람의 죽음을 전해 들었을 때, 나는 본의 아니게 이렇게 생각했다. '이제 그 사람은 독일인들의 손아귀에서 벗어났군.' 끔찍한 생각 아닌가? 이제 우리는 죽은 사람들을 위해 울지 않을 것이다.

삶이 너무나 피곤하다. 한 인간의 삶은 너무도 별것 아니어서, 삶 말고 다른 것이 없는지 궁금해질 정도다. 그 어떤 주의도, 그 어떤 신조도 내가 내세를 진정으로 믿게 하지 못할 것이다. 이 삶의 풍경이 거기서도 이어질지 모르니까.

나는 그것을 원치 않는다. 그러면 더 이상 삶에 애착을 가질 수 없다는 뜻이 되기 때문에. 선한 삶은 확실히 존재하며, 지구 반대편에 행복이 존재한다. 미래를 위해 따로 떼어놓은 행복도. 만약 내가 살아남는다면, 다른 사람들에게는 확실히. 하지만 삶이 보잘것없다는 이런 느낌은 결코 지워지지 않을 것이다. 어떤 경우에도 인간에게는 악이 존재한다. 그리고 악의 원리가 일깨워지자마자 거대한 힘이 생겨난다.

1944년 1월 31일

어제 프랑수아즈가 다니엘을 위한 답장을 나에게 가지고 왔다. 그녀는 그곳(소세 광장)의 게슈타포 사무실 맞은편에서 친구 하나가 억지로 이사했다고 이야기해주었다. 하루 종일 울부짖는 소리가 들려 더 이상 견딜 수 없었기 때문이다. 그들은 용의 선상에 오른 사람들에게 자백을 시키기 위해 발톱을 세우고 물건들을 부순다. 11시간 동안 쉬지 않고 신문한다. 그런 다음 주머니에서 손수건을 꺼낼 기미만 보이면 달려들어 목덜미를 물 준비가 된 덩치 큰 경찰견의 감시하에 그들을 '쉬게 해준다.'

감옥 안에서는 무슨 일이 일어날까? 그곳에도 이야깃거리가 많을 것이다.

2월 1일 화요일

어제 아침 두두를 데리러 병원에 갔다. 두두를 담당했던 간호사들과 다른 아이들은 두두가 떠나기를 바라지 않았다.

나중에 베유 부인이 방문했다. 그녀는 신경이 날카롭고 절망적인 상태였다. 꼬마들이 걱정되고 현재의 삶이 근심스럽기 때문이었다.

나는 그런 근심을 억눌렀다. 피에르는 지금 지내고 있는 기숙사의 나이 든 선생님 한 분에게 잘 보이기 위해 선물을 갖다드려야 한다. 피에르는 그 선생님에게 가벼운 꾸지람을 들었는데, 이후 수업을 하다가 그 선생님이 피에르에게 갑자기 이런 말을 했다는 것이다. "자네는 르 부르제 근처에서 같은 신앙을 가진 사람들과 함께 지내면 더 좋을 거야!"

마음을 갈가리 찢어놓는 말이다. 우리는 그 말이 암시하는 가혹한 의미를 안다. 드랑시가 어떤 곳인지 안다.

친구들이 네 상태가 어떠냐고 물을 때 거짓말로 대답하라고 강요할 수 있을까? 그런 말을 듣고 그 아이가 어떻게 뒤얽힌 그 물망에서 빠져나올 수 있겠는가? 그 아이는 둘이서, '비밀의 인영印影 아래'에서 자기 마음이 어땠는지 털어놓았다.

새로운 소식이 하나 있다. 독일 남자 혹은 독일 여자를 볼 때 내 안에 분노가 솟구치는 것을 깨닫고 깜짝 놀랐다. 나는 그들을 후려칠 수도 있었다. 나에게 그들은 내가 시시각각 접하는 악을 행하는 사람들이었다. 전에 나는 그들을 그렇게 보지 않았다. 나는 그들을 멍청하고 야만적인, 자신들의 행동에 책임을 지지 않는 눈먼 자동인형으로 보았다. 내 생각이 옳지 않은가? 그런데 지금 나는 소박한 사람의 눈으로, 본능적이고 원초적인 시각으로 그들을 본다. 나는 증오를 아는 걸까?

나는 왜 이런 원초적인 태도에 굴복하지 않으려 할까? 그들은 그러지 않는데, 나는 왜 이치를 따지려 하고, 상황을 동기와 근원들 속에서 또렷이 보려고 할까? 이런 질문을 제기하는 것은 가능할까? 우리가 의식적인 노력을 통해 증오 반응을 지워버린다면 이미 저질러진 악을 모두 바로잡을 수 있을까? 그들은 눈에는 눈, 이에는 이의 법칙 말고 다른 것을 이해할 수 있을까? 이것은 매우 걱정스러운 문제다.

어제는 히틀러 즉위 11주년 기념일이었다! 그의 주된 조력자인 강제수용소와 게슈타포 체제를 통해 11년이라는 세월이 지속되었다. 누가 이것에 감탄할 수 있을까?

간밤에는 잠을 거의 자지 못했다. 어제 저녁 집에 돌아오니 아빠가 더 이상 집에서 주무시지 않겠다는 해결책을 내놓으셨다. 아빠는 명백해진 상황 속에서 오래전부터 숙고하셨고 마침내 그 결정을 내리신 것이다. 나는 그런 아빠와 피로한 상태에서 그 해결책을 견디지 못할 엄마 사이에서 분열되었다. 누가 옳을까? 아빠는 사실들을 보고, 엄마는 느끼는 걸까? 엄마는 분별이 없고, 아빠는 분별이 있는 걸까? 그걸 누가 알겠는가. 중요한 것은 삶의 모든 염려와 피로는 엄마에게, 언제나 여자에게 떨어져 내린다는 것이다. 저녁 식사 전 엄마는 갑자기 매우 상심하신 듯 울음을 터뜨렸다. 그것은 사실이다. 여러 달 전부터 엄마는 가족들을 위해 모든 것을 힘겹게 견디고 계신다. 엄마는 되는 대로 살 권리도 없다. 게다가 엄마는 고혈압이다. 맙소사! 장차 우리는 어떻게 될까?

남아 있는 얼마 안 되는 가족의 삶 또한 희생해야 한다. 우리가 함께 지내는 밤 시간들 말이다. 하지만 상황이 그 정도로 위험한 게 사실이라면, 그런 위험과 불편을 비교할 수 있을까? 아빠는 위험이 무엇인지 이미 보셨다. 나는 아빠의 결정을 이해한다. 그러나 엄마의 극심한 낙담도 이해한다.

1944년 2월 4일 금요일 밤

폭풍우가 몰아칠 것 같다. 주초부터 그런 기운이 부풀어 올랐다. 우리를 '꿈꾸게' 했던 D. 양이 정오에 부인 한 명을 우리에게 보냈다. 그 부인이 전한 소식은 우리를 몹시 혼란스럽게 했다. 우리는 머리를 쥐어짰고, 내가 탐정의 머리를 갖지 못한 것이 유감스러웠다.

  하지만 그 소식은 사실이었다. 집에 돌아와 계단에서 아빠를 만났다. 아빠는 N.의 방문을 받으셨고, 그가 아빠에게 이렇게 말했다고 한다. "사흘 동안 경계 태세를 취하세요."

  나는 나딘의 집에서 돌아왔다. 강의가 다시 중단되었다. 우리와 함께 음악을 연주했던 피아니스트가 월요일에 여동생과 함께 체포되었다. 이미 강제 이주되었을 것이다. 고발이었다. 주르당 부인이 나딘과 함께 베토벤의 소나타 한 곡을 연주했다. 아다지오가 연주되는 동안, 수많은 체포들 중에서도 그 체포의 잔인함과 부당함, 몰상식함이 내 마음을 점령했다. 그 피아니스트 청년은 몹시도 예술적이었고, 인간의 사악함과는 거리가 먼 예술로 세상에 순수한 기쁨을 가져다줄 수 있는 사람이었다. 그런데 지금 그는 정신성을 무시하는 야만과 난폭함을 마주하고 있다. 얼마나 많은 사람들이 무한한 희생을 치르고 있는가. 존경받아 마땅한, 천부적 재능을 가진 많은 사람들이 게르만족의 난폭함 앞에 으스러지고 기진맥진하지 않았는가? 무한한 가능성을 가진, 심오하고 순수한 감정을 일깨울 수 있는 그 사람들이 난폭하고 불경한 힘에 의해 귀한 바이올린처럼 깨어졌다. 보슈들이 체포하고, 강제 이주시키고, 총살한 그 사람들은 그들보다 만 배는 더 가치 있는 사람들이다. 이 얼마나 비통한 일인가!

이것은 선에 대한 악의 승리, 아름다움에 대한 추함의 승리, 조화에 대한 억압의 승리, 정신에 대한 물질의 승리이다! 프랑수아즈 같은 영혼들은 하나의 우주이며, 매우 순수하고 근사한 능력을 갖고 있다. 그런 그들이 악의 톱니바퀴 속으로 말려들어갔다.

눈을 감자. 그냥 현재의 상황을 잊어버리고 이런 질문을 제기하자. '당신은 악한 사람들이 지금 독일인들이 유대인들에게 하듯 죄 없는 사람 수백만 명을 죽이는 것을 납득할 수 있나요?' 간단히 말해, 모든 정직한 사람의 양심 속에는 바로 이것이 문제라는 생각이, 독일인들이 한 일은 바로 이런 일이라는 생각이 존재한다.

나는 악에 대한 선의 우위를 아직도 믿는다. 하지만 지금 이 순간 모든 것이 이런 내 믿음을 반박한다. 진정한 우위는 현실적이고 실제적인 우위라고, 힘의 우위라고 나를 설득하려 애쓴다. 하지만 정신은 사실을 부인한다. 이 뿌리 깊은 믿음은 어디에서 오는가? 이것은 그저 단순한 전통만은 아니다.

가여운 장 마르크스. 그는 어떻게 자신이 처한 상황을 견딜까? 뚜렷한 이유를 제시할 수는 없지만, 나는 예술가들이 평범한 활동가들보다 백 배는 더 고통받는다고 느낀다. 그들이 살고 있던 이상적인 세계로부터 완전히 뿌리 뽑혔기 때문이다. 게다가 그들의 감수성은 아주 작은 상처에도 전율한다.

그리고 장 폴이 오늘 도착했다!

다시 한 시기가 끝났다. 보헤미안의 삶, 유목민의 삶을 선택해야 할 것이다. 내 '공적인 삶'은 거기서 끝날 것이다.

1944년 2월 14일 월요일

슈와브, 마리안, 질베르.

내가 외적 삶의 전환점에 다다른 것인지 궁금해하면서 일기 쓰기를 멈춘 지 일주일이 넘었다. 아직 아무 일도 일어나지 않았다. 나는 계속 앙드레 집에서, 부모님은 L.(루아즐레) 집안에서 잠을 잔다. 매일 저녁 집을 나설 때, 우리 주변에는 토론의 요소가 떠다닌다. 퍽도 무익한. 우리는 이미 여러 가지를 조사했고, 토론의 차원을 넘어갔기 때문이다. 이유가 있다고 주장할 수 있는 사람은 없다. 그리고 우리에게는 이미 위험을 경험하신 아빠에게 반대할 명분이 없다. 하지만 이미 조사를 마쳤고 그러기로 동의했으면서도 집으로 돌아가자고 다시 제안하고픈 마음을 떨칠 수 없다. 우리 집에서 밤을 보내고 싶고, 우리 침대에서 잠을 자고 싶기 때문이다.

이번 주에 따뜻한 옷가지를 부탁하는 마리안의 전갈이 왔다. 그녀들은 드랑시에 있다. 우리는 우리의 옷가지들을 모아 짐을 꾸렸다. 나는 그녀를 위해 작은 바느질 상자를 만들었다. 내가 갖고 싶어 했을 만한 것이다. 내가 상상하는 강제수용자의 삶에는 소소한 것들이 많이 필요하다. 목요일에 1500명이 출발했다. 아마도 그녀들은 이미 그 속에 들어 있었을 것이다.

질베르의 어머니가 그르노블에서 체포되었다. 그것이 그녀의 고통스러운 삶에 종지부를 찍었다. 아들 이브가 18세에 몇 시간에 걸쳐 고통스럽게 죽은 것, 그리고 1년의 시차를 두고 재산 상실, 남편의 갑작스러운 죽음. 그녀는 그들이 잡아가지 않은 늙은 시어머니를 위해 그르노블에 머물러 있었다.

어제 조르주가 트루아(파리 남동쪽 150킬로미터 지점 센 강 연안에 위치한 도시 - 옮긴이) 대량 검거 때 영감님과 함께 체포된 어느 80세 할머니의 이야기를 들려주었다. 그 할머니의 아들은 그들의 소식을 듣지 못해 몹시 걱정했다. 그는 주변 사람들의 조언에 따라 구제원과 병원들을 두루 다니며 부모님의 소식을 알아보았고, 마침내 그 할머니가 속옷이나 시트도 덮지 않은 채 시체 공시장에 있다는 것을 알게 되었다. 체포될 때 할머니가 입고 있던 옷을 벗겨버린 것이다. 엄마가 외치셨다. "나중에 기억하기 위해 이 이야기를 기록해둬야 할 거야." 엄마는 내가 일기에 그런 사건들을 기록한다는 것을, 그 사건들을 가능한 한 잊지 않으려고 노력한다는 것을 알고 계신다.

경계 상황이었던 요전 날엔 가슴에 별을 단 사람 서른 명이 길에 있었다는(그저 심심풀이로) 이유만으로 체포되어 드랑시에 보내진 후 강제 이주되었다. 랍비 삭스가 장례식에서 돌아왔다. 또 다른 사람 하나는 전쟁에서 죽은 아들을 기리기 위해 교회에서 열린 의식에 참가한 뒤 돌아오다가 시테 정거장에서 독일 경찰에 붙잡혔다. '아리아족'에게는 15프랑 벌금형을 주었고, 나머지 사람들은 강제 이주시켰다.

1944년 2월 15일 화요일
오늘 아침 뇌이에서 칸 부인을 보았다. 그녀는 얼마 전 드랑시에서 일주일을 보냈다. 그녀는 인사부 부원으로 오를리에서 체포되었고, 마지막 강제 이주 전날 석방되었다. 그녀를 통해 나는 강제 이주에서 돌아올 사람들에 대한 세부 사항들을 알게 되었다. 말하자면 그녀는 미지의 인물이었고, 강제 이주자들의 비밀이었다.

드랑시에서조차 삶은 그럭저럭 견딜 만했다. 일주일 동안 그녀는 배가 고프지 않았다. 내가 알고 싶었던 것은 강제 이주에 관한 것들이었다. 드랑시에 대해서는 좀 안다. 보름에 두 번씩 거기에 갔다. 작년에는 매일 갔다. 나는 그곳 사람들의 삶을 떠올린다. 건물의 커다란 유리창들, 그 유리창에 붙어 있는 형체들, 갇혀서 할 일이 없는 사람들, 혹은 가지고 있는 얼마 안 되는 음식을 침대에서 먹는 사람들을 눈앞에 떠올려본다. PJ[88] 바로 앞에 클로즈 가족이 살았다. 투르에서 체포된 가족으로, 아버지, 어머니, 아들과 두 딸이었다. 어머니는 백발의 기품 있는 미인이었다. 나는 이것을 이야기하고 싶다. 하지만 거기에 있었던, 거기서 고통받았던 사람들 옆에서 이것을 이야기하는 나는 무엇일까?

나는 정확한 세부들을 물었다. 강제 이주 하루 혹은 이틀 전 객차 한 칸에 탈 60명의 사람들이 공동 침실에서 편성되었다. 그 60명에는 남자들과 여자들이 섞여 있었다(확실히 메츠까지는 가족들을 서로 갈라놓지 않는다). 봉인된 가축 운반차 바닥에는 그 60명을 위한 짚을 넣은 매트 16개가 깔려 있다. 언제 비웠는지 모를 오물통 한 개(혹은 세 개)도 있다. 출발할 때 각자 식량으로 꾸러미를 하나씩 받는다. 그 꾸러미 안에는 커다란 물감자 4개, 삶은 소고기 1파운드, 마가린 125그램, 비스킷 몇 개, 그뤼예르 산 저지방 치즈 1개, 빵 4분의 1 파운드가 들어 있다. 6일간의 여행을 위한 배급.

그들은 굶주릴까? 질식할 것 같은 분위기에서 오물통 냄새, 인간의 냄새가 난다. 통풍은 잘 될까? 그러지 않을 거라 생각한

---

[88] PJ 또는 PQJ(la Police aux Questions Juives, 유대인 문제 담당 경찰). 1941년 10월에 창설된 비시 정부의 경찰 특수 부서.

다. 그리고 역겨움. 한 객차 안에 60명씩 들어간 상황에서는 모든 사람이 누울 수도, 앉을 수도 없다.

그중에는 환자 혹은 노인들이 있다. 함께 있는 사람들이 예의 바르다면야 다행이겠지만, 불쾌한 잡거雜居 역시 고려해야 한다.

수용소에서는 남자들과 여자들이 함께 몸을 씻는다. 칸 부인이 말했다. "주변 사람들이 선량하다면 남들에게 보이지 않고 무사히 몸을 씻을 수 있어요. 하지만 까다로운 여자라도 한 명 있으면 그녀의 몸단장을 위해 다른 여자들이 그녀 앞에 서 있어야 하죠." 칸 부인은 간호사이고 무척 용감하다. 그녀가 말했다. "수줍음 많은 사람에게는 확실히 곤란한 일이에요." 하지만 그런 일이 실제로 존재한다.

나는 그녀에게 물었다. "객차 안의 오물통은 누가 비우나요?" (나는 이것이 걱정되었다) 하지만 그녀는 그것에 대해서는 아무것도 몰랐다. 나는 체포된 사람들이 도착하는 것을 보았느냐고 그녀에게 물었다(마리안과 마리안의 할머니를 그녀가 보았을 거라는 생각에. 하지만 그녀는 그들이 도착하기 전에 풀려났다). 그녀가 대답했다. "예를 들면 내 방에는 열세 명으로 이루어진 가족이 있었어요. 아르덴에서 체포된 아이들과 그 부모였는데, 아버지는 다리가 절단되었고 가슴에 훈장을 달고 있었죠. 열한 명의 아이들은 15개월에서 20세 사이였어요. 내가 우리 방에 그들을 받아들인 것을 보고 퓌딘(오를리의 직원 중 하나)이 나에게 말했어요. '당신 괴상한 생각을 했네요!' 하지만 내가 장담하는데, 그 아이들은 깔끔하고 교육을 잘 받은 아이들이었어요. 그 아이들 모두요. 아이들 어머니는 말은 별로 없지만 품위가 있었고요! 그 여자의 목소리를 듣고 있으면 가슴이 찢어질 듯 아팠죠."

아이들과 부모를 합쳐 열세 명. 독일인들은 그 아이들을 어떻게 할까? 강제 이주 조치해 일을 하게 한다면 대체 무슨 일을 시킬까? 그런 아이들을 독일 빈민 구제 사업에 투입한다는 것이 사실일까? 그들은 노동자들을 체포해 독일로 보내고, 그 아내와 아이들은 체포하지 않는다. 이 모든 일을 둘러싼 끔찍한 불가사의, 소름 끼치는 비논리성이 우리의 영혼을 괴롭힌다. 깊이 생각해볼 필요는 없다. 독일인들은 이유도 유용성도 추구하지 않기 때문이다. 그들에게는 한 가지 목표가 있을 뿐이다. 한 민족을 말살시키는 것.

그렇다면 내가 길에서 마주친 독일 군인은 왜 내 따귀를 때리지 않았을까? 왜 나에게 욕설을 퍼붓지 않았을까? 왜 그 사람은 내가 지나가도록 지하철 문을 잡아주었을까? 왜 내 앞을 지나가면서 나에게 실례한다고 말했을까? 왜? 그 사람들은 알지 못하기 때문이다. 혹은 더 이상 생각을 하지 않기 때문이다. 그들은 권력자의 명령에 즉각적으로 반응한다. 하지만 나를 위해 지하철 문을 잡아주는 행동이나 나를 강제 이주시키는 행동에 내재하는 불가사의한 비논리성은 보지 못한다. 이 두 경우에 나는 똑같고 유일무이한 사람이지만, 그들은 자신이 하는 행동의 인과관계를 알지 못한다.

그들은 모든 것을 알지는 못한다. 바로 이런 점이 그들의 체제가 잔혹하다는 것을 보여준다. 그들은 자기들이 행하는 박해의 끔찍한 세부들을 알지 못한다. 사형집행인 그리고 거기에 연루된 게슈타포라는 작은 무리만 존재하기 때문이다.

만약 그들이 알았다면 느꼈을까? 자신의 가정에서, 자신의 살과 피에서 격리된, 아내에게서 뿌리 뽑힌 그 사람들의 고통을 느꼈을까? 그들은 이 점에 관해 너무나 무지하다.

게다가 그들은 생각을 하지 않는다. 내가 늘 염두에 두는 문제다. 나는 바로 이것이 악의 기반이라고 믿는다. 그들의 체제는 이것에 기반한다. 개인의 생각을, 개인의 양심을 무력화하는 것. 나치즘은 바로 이것에서 시작되었다.

"나는 보르도에서, 니스에서, 그르노블에서(혹시 블로크 부인?), 온갖 곳에서 사람들이 오는 것을 봤어요." 칸 부인이 말했다. 나는 그 사람들의 상황이 훨씬 더 고약했을 거라고 생각한다. 너무나 급작스러운 변화였을 테니까. 나는, 우리는 그것을 알고 있다. 우리는 잘 알고 있다. 하지만 그 전까지 평범하게 살았던 그들에게는 이별의 아픔이 얼마나 컸겠는가! 변화된 생활에 적응하기가 얼마나 힘들었겠는가!

"드랑시에 간 것은 나에게 별다른 영향을 주지 않았어요. 거기서 나가게 됐다는 말을 들었을 때 오히려 충격을 받았죠." 나도 드랑시의 '풍경'을 알고 있다. 하지만 내가 정말로 그곳에 '감금되었'을 때, 내 삶의 한 부분이 영원히 봉쇄되었다고 느낄 때 나는 어떤 느낌을 받을까. 누가 알겠는가. 내가 살아보려는 의지를 가진다 해도 내 삶 전체가 완전히 봉쇄되어버릴지.

이런 이야기들은 마치 르포르타주 같지 않은가? '나는 아무개가, ○○○가 귀환하는 것을 보았다. 우리는 그녀에게 질문을 했다.' 하지만 오늘날 어떤 신문이 이런 르포르타주를 싣는가? 누가 '나는 드랑시에서 돌아왔어요'라고 말하는가?

어떻게 생각하면 르포르타주 형식으로 그 일을 이야기하는 것은 각각 특별한 고통을 겪은 모든 개인에 대한, 그들의 말로 표현할 수 없는 고통에 대한 모욕이 아닐까? 그들 각자의 고통이 어떠했는지 누가 일일이 말할 수 있겠는가? 진정한, 유일한, 글로 쓰여 마땅한 '르포르타주'는 강제 이주된 모든 개인들의 완전무결한 이야기들을 한데 모으는 것일 테다.

내 생각의 배경에는 강제 이주자들의 여행이 묘사된 『부활』의

한 대목이 있다. 다른 누군가가, 톨스토이가 그런 이야기를 알았고 그것을 글로 썼다는 사실이 나를 격려해준다. 우리는 타인들 속에서 너무나 고립되어 있고, 우리의 특별한 고통은 타인들과 우리 사이에 장벽을 만든다. 그래서 우리의 경험들은 전례 없이 다른 사람들 속에서 소통 불가능한 상태로 머물러 있게 된다. 물론 나중에는 이런 느낌이 사라질 것이다. 사람들이 알게 될 테니까. 하지만 고통을 경험한 인간 무리가 그 고통을 알지 못하는 다른 사람들과 완전히 격리되어 있는 동안 모든 사람은 서로 형제라는 그리스도의 대법칙이, 우리는 모두 다른 사람들의 고통을 나누고 덜어주어야 한다는 사실이 무시되었다는 것을 잊어서는 안 될 것이다. 사회적 불평등뿐만 아니라 고통의 불평등도 존재하기 때문이다(후자는 전시 같은 특별한 경우에 해당하고, 전자는 평화 시에 해당한다).

작년 이맘때 나는 장에게 『부활』에 관한 기묘한 흥분들로 가득한 편지를 썼다. 그 책의 한 페이지를 적어 보내기까지 했다. 톨스토이가 그 모든 악의 이유들을 찾는 페이지였다. 하지만 이제 나는 그에게 그런 이야기를 할 수가 없다. 요전 날 나는 앙드레의 집에서 내가 맡겨둔 일기를 발견했고, 그것을 뒤적거리던 중 너무나 비극적인 동시에 너무나 흥분되는, 내가 장을 처음 알게 된 순간과 장과 오베르장빌에 소풍 갔던 순간을 다시 떠올리게 되었다.

지금도 상황은 한결같이 비극적이고, 신경의 긴장도 여전하다. 모든 것이 무미건조하고, 끊임없이 근심을 해야 한다. 주변을 떠도는 단조로움은 끔찍할 정도다. 불안이 깃든 단조로움이기 때문이다.

……그것이 2년 전이었다. 현기증과 함께 나는 2년이 흘러갔음을, 그리고 상황이 여전히 지속되고 있음을 깨닫는다. 나는 해에서 달을 분류해낸다. 그것은 과거가 된다. 어깨가 무너져 내릴 듯한 격한 감정을 느낀다.

의무실에서 새로 온 네 살배기 쌍둥이의 옷을 벗기던 중 로에베 부인이 나에게 물었다. "그런데 당신은 앞으로 어떻게 될 거라 생각해요?" 나는 대답했다. "그렇게 된다 해도 놀랍지 않죠." 그러자 그녀는 나를 격려해주기 위해 말했다. "그래도 걱정하지 마요. 우리는 같은 무리 속에서 함께 여행할 거예요."

그녀는 내가 내 형편을 염려해서 그렇게 말한다고 생각했을 것이다. 하지만 그녀의 생각은 틀렸다. 나는 다른 사람들, 매일 체포되는 사람들, 이미 그곳으로 넘겨진 사람들을 염려했다. 나는 다른 사람들이 겪는 고통을 생각하며 괴로워한다. 만약 나 하나뿐이라면 매우 수월할 것이다. 그러나 나는 결코 나 자신을 생각하지 않았다. 이제부터 생각하려고 하지도 않는다. 나는 상황 자체에, 극악무도하게 자행되는 박해에, 강제 이주에 고통스러워한다. 이 얼마나 잘못된 일인가!

7시 15분

예전에 꼬마 폴과 함께 수용소에 갇혀 있던 사람이 사무실을 방문했다. 그는 나에게 편지를 보내 폴을 위해 할 수 있는 일이 무엇인지 물었었다.

그는 눈이 움푹 파이고, 석방된 죄수들이 흔히 그렇듯 몸이 야위어 있었다. 나는 그의 방문이 기뻤다. 그가 고통받은 사람, 고통을 보고 이해한 사람이었기 때문이다. 그는 독일인들이 여자들과 아이들까지 공격했다는 것을 알지 못했다. 하지만 별다른 저항 없이 그 사실을 인정했다.

그는 함부르크 근처의 어느 농장에서, 빈의 온갖 계층에 속했던 스무 명가량의 유대인 여자들이 강제 이주되어 도착하는 것을 보았다고 했다. 그중 몇몇 여자들은 차림새가 무척 말끔했다. 나는 그에게 그 여자들이 어떤 취급을 받았느냐고 물었다. 그가 대답했다. "상상을 초월할 정도로 난폭한 취급을 받았지요. 새벽 5시에 채찍질을 받으며 잠에서 깨어나 들판에 가서 하루 종일 일했어요. 해가 져야 돌아올 수 있었죠. 게다가 밤에는 아주 조그만 방 두 개에서 널빤지들을 포개어 만든 침대에 누워 잠을 잤고요. 농장 주인은 그녀들을 가혹하게 다루었어요. 다행히 그 아내는 조금 동정심이 있었죠. 하지만 먹을 것은 대충 주었어요."

누가 그 농장 주인에게 정신적 가치 면에서 그보다 더 훌륭한 그 여자들을 짐승처럼 다룰 권리를 주었단 말인가?

또한 그는 카틴[89]의 구덩이들에 관해 이야기하고, 자신이 그것과 비슷한 장면을 직접 목격했다고 말했다. 1941년, 그가 있던 사병 포로수용소(Stalag)에 수천 명의 러시아 전쟁 포로들이 도착했다. 그들은 끔찍하게 궁핍했고 굶주림으로 죽어가고 있었다. 설상가상으로 발진티푸스가 퍼져 매일 수백 명이 죽어 나갔다. 매일 아침 독일인들이 와서 몸을 일으키지 못하는 사람들을 권총으로 쏘아 죽여버렸다. 환자들은 그런 일을 겪지 않기 위해 아직 건강한 동료들의 팔에 의지해 힘겹게 일어나 줄을 섰다. 그러자 독일인들은 환자를 부축해주는 사람들의 손을 개머리판으로 후려쳤다. 환자들은 쓰러졌고, 독일인들은 그들의 장화와 옷가지를 벗겨낸 뒤 그들을 수레 위에 겹겹이 쌓아 구덩이까지 끌고 가서는 퇴비 옮기는 쇠스랑으로 부려놓았다. 그런 다음 시체들과 함께 구덩이 안에 되는대로 던졌다. 그리고 그 위에 생

---

89 1940년 4월 스탈린의 명령에 따라 폴란드 장교 4500명이 카틴 숲에서 살해당했다. 1943년 4월 희생자들이 발견되자, 괴벨스는 이 학살을 소련에 대항하는 나치의 주요 선전 주제로 만들었다.

석회를 뿌렸다. 그것으로 끝이었다.

 어린이 병원에서 들었던 소년의 이야기와 거의 비슷하다. Horror! Horror! Horror!(소름 끼친다! 소름 끼친다! 소름 끼친다!)

내 부모님 드니즈 조브와 프랑수아 조브에게.

그들은 혼란 한가운데서 내 모든 질문들에 대답해주었고, 그들이 경험한 것을 나에게 전해주었다. 내 마음을 다해 그들에게 애정을 표한다.

장 모라비에키에게.

그의 참여와 정신적 지원은 필요 불가결한 것이었다.

―마리에트 조브

(마리에트 조브는 엘렌 베르의 언니 드니즈 조브의 딸 ― 옮긴이)

전쟁 동안 혹은 전쟁 직후에 태어났고 오래전부터 과거의 역사와 이모의 비극적 죽음에 대해 들어온 마리에트의 자매 나딘, 형제 디디에, 이종사촌 막심, 이브, 이렌은 성실하고 열정적인 자세로 엘렌 베르의 일기를 '국경 너머로 탈출시킨' 마리에트의 소중한 작업에 대해 그들의 아이들과 함께 진심으로 감사의 마음을 전한다.

―슈바르츠 가족과 조브 가족

(슈바르츠 가족은 엘렌 베르의 큰언니 이본 슈바르츠의 가족 ― 옮긴이)

몰수된 삶
마리에트 조브

내가 체포될 경우 앙드레가 이 일기장을, 나에게 가장 소중한 것을 지켜줄 거라고 생각하면 행복하다. 지금 나는 실제적인 것 말고는 아무것에도 애착을 갖지 않기 때문이다. 영혼과 기억을 보존하는 것이 중요하다.

—엘렌 베르,
1943년 10월 27일의 일기

우리가 자신 있게 말할 수 있는 영혼의 불멸에 대한 유일한 경험, 그것은 산 자들 사이에 존재하는 죽은 자들에 대한 끈질긴 기억이다.
—1943년 11월 30일의 일기

엘렌 베르는 1921년 3월 27일 파리에서 태어났다. 그녀의 어머니 앙투아네트는 결혼 전 성姓이 로드리그 엘리였고, 아버지

레몽 베르는 오래된 프랑스 가문 출신이었다. 두 사람 모두 유대인 혈통이다.

이 부부는 슬하에 다섯 아이를 두었다. 자클린은 1915년에 태어나 여섯 살에 성홍열로 죽었다. 이본은 1917년에 태어났고, 드니즈는 1919년에 태어났고, 엘렌은 1921년에 태어났으며, 자크는 1922년에 태어났다. 엘렌은 부테 드 몽벨 학교에서 중등교육을 마치고 '매우 훌륭하다'는 평가를 받으며 바칼로레아에 두 번 합격한다. 첫 번째는 1937년이었고(라틴어 선택), 두 번째는 1938년 6월이었다(철학 선택).

1940년과 1941년, 그녀는 똑같은 방식으로 소르본 대학에서 영어학 학사 학위를 따고, 1942년 6월에는 「셰익스피어에 나타난 로마 역사의 해석」이라는 논문으로 주목을 받으며 영어영문학 석사 학위를 받는다. 20점 만점에 18점이었으며, '매우 훌륭하다'는 평가를 받았다. 1942년 10월에는 비시 정부의 반反유대인법 때문에 교수 자격시험을 치를 수 없게 되자 '고대 그리스적 영감이 키츠에 미친 영향'에 대해 문학박사 학위논문을 쓰기로 계획한다.

1941년, 엘렌은 드니즈 밀로와 프레드 밀로가 만든 은밀한 조직인 임시 공제회[90]에서 활동하기 시작했다. 언니 드니즈 그리고

---

90 이 조직은 강제 이주된 1만 1000명의 유대인 아이들(이중 2000명이 6세 미만이었다) 가운데 약 500명을 구제했다.

이종사촌 자매와 함께 어린아이들을 사온 에 루아르의 보모들에게 배치하는 일을 담당했다. 그녀의 어머니 앙투아네트는 개인이나 기업들로부터 자금을 모집하는 일을 담당했다. 엘렌은 유대인 아이들의 지원자를 자처했다. 그 아이들을 버려둬서는 안 된다고 생각했고, 그 상황의 증인이 되기 위해 몸 바칠 준비가 되어 있었다.

1942년 4월 7일, 그녀는 일기를 쓰기 시작한다. 자기 삶에서 일어나는 사건들을 일기에 기록한다. 그리고 1942년 11월 28일에서 1943년 8월 25일까지 일기를 중단한다.

그녀의 큰언니 이본은 1939년 다니엘 슈바르츠와 결혼했고 아들 막심이 있었는데, 당시에는 자유 지역으로 떠난 상태였다. 남동생 자크도 마찬가지였다. 1943년 8월 12일, 그녀의 작은언니 드니즈가 프랑수아 조브와 결혼한다. 그리하여 그녀 혼자만 파리 7구 엘리제 르퀼 가 5번지의 아파트에서 부모님과 함께 살게 된다.

그녀는 만일 자신이 체포될 경우 자신의 약혼자 장 모라비에키에게 전해달라는 위임장과 함께 자신이 쓴 일기를 그들 가족을 위해 반세기 동안 일해온 요리사 앙드레 바르디오에게 정기적으로 맡긴다. 엘렌은 1941년 11월 소르본 대학의 대형 계단식 강의실에서 장을 만났다. 그리고 1942년 11월 26일, 장은 파리를 떠나 에스파냐를 거쳐 북아프리카로 가서 프랑스 자유군(Forces françaises libres)에 가담한다.[91]

1942년이 되자 유대인 박해가 베르 가족을 덮쳐왔다. 6월 23일, 레몽 베르[92]가 부사장으로 재직하던 쿨만 주식회사에서 체포되어 드랑시 수용소에 수용되었다. 쿨만 주식회사가 보석금을 입금하자, 독일 당국은 1942년 9월 22일 일반인들과 접촉하지 말고 집에서 일하라는 조건을 달아 그를 풀어준다. 하지만 바이스는 다시 죄어오고, 그녀의 가족은 자주 거처를 떠나야 했다. 1944년 2월 14일자 일기에 엘렌 베르는 이렇게 썼다. "나는 계속 앙드레 집에서, 부모님은 L. 집안에서 잠을 잔다. 매일 저녁 집을 나설 때, 우리 주변에는 토론의 요소가 떠다닌다. (……) 이미 조사를 마쳤고 그러기로 동의했으면서도 집으로 돌아가자고 다시 제안하고픈 마음을 떨칠 수 없다. 우리 집에서 밤을 보내고 싶고, 우리 침대에서 잠을 자고 싶기 때문이다." 그 시절 다양한 사람들이 그들을 받아주었다. 1944년 3월 7일 베르 가족은 다시 집에 돌아가 잠을 자기로 결정했고, 바로 다음 날인 3월 8일 7시 30분에 체포되어 드랑시로 보내졌다. 그리고 1944년 3월 27일, 자신의 23세 생일에 엘렌은 부모님과 함께 다시 다른 수용소로 이송되었다.

---

91 장은 1944년 8월 프로방스 상륙에 참가했고, 1945년 연합점령군으로 독일에 갔다.
92 제1차세계대전과 제2차세계대전 사이 프랑스 공업화학 발전에 중요한 기여를 했다.

레몽은 아우슈비츠 Ⅲ-모노비츠 수용소에 배치되었고, 1944년 9월 말 거기서 살해되었다. 다비드 루세는 1947년 『우리 죽음의 날들』에서 그 일을 다음과 같이 회상했다.

"레몽 베르에 대한 기억이 베르나르에게 도움이 되었다. 레몽 베르는 다리에 급성 결체結締 조직염이 생겨서 KB에 갔다. 공산주의자 블로켈테스터(Blockältester)인 독일 유대인 16호와 스투벤디엔스트(Stubendienst)[93]인 폴란드 청년 마넬리에게 잘 치료를 받았다. 그러나 레몽 베르는 잔인한 유대인 배척자인 폴란드인 의사의 손아귀에서 벗어나지 못했다. 그 의사는 그를 수술한 뒤 상부의 명령에 따라 독살한 듯하다.

또한 베르나르는 레몽 베르가 소박한 사람들도 이해하도록 명확하면서도 매력적인 방식으로 수학에 대해 이야기하던 것을 놀라워하며 떠올렸다. 레몽 베르는 예외적일 만큼 초연한 정신으로 그들 앞에서, 그들을 위해, 그 자신을 위해 수용소에서 경험한 것들을 연구했다. 자신의 주인으로 머물겠다는 강한 의지력, 한결같이 유지된 그 결심이 베르나르의 내면에 열렬한 경쟁심을 불러일으켰다. 그는 너무나 강력한 젊음과 열정을 갖고 있었다.

---

93 KB(Krankenbau, 크랑켄바우)는 글자 그대로 '병원' 혹은 의무실(Revier, 르비에)을 뜻한다. 블로켈테스터(Blockältester)는 수용자들의 관리를 책임지는 내무반 최연장자였고, 스투벤디엔스트(Stubendienst)는 시설의 유지 보수를 담당하는 사람이었다.

어떤 사람들이 죽을 때까지 신화 속 영웅들을 믿는 것처럼, 베르나르도 자신이 닮고 싶은 이상적인 사람의 모습을 마음속에 품었다. 그는 레몽 베르처럼 생을 마치고 싶어 했다."[94]

앙투아네트는 1944년 4월 30일 가스실에 보내졌다. 엘렌만 1년 더 살아남았다. 11월 초 엘렌은 아우슈비츠에서 베르겐벨젠으로 보내졌다.[95] 그녀는 발진티푸스에 걸렸고, 치료를 제대로 받지 못해 1945년 4월 초 영국에 의해 수용소가 해방되기 며칠 전 숨을 거두었다.

그녀의 사망 소식이 전해지자, 그녀의 남동생 자크는 그 사실을 장 모라비에키에게 알렸고, 앙드레 바르디오는 자신이 갖고 있던 일기를 그에게 보낸다. 장 모라비에키가 1946년 6월 20일 드니즈 조브에게 보낸 편지 속의 한 단락을 소개하겠다.

"엘렌 같은 존재들(저는 그런 존재들이 정말로 있다고 확신하지 못합니다)은 그 자체로서만 아름답고 강한 것이 아닙니다. 그들은 아름다움의 의미를 전파하며, 그들을 이해하는 사람들에게 힘을 부여합니다. 저에게 엘렌은 눈부신 힘의 상징이었습니다. 그 힘은 자기磁氣이

---

94 다비드 루세, 『우리 죽음의 날들』(1947), 파리, 파부아 출판사, p. 512(아셰트 출판사에서 개정판 발간, '플뤼리엘' 총서, 2005).
95 2008년 1월 밀렌 베유의 증언.

고, 아름다움이고, 조화이고, 설득이고, 확신이고, 성실입니다. 그런데 그 모든 것이 사그라졌습니다. 제가 사랑했던 여자는 사라졌고, 제 영혼과 너무나 가까웠던 그녀의 영혼도 이제는 존재하지 않습니다 (그녀의 일기를 읽으니 이 사실을 더욱 비통하게 깨닫게 되는군요). 그녀는 제가 그녀에게 준 모든 것, 확신, 사랑, 열정을 함께 가져갔습니다. 차마 입 밖에 내어 말할 수는 없지만 무덤 속으로요. 잔혹한 일이지요, 그렇지 않습니까. 또한 그녀는 제가 장래에 그녀에게서 선사받았을 근사한 보물도 가져갔습니다. 물론 저는 이미 그것의 도움을 받았습니다. 6개월 동안. 그게 뭐란 말입니까? 그렇습니다. 우리 두 존재가 죽음만이 깨뜨릴 수 있는 관계로 결속되는 데는 6개월이라는 시간으로 충분했습니다. 오랫동안의 이별에도 불구하고 엘렌은 제 안에 언제나 큰 자리를 차지하고 있었어요! 모든 것을 그녀를 위해 예비로 마련해두었지요. 그 자리가 안전하다는 것을 알지 못했다면 제가 어떻게 그녀를 떠날 수 있었겠습니까!"

동시에, 쿨만 주식회사의 직원 한 명이 타자기로 타이핑한 그녀의 일기가 가족들 사이에 돈다.

1992년 11월 9일, 나는 일기의 원본을 찾아보기로 결심했다. 그리고 그녀의 일기를 전달받은 장을 즉시 떠올렸다. 나는 그가 대사관의 참사관을 지냈다는 것을 알고 그의 이름으로 외교 통상부에 편지를 보냈다. 그는 내 편지를 받자마자 나에게 전화를 걸어 집으로 자기를 만나러 오라고 했다. 이후 우리는 특별한 일련의 만남들에 착수했다. 그 만남들 동안 그는 자기 이야기를 하고, 우리 주변에 살아 숨 쉬는 엘렌의 존재를 나에게 말해주었다. 1994년 4월 18일, 그는 일기의 원본을 나에게 건넸고, 나를 그 일기의 상속자로 지정했다.

손대지 않은 크라프트지 봉투 안에 초등학생용 학습장 종이들이 가지런히 정리되어 있었다. 그 형태 역시 엘렌의 인격을 잘 보여주었다. 많은 분량의 일기가 전부 손으로 쓰였고, 지워서 삭제하거나 가필한 부분이 거의 없었다. 텍스트가 놀라울 정도로 명확했고, 내용이 생각과 감정의 완벽한 균형 속에서 일말의 망설임도 없이 단숨에 전개되었다.

2002년, 나는 가족들의 동의하에 그 일기 원본을 쇼아 기념관에 기증했다. 그곳 문서 보관소의 책임자인 카렌 타이에브를 만났고, 그녀에게 내 가족들에 관한 자료도 건넸다. 그녀의 열정적인 청취와 탁월한 복원 작업 덕분에 그 자료들이 다시 생명을 얻게 되었다.

쇼아 기념관에 가보면 '독일 점령기 프랑스 유대인들의 삶'이라는 제목으로 이 일기와 베르 가족의 이야기들이 유리 진열장 하나에 전시되어 있다. 그곳을 방문한 어느 날, 나는 한 무리의 아가씨들이 그 진열장 위에 몸을 숙이고 원고의 글씨를 판독하려고 애쓰는 모습을 보았다. 그동안 다른 사람들은 벤치에 앉아 자기들 차례를 기다리고 있었다.

강력하게 빛을 발하는 엘렌이라는 존재는 그 지옥의 시간을, 그 참을 수 없는 잔인한 사실들을 지나 영원히 살아 있다.
이 일기가, 생존의 행위가 세월이 흘러도 계속 전달되기를. 그리고 증언이 소멸된 모든 사람들에 대한 기억을 강화하기를.

2007년 10월

"도둑맞은 사진"

"나는 이 사진을 자주 바라본다. 그녀는 젊고, 아름답고, 영리하고, 기꺼이 도움의 손길을 내미는 사람이었다. 우리가 추워했을 때 그녀는 우리에게 따뜻한 옷가지를 주었다. 우리는 할 수 있을 때마다 수다를 떨었다. 그녀의 어머니는 강제 이주되어 1944년 4월 30일 독가스에 질식되었다. 나는 그 보름 전에 그녀의 어머니를 만났다. 그리고 그녀가 누구인지도 모른 채 그녀를 만나러 가겠다고 약속했다.

나는 이 사진을 언제인지는 모르지만 어떤 종이 상자 안에서 발견했고, 이후 계속 간직했다.

그녀는 스물네 살에, 베르겐벨젠이 해방되기 며칠 전에 죽었다."

—가족의 친구 루이즈 알캉의 글,

『넷으로 나뉜 시대』(1980)에서 발췌

엘렌 베르의 가족

<u>외할머니</u>: 베르트 로드리그 엘리, 앙투아네트의 어머니.

<u>부모</u>:

- 레몽 베르(1888~1944), 쿨만 주식회사 부사장.
- 앙투아네트 베르, 결혼 전 성姓은 로드리그 엘리(1891~1944).

<u>형제자매</u>:

- 자클린 베르(1915~1921).
- 이본 슈바르츠, 결혼 전 성은 베르(1917~2001), 다니엘 슈바르츠(1917년 출생)와 결혼함.
- 드니즈 조브, 결혼 전 성은 베르(1919년 출생), 니콜 조브와 자클린 조브 쌍둥이 자매의 오빠인 프랑수아 조브(1918~2006)와 결혼함.
- 자크 베르(1922~1998).

<u>약혼자</u>: 장 모라비에키[J. M.](1921년 출생).

엘렌이 체포되던 날 언니 드니즈에게 보낸 편지

1944년 3월 8일

19시 20분

 오늘 아침 7시 30분, 띵동! 하고 초인종이 울렸어. 나는 속달 우편이 왔다고 생각했어!! 그 후의 일은 언니도 잘 알겠지. 개별적 조치. 앙리(레몽 베르)가 표적이었어. 말하자면 18개월 전의 지나친 개입 때문이었지. 우선 개인 자동차를 타고 건너편 가스통 베베르(위원)의 집으로 갔어. 자동차 정지. 그리고 이곳에, 랭시 원곡圓谷 밑 8번 수용소에 도착했지! 마르셀(프랑스 경찰)은 오늘 아침 불쾌하게 굴었어(내가 보기에). 이곳 사람들은 친절해. 우리는 기다리고 있지. 네귀스라는 이름의 고양이도 한 마리 있어! 물건들을 많이 가져오지 못했어. 스키 바지와 반장화(엄마를 위한), 그리고 내가 쓸 배낭이 있으면 좋겠어. 엄마가 쓸 작은 여행용 가방도.

덴덴(드니즈)이 건강에 주의하면 좋겠어. 꼬마 지토(러시아의 도시 지토미르에서 따온 이름. 드니즈가 곧 태어날 자기 아이에게 붙여준 태명이다)는 내 사촌 폴(아르주빌의 산파)의 집에 잘 있겠지. 앙리(레몽 베르)에겐 (함께 있는) 자식이 엘렌 하나뿐이야. 앙리는 그 자식에게 애착을 갖지. 하지만 언니가 아이를 낳는다면(출산한다면), 언니를 위해 무슨 일이든 할 거야.

니키가 시어머니를 보러 오면 좋겠어. 다행히 나는 소르본 대학의 책들을 따로 보관해둘 시간이 있었어. 내가 얼마나 꼼꼼한지 알게 될 거야! 미니(앙투아네트 베르)를 위해 쉬포네릴(수면제)을 찾아내려고 우리가 얼마나 애쓰는지. 혹시 앙드레(바르디오)가 그걸 갖고 있을까? 아마 UG(UGIF)가 할 수 있는 일을 할 거야. 어쨌든, 어떤 일이 일어나든, 우리는 돌아갈 의향을 갖고 있어. 난 그러기를 너무나 기대해! 나는 아직 여기서 고스포제(화장실, 유고슬라비아 여행의 추억)에 가지 않았어. 아빠는 그것의 상태가 괜찮다고 말씀하셨지만.

덴덴은 엘리제(르클뤼스)를 방문하지 말아야 해. 미니도 그것에 절대 반대야. 필리프 D.가 그곳을 아니까 오베르(장빌)를 위해 필요한 일을 할 거야. 우리가 진심으로 생각하고 있는 샤를 그리고 뤼시(자크와 이본 슈바르츠)에게도 이야기해줘. 그들은 내가 항상 유머 감각을 갖고 있다고 생각하지(내 고스포제 이야기의 증인). 모든 것이 순조로워, 언니. 곧 다시 만나. 만 번의 입맞춤을 보낼게.

린린

(일기에서는 '렌렌'이라 표기되어 있음 – 옮긴이)

현대 유대인 문헌조사 센터(CDJC, Centre de Documentation Juive Contemporaine)는 1943년 봄 창립된 이래, 쇼아 기간의 유대인 박해 역사를 증언해줄 자료 수집에 전념해왔다.

CDJC는 당연히 쇼아 기념관에 자리를 잡았다. 2005년 1월 27일, CDJC를 위한 새로운 홀들이 보수, 확장되어 개장했다.

CDJC가 소장한 자료들은 수백만 페이지에 달한다. 그러나 그 자료들 중 중요한 것은 무엇보다도 개인 문서들일 것이다.

2002년의 어느 날 마리에트 조브가 우리를 찾아와 특별한 자료이자 한 가족의 가슴 아픈 보물인 엘렌 베르의 일기를 맡긴 것처럼, 매년 수십 명의 사람들이 CDJC의 문서 보관소에 편지, 사진, 물건 등 온갖 종류의 자료들을 맡긴다. 그 자료들은 그들에게 무척 소중한 재산이며, 쇼아 동안 학살당한 한 아버지의, 한 어머니의, 사랑하는 한 존재의 유일한 흔적인 경우가 많다.

우리는 그 자료들을 전시회, 영화, 다큐멘터리, 대학 연구를 통해, 혹은 이 책의 경우처럼 출판물로 만들어 많은 사람들에게 알림으로써 그들의 기억을, 그들의 이야기를, 그들의 얼굴을 영원히 보존한다.

자료들을 모두 맡겨준 것에 대해, 그리고 우리를 신뢰해준 것에 대해 마리에트 조브 및 그녀의 가족들에게 감사의 뜻을 전한다.

"오베르장빌에서 보낸 그 여름날의 비현실적인 아름다움을. 그 한나절은 신선하고 희망으로 가득하고 찬란했던 해돋이부터, 매우 감미롭고 매우 고요하고 매우 온화했던, 방금 전 내가 겉창을 닫았을 때 잠겨 들었던 저녁나절까지 더할 나위 없이 근사하게 펼쳐졌다." 1942년 4월 11일 토요일의 일기. © 쇼아 기념관, Coll. 조브.

"J. M.과 함께 과수원에 과일을 따러 갔다. 그 일을 다시 생각하면 희열이 느껴진다. 이슬에 젖은 풀, 파란 하늘, 이슬방울을 반짝이게 하던 햇빛, 그리고 나를 가득 채웠던 기쁨. 과수원은 나에게 늘 그런 기분을 안겨준다. 오늘 아침 나는 완벽하게 행복했다." 1942년 8월 15일 토요일의 일기. © 쇼아 기념관, Coll. 조브.

"마을로 돌아와 자크 클레르를 만났다. 말갛게 씻긴 하늘 밑에서 네젤까지 산책을 했다. 지평선이 점점 더 넓어지고 환해졌다. 설탕을 넣지 않은 맛없는 초콜릿, 빵, 잼으로 기분 좋은 간식을 먹었다. 모두들 행복하다는 느낌이 들었다." 1942년 4월 8일 수요일의 일기. © 쇼아 기념관, Coll. 조브.

"나는 아이처럼 사랑받고 싶다. 위험에 처한 어린아이들을 돌보는 내가. 나는 나중에 다정한 사랑을 아주 많이 받고 싶다." 1943년 11월 12일 금요일의 일기. © 쇼아 기념관, Coll. 조브.

Mardi 7 Avril
42

Je reviens .... de chez la concierge de Paul Valéry — Je me suis enfin décidée à aller chercher mon livre — Après le déjeuner, le soleil brillait ; il n'y avait pas de menace de giboulée — J'ai pris le 92 jusqu'à l'Etoile. En descendant l'avenue Victor-Hugo, mes appréhensions ont commencé — Au coin de la Rue de Villejust, j'ai eu un moment de panique. Et tout de suite la réflexion : il faut que je prenne les responsabilités de mes actes. There's no one to blame but you —. Et toute ma confiance est revenue. Je me suis demandée comment j'avais pu avoir peur — La semaine dernière, même jusqu'à ce moment, je trouvais cela tout naturel — c'est maman qui m'a rendue intimidée, en me montrant qu'elle était très étonnée de mon audace. Autrement je trouvais cela tout simple — toujours mon état de demi-rêve, — J'ai sonné au 40 — un fox-terrier s'est précipité sur moi en aboyant. La concierge l'a appelé. Elle m'a demandé d'un air méfiant : qu'est-ce que c'est — J'ai répondu de mon ton le plus naturel : "Est-ce que Mr Valéry n'a pas laissé un petit paquet pour moi (Tout de même, de loin, je m'étonnais de mon aplomb, mais de très loin) La concierge est entrée dans sa loge. "à quel nom ?" — "Mademoiselle Bers ." Elle s'est dirigée vers la table — je savais d'avance qu'il était là — Elle a fouillé, et m'a tendu mon paquet, dans le même papier blanc — J'ai dit "merci beaucoup !" — très aimablement, elle a répondu "à votre service". Et je suis repartie, ayant juste eu le temps de voir que mon nom était inscrit d'une écriture très nette, à l'encre noire sur le paquet. Une fois de l'autre côté de la porte, je l'ai défait — sur la loge de garde, il y avait deux

1942년 6월 8일 월요일의 일기. © 쇼아 기념관, Coll. 조브.

262 quy. rerum.

7h 1/4. Je viens de recevoir la visite d'un ancien prisonnier du camp du petit Tant qui m'avait écrit pour me demander ce qu'il pouvait faire pour lui.

Il avait les yeux creux et la maigreur des prisonniers libérés. Sa visite m'a fait plaisir, car c'est un homme qui a souffert, qui a vu, et qui comprend. Il ne savait pas que les Allemands s'attaquaient aux femmes et aux enfants. Mais il n'y a pas eu de résistance pour lui père accepter le fait.

Il m'a raconté que près de Hambourg, dans une ferme, il avait vu arriver une vingtaine de femmes juives déportées de Varsovie, de tous les milieux, certaines très bien. Je lui ai demandé comment elles étaient traitées. "Avec une brutalité inouïe — Réveillées à coups de cravache à 5h, envoyées aux champs toute la journée, ne rentrant que le soir, couchant dans deux chambres minuscules, sur des lits de planches superposés. Le fermier les brutalisait, la femme avait un peu pitié, et les nourrissait à peu près."

Qui avait donné le droit à ce fermier de traiter comme du bétail ces êtres humains qui lui étaient sûrement supérieurs dans leur valeur spirituelle?

Il m'a dit aussi, à propos des fosses de Katyn, qu'il avait assisté à des scènes exactement semblables. En 41, il était arrivé à son stalag des milliers de prisonniers russes dans un dénuement effrayant, mourant de faim. Le typhus s'est établi là-dedans; des centaines mouraient chaque jour. Chaque matin les Allemands allaient achever à coups de révolver ceux qui ne pouvaient plus se lever. Alors les malades, pour ne pas subir ce sort, se faisaient soutenir sous les bras par leurs camarades valides pour être dans les rangs. Les Allemands donnaient des coups de crosse sur les mains de ceux qui les soutenaient. Les malades tombaient, ils les embarquaient sur des charrettes, en le dépouillant de leurs bottes et de leurs vêtements, les menaient jusqu'à une fosse où ils les déchargeaient sur des fourches à fumier et les jetaient dans la fosse pêle-mêle avec les cadavres — un peu de chaux vive là-dessus. Et c'était fini.

À peu près le récit du garçon de salle des Enfants-Malades.

Horror! Horror! Horror!

1944년 3월 8일 엘렌이 체포되던 날 언니 드니즈에게 보낸 편지. © 쇼아 기념관, Coll. 조브.

5개월 전 엘렌 베르는 다음과 같이 썼다.
"만일 오늘 밤 내가 체포된다면(내가 오래전부터 고려했던 것), 나는 일주일 후에는 아마도 죽은 채로 상부 실레지아에 있을 것이다. 내 한평생이 내 안에서 느껴지는 무한과 함께 갑자기 꺼져버릴 것이다." 1943년 11월 1일 월요일의 일기.